三乐集

——中学教育行思录

刘彭芝 著

中央文史研究馆馆员文丛

中華書局

图书在版编目(CIP)数据

三乐集:中学教育行思录/刘彭芝著. —北京:中华书局,2018.11(2024.5 重印)
(中央文史研究馆馆员文丛)
ISBN 978-7-101-13502-2

Ⅰ.三…　Ⅱ.刘…　Ⅲ.中学教育-文集　Ⅳ.G63-53

中国版本图书馆 CIP 数据核字(2018)第 239201 号

书　　名　三乐集——中学教育行思录
著　　者　刘彭芝
丛 书 名　中央文史研究馆馆员文丛
责任编辑　许旭虹
责任印制　管　斌
出版发行　中华书局
(北京市丰台区太平桥西里 38 号　100073)
http://www.zhbc.com.cn
E-mail:zhbc@zhbc.com.cn
印　　刷　北京市白帆印务有限公司
版　　次　2018 年 11 月第 1 版
2024 年 5 月第 7 次印刷
规　　格　开本/920×1250 毫米　1/32
印张 12⅝　插页 2　字数 252 千字
国际书号　ISBN 978-7-101-13502-2
定　　价　89.00 元

目　录

育人篇

教科研篇

创新教育篇

拔尖创新人才早期培养篇

教育均衡篇

题　记

当我们都在问“时间哪去了”的时候，我也这样问过自己。

我的时间都给了教育。我这一辈子，只做一件事，那就是教书育人。从教 53 年，应该称得上志有定向了。

我的教育生涯，主体在中国人民大学附属中学。关于教育的“知”、关于教育的“行”，基本上都是在人大附中完成的。

以前，我很忙，当记者和同行问我的教育理念或教育实践时，我常说：“去人大附中看看吧，更直观更具象。”现在，我辞去了校长的职务，这样的话不能再说了，于是，有了搜集自己教育思考的时间和念头。

正好，中央文史研究馆设立《中央文史馆馆员文丛》，我的《三乐集——中学教育的行思录》得以忝列其中。

文集的内容，分为综合篇、育人篇、教科研篇、创新教育篇、拔尖创新人才早期培养篇和教育均衡篇，虽然其中许多篇目我并不满意，但全都未加整理修改。这样做，不是偷懒，也非“不悔少作”，只是为了还原，记录一段真实的思想历程。

文集的体例，形散而神聚。这个神，就是追求最好。做教师，努力做最好的教师，当校长，努力办最好的学校。在“中国情怀，世界视野，有因有革，返本开新”中追求最好的教育，作为初心，立在始终。

一粒沙里见世界，半瓣花上说人情。今年是改革开放40年。40年波澜壮阔，40年气象万千。在改革开放这艘大船上，我们都既是搭乘者，又是划桨人。作为40年教育改革开放一线工作者的思索，这本文集，也许能成为读者了解大时代的一个小切片。

孟子说，君子有三乐，父母俱在，兄弟无故，一乐也；仰不愧于天，俯不怍于人，二乐也；得天下英才而教育之，三乐也。这三个快乐都是我的毕生追求，特别是第三个快乐，已完全融入我的人生。因此，我的这本中学教育行思录，取名《三乐集》。

刘彭芝

2018年5月25日

我们要有世界一流中学

每年世界大学排名榜单发布,总能引发人们对“一流大学”的关注。而统筹推进我国的世界一流大学和一流学科建设,也已经成为中央的重大战略决策,成为中国高等教育发展的共识。问题随之而来:大学教育不是空中楼阁,中学是大学的基础,大学要世界一流,中学是否也要世界一流?

世界一流的中学,在空间维度上要引领世界,在时间维度上要引领未来。可以说,中学教育各具特色、各有差异,似乎比大学更难在国际上“列坐其次”,但基础教育从来都身处国际较量之中。24 年前,一篇《夏令营中的较量》因刻画中日学生差距,引发了全国范围长达数年的讨论。去年,英国 BBC 纪录片《中国老师来了》再次引发人们对中英两种教学模式的关注。尽管前段时间英国教育部因青睐中国式教学,宣布要在英格兰半数小学(大约 8000 所)采用“上海式数学教育”,但每每提起高中名校,很多人还是自然地想起英国的哈罗公学、伊顿公学。

总体而言，中国基础教育不差，但人们对改进的期盼更大。无论是江苏、湖北高招事件中的升学焦虑还是“小别离”式的出国焦虑，归根到底是公众对更优质的中学教育有着强烈的需求，有着无比深沉的期待。打造世界一流的中学，要凝聚教育资源，关键更在凝聚一批真正热爱教育的教育家。历史上，无论是张伯苓举办的南开中学还是聚集了夏丏尊、朱自清、朱光潜、丰子恺的春晖中学，因为凝聚了教育家办学，它们不仅推动了“新教育”，更有力地塑造了“爱的教育”。

培养教育家型“领头羊”，发挥教育家办学的优势，同样成为影响中学教育发展的时代命题。从 2010 年开始，中国人民大学附属中学就开始参与培养教育家型校长和教师。2015 年，人大附中又通过竞标，取得了教育部“校长国培计划”培训资质，成为全国八个培养基地中唯一的中学基地，正是通过与校长学员及其学校真诚共享办学思想、办学实践成果以及课堂生成性资源，人大附中努力“孵化”更多有教育理想的教育家，也让他们的理念产生辐射效应，促进其所在区域教育的优质均衡发展。

“大鱼前导，小鱼尾随”，这曾是清华校长梅贻琦寄语师生之谊的名言，这同样可以成为中学教育方阵发展态势的描摹。今天的中国，基础教育发展的不平衡依然存在，但从根本上来说，发展方向应是水涨船高、向上平衡，而非削峰填谷、向下平衡。在这个过程中，像人大附中这样的中学名校更应该以引领和担当的姿态,积极发挥优势,争创世界一流,探索出符合教育规律的教育模式,打造有国际影响力的学校管理模式。

打开国门,与世界激荡;打开校门,与全球教育切磋。站在时代风口,对教育的探索不能缺了"中国意识"与"中国印迹",也不能少了全球视野、世界情怀。只有熔铸中外教育精华,坚持综合创新、创办未来教育,我们才能办出世界一流的中学。"阐旧邦以辅新命,极高明而道中庸",这是哲学家冯友兰对中国文化精神的哲学提炼,这同样可以成为发展中学教育的准则。在奔向世界一流的路上,中国的中学名校必须坚持有因有革、与时俱进、发展创新,才能百尺竿头更进一步。

(原载《人民日报》,2016年10月10日第5版)

我心目中的完美教育

一方水土养一方人。什么样的学校培养什么样的学生。中国人重血统,血浓于水,遗传基因和家风家教对一个人的成长至关重要。中国人也重学统,天地君亲师,校训校风和老师的言传身教对一个人的成长同样至关重要。从某种意义上讲,血统和学统是相通的。一日为师,终身为父,说的是这种相通;人们把自己毕业的学校叫母校,说的也是这种相通;同学如兄弟姐妹,说的还是这种相通。我们可以通过父母去了解他的孩子,也可以通过学校去了解它的学生。这样的了解总是靠谱的。当父母,核心问题是培养什么样的孩子;办学校,核心问题是培养什么样的学生。那么,我们办人大附中、人大附中联合学校总校究竟要培养什么样的学生呢?

第一,我们要培养体格和品格同步成长的学生。我们的女学生不能是病美人,我们的男学生不能是弱夫子。从我们学校走出去的学生,都应该是内外健康阳光的学生,都应该是身心向好向上的学生。

第二,我们要培养守规矩能创新的学生。社会文明的进步主要有两大标志:一是越来越注重法治;二是越来越注重创新。守规矩能创新,才是现代社会最需要的人才。我们培养的学生,就应该是从心所欲不逾矩的学生,就应该是于法度中出新意的学生。

第三,我们要培养在吃苦中快乐的学生。学习很辛苦,所以当学生必须刻苦;少年是无忧的,所以必须快乐。这两个一个不能少。如何才能鱼和熊掌兼得?一靠树立理想,知道为什么学;二靠掌握方法,知道怎样去学;三靠激发兴趣,有滋有味地学。有了这三个法宝,我们的学生就是吃苦并快乐的学生。

第四,我们要培养全面加特长的学生。人人生而平等,这是原则,必须坚持;每个人的禀赋不同,这是事实,必须承认。因此,我们既要有教无类,让每个学生都全面发展,又要因材施教,挖掘每个学生的特长。从我们学校毕业的学生,有通才是成功,有专长也是成功。健全的社会总是由通才和专长共同支撑的。

第五,我们要培养小我大我融为一体的学生。小我,是有独立人格的我,是能自己承担任务的我,是独善其身的我;大我,是有团队精神的我,是有民胞物与胸襟的我,是能兼济天下的我。小我大我融为一体的人,才是“道大,天大,地大,人亦大”的人,我们培养的学生,应该是这样大写的人。

第六,我们要培养有中国情怀世界视野的学生。世界是个地球村,人类是个命运共同体。我们是中国的学校,培养的学生必须有中国情怀,坚守国家利益至上,为实现中华民族伟大复兴的中国梦努力奋斗。同时,又有世界视野,有各美其美,美人之美,美美与共,天下大同的格局和境界。中国梦与世界梦是相连相通的。我们培养有中国情怀、世界视野的学生,才能把中国的事情办好,才能让中国的朋友圈越来越大,才能让中国为世界和平与发展作出更大的贡献。

第七,关于灵魂境界:人活在世上,有三种生活,即物质的生活、精神的生活、灵魂的生活。今天,我们培养人,一定不能局限于只教给学生谋生的技能,停留于物质的境界,一定不能局限于只教给学生欣赏文艺的法门,停留在精神的境界。我们培养人,一定要培养和提升学生的灵魂境界,让他们有美丽的心灵和高尚的灵魂。说到底,教育事业就是灵魂事业,教师是灵魂工程师。

第八,关于儿童:有学者这样说,人类文明的进化有三个重要阶段,第一个阶段是发现了人,将人从神的笼罩下解放出来,世界焕然一新;第二个阶段是发现了女性,将女性从男性的统治下解放出来,世界的另半边天撑起来了;第三个阶段是发现了儿童,将儿童从对成人的依附中独立出来,世界更加充满阳光和美好。今天的中国,正处在第三个阶段,发现儿童的阶段。我们基础教育出现的问题,还是没把儿童作为中心、没把学生作为主体。当前,我们最应该做的事情就是拨云见日，发现儿童，把社会的还给社会，把教师的还给教师，把家长的还给家长，最后让学生显山露水，真正成为主角。我们的教育，终极目标是让儿童在快乐和幸福中学有所成。

第九，关于教育公平：教育公平是机会公平，而不是“让所有的孩子接受一样的教育”。孔子讲的“有教无类”是教育公平，孔子讲的“因材施教”也是教育公平。给能吃一个馒头的孩子三个馒头吃，和给能吃三个馒头的孩子一个馒头吃，都是不公平的。教育也一样，给天赋禀异的孩子提供一样的教育，是形式上的公平、实质上的不公平。真正的教育公平，是让每一个孩子都接受适合其发展的教育。

第十，关于教育均衡：教育均衡不是削峰填谷，而是要辐射和扩大优质教育资源。优质学校在促进教育均衡过程中，最好的做法是培养和向别的学校输送优秀干部，因为“授人以鱼不如授人以渔，授人以渔不如派去带领打鱼的人”。促进教育均衡的目标，是让更多孩子享受优质教育，让更多教师成为优秀教师，让更多校长成为优秀校长，让更多学校成为人民满意的学校。正如人的生命有大小之分，小生命，蕴含在自己的身体内；大生命，则体现在人群和社会中。一所学校的生命也有大小之分。小生命，蕴含在自己的校园内；大生命，则体现在整个教育事业中。

上面说的十点，就是我心目中的完美教育。我和我供职的人大附中及人大附中联合学校总校，一直在向这个完美教育的目标努力,一直努力下去。

(注:2016 年 4 月 10—14 日,“G20 全球顶尖中学组织 2016 年校长峰会”国际学术会议在北京举行,刘彭芝在会上做了上述发言。《现代教育报》4 月 15 日刊载全文,后被搜狐、新浪等各大网站转载,并在微博、微信等自媒体上广为传播。本届峰会由人大附中主办。

2016 年是 G20 全球顶尖中学组织成立 10 周年,也是 G20 校长峰会召开 10 周年。2006 年,G20 全球顶尖中学组织由南非圣安德鲁学院的大卫·维尔德校长以及英国惠灵顿中学的安托尼·赛尔顿校长共同发起创办。尽管该组织命名为 G20,实际上已有 30 多所成员校。人大附中于 2009 年加入该组织,2011 年以前,人大附中是亚洲唯一的 G20 成员校,刘彭芝校长也是唯一来自亚洲的校长。2013 年,人大附中联合学校总校也被批准加入该组织。)

怎样办好今天的中学教育

——刘彭芝校长在上海“双名工程”培训奉贤专场的演讲

承蒙上海教育界同仁们的厚爱，第二期“刘彭芝卓越校长培养基地”已经开展了五次培训活动。

这次来上海有了新的收获，感到意义格外不一样，有两个特别之处：一个是在党中央提出“四个全面”大背景下，上海教育综合改革的进程在加快，对历来有着开改革风气之先的上海而言，给我们广大教育工作者特别是基础教育的校长们平添了一份历史机遇和时代责任；再一个就是这期培训活动放在南上海的奉贤区，因纪念孔子弟子言偃（言了）2000 多年前来此地结坛讲学教化民众，后世以“敬奉贤人、见贤思齐”而得名，在圣人讲学之地、滨海文墨之区探讨教育话题，对以培育和践行社会主义核心价值观为己任的教育和教育工作者，意蕴深远。

谈到今天的教育，我这个从教五十年、担任中学校长近二十年的教育人，一直在思考三个问题：作为一个教育工作者，我对教育的认识；作为一个在中学工作的人，我对中学教育的认识；作为一名中学校长，我对怎样当好中学校长的认识。可能随着自己的角色转换和时代变革，其内容不断在调整，但我觉得也是自己对教育的实践和认识不断深化的过程。尤其是当下的中国教育事业正伴随着社会的变化经历着艰难的转型，因其处于民生之首的位置，可以说人人关注，也最容易受到批评和质疑。从来没有像今天这样，每一项教育政策的提出，都会产生多种反响，引起完全不同的评价。这是社会转型时期活力的张扬，也是社会发展转型的困惑，归根到底是对教育工作者如何正确地回答中国面临的诸多教育问题的挑战。回答这三个问题，仍然有其时代和社会意义。

教育：塑造灵魂的事业

职业是一种谋生的途径，事业是一种人生的追求；职业有八小时之内和八小时之外、工作日和节假日之分，而事业往往是“全天候”的、全身心的；职业一般只需要物质和技术，而事业更需要理想、精神和情感。职业是事业的基础，事业是职业的升华。职业感和事业心都是一个人从事某一项工作的“发动机”，但这两部“发动机”的功率是不一样的。

当前，教育领域出现一些不尽如人意的现象，比如：上课铃响人来，下课铃响人走；上班尽职，下班兼职；与学生缺少交流，对学生缺乏爱；除了学习成绩外，对学生的全面发展不关心……这些现象的产生恐怕就与对职业的简单理解有关。

学校是培养人的地方，教育是培养人的工作；人为万物之灵，世界上还有什么工作能比培养人的工作更重要、更伟大？仅凭这一点，我们就不能单纯视教育为职业。教育工作者要立大志办大事，必须将教育作为事业，志存高远，取法乎上。在这一点上，我们别无选择。

当代中国的教育，既要顺应世界潮流，也要坚持中国特色。习近平总书记有句话说得极好，“鞋子合不合脚，自己穿了才知道”。我们目前最重要的任务，就是为中国教育这双脚做出最合适的鞋。怎样才算最合适？我的理解，一方面，正确处理好古与今的关系，有继承有革新，返本开新；另一方面，科学处理好中与外的关系，取长补短，洋为中用。我们要在熔铸古今中外教育精华的过程中，探索出中国特色社会主义教育现代化之路，这是当代中国教育工作者的历史担当和神圣使命。最美莫过多样化，我特别欣赏费孝通先生关于世界文明的那四句话：“各美其美，美人之美，美美与共，天下大同。”各国的教育，都既有共性，也有个性，应该彼此欣赏，彼此借鉴，春兰秋菊，各擅胜场，在和而不同中共同营造世界教育事业的百花园。

说一千道一万，教育，最核心的问题，还是培养什么样的人。关于这个问题，已讨论多年，我也讲过无数次。但这样的话题就应该时时讲、处处讲、反复讲。丰子恺先生在纪念他的老师弘一法师李叔同时说，人活在世上，有三种生活：物质的生活、精神的生活、灵魂的生活。物质的生活就是吃喝拉撒、衣食住行；精神的生活主要指科学技术、文学艺术；灵魂的生活则是一种超越，是终极关怀，是心灵的净化和美化。今天，我们培养人，一定要培养和提升学生的灵魂境界，让他们有美丽的心灵和高尚的灵魂。心态决定生态，我们要构建和谐社会，没有心灵的和谐，哪来社会的和谐？我们要建设美丽中国，没有美丽心灵，又哪来美丽中国？说到底，教育事业就是灵魂事业，教师是灵魂工程师，我们在这一点上，必须头脑清醒、立场坚定。这些年，有许多学校、许多教师，把培养学生的注意力集中在物质的层面，最多提高到精神的层面，而对培养和提升学生灵魂的境界重视不够，这种教育带来的不良后果已经显现，对此，我们必须增强忧患意识。

将教育当作事业，忠诚于党和人民的教育事业，这是教育工作者真心诚意的第一门必修课，也是加强教师队伍建设的根本所在。这个根本问题不解决，一切都无从谈起。我的行政职务是校长，社会兼职有几十个，几十年中得到的各种荣誉称号数不清，但在我的心中，至高无上的称谓是“刘妈妈”。担任人大附中校长后，我自加压力，饱尝辛酸，但振奋精神，每天工作十几个小时，就是因为我爱我的学校，爱我的学生，爱我的同事。我要让人大附中成为世界一流学校，让我的学生接受世界一流的教育，让我的同事在世界一流的环境中做出世界一流的业绩。校长的这种激情可以感染教师,教师的激情可以感染学生,校长、教师、学生的激情汇合,我们的校园才能充满浩然正气、蓬勃朝气、昂扬锐气。

中学教育:应培养大成智慧

在给教育事业定位后,我们要给中学教育定位。客观地讲,在高等教育已大众化的今天,中学教育的地位在下降。民国时期,朱自清、叶圣陶、丰子恺、俞平伯、钱穆等,无数顶级的学者和作家都做过中学教师,那时,中学教师和大学教师的流动是无门槛的,这种状况在今天已无法想象。今天,小学、中学、大学,中学只是教育链条中的一个环节,中学的任务好像就是给大学输送生源。这样的定位,对中学教育的伤害是致命的。我一直认为,中学教育必须是独立完整的体系,必须有自己独立完整的目标。不这样,中学教育形不成大格局,做不了大文章,也不可能有大作为、大成就。

这些年,社会各界十分关注“钱学森之问”。围绕“钱学森之问”,人们不知写过多少篇文章,开过多少次研讨会。其实,在“钱学森之问”之前,钱学森先生曾花费很多心血提倡通识教育,呼唤大成智慧。通识教育和培养大师是一脉相承的。通识教育是大师出现的基础,只有通识教育蔚然成风,大师出现才水到渠成。中学最适合通识教育,是培养大成智慧的黄金时期。因为中学不像大学那样细分学科,有利于学生在知识上全面发展。在文科上有特长的学生具备良好的科学素养,在理科上有特长的学生具备良好的人文素养,这在中学是能够做到的。错过了中学时代,一旦进了大学,文理学科泾渭分明,壁垒森严,要搞通识教育,难度不知要增加多少倍。因此,我们搞中学教学改革,讲提升中学办学质量,主攻方向就应该放在开展通识教育、培养大成智慧上。

学生的全面发展不是整齐划一的发展,就像每棵树不可能长得一样高,每朵花不可能开得一样大。因此,对全面发展的理解一定要具体到每一个学生,一定要在挖掘每个学生潜能的同时,注意对超常学生的培养,保证每个学生都得到充分发展。中学教育的理想境界,就是既让全体学生全面发展,又让拔尖人才脱颖而出。这才是真正地对学生负责,对社会负责。

近几年来,关于我国要建设世界一流大学的议论很多,在建设世界一流大学上也取得了共识。这是令人鼓舞的好事;但教育事业是个整体,如果把教育比作金字塔的话,基础教育是塔基,大学教育是塔尖。一流大学不是空中楼阁,没有一流中学,难有一流大学。既然提出要建世界一流大学,当然就要提出建世界一流中学。我国要由教育大国发展成为教育强国,必须建设一批世界一流的中学和大学。

什么是世界一流大学的标准?目前国际教育界已有相对一致的认识;但什么是世界一流中学的标准?还没有

相对一致的认识。参照世界一流大学的标准,我觉得世界一流中学起码要具备以下条件:一是要有世界一流的办学理念;二是要有世界一流的教师队伍;三是要有世界一流的学生;四是在课程的广度和深度上要领先于世界平均水平;五是在师生比例上要低于世界平均水平;六是要有世界一流的硬件设备,如图书馆、建筑面积、电脑网络、体育设施等;七是要有相当广泛充足的经费支持;八是毕业生考入一流大学的比例要明显高出一般中学;九是在国内外要有较高的声望;十是综合以上条件,形成世界一流的校园文化和精神气质。

对照上面开列的十条标准,我觉得,我国一些示范高中校已经具备创造世界一流中学的条件,已经有能力建设世界一流中学。在这一点上,我们绝不妄自菲薄,应该以足够的自信融入世界教育发展的主流,在国际大舞台上展示自己的形象,发挥自己的影响。

中学校长:要营造文化气象

关于"校长"的定义,古今中外有多种。我对"校长"含义的理解,最深切之处就在于校长是个"领跑人"——面向世界、面向未来、面向现代化,领着全校的教职工不停地奔跑,领着一茬又一茬的孩子不停地奔跑。做一个"领跑人",首先自己得跑;做一个优秀的"领跑人",必须跑得比别人快,跑得比别人远,需要过人的综合素质,需要过人的精神状态,需要比别人思想更超前,更勇于创新。从做校长的那一天起，我就一直用“领跑人”自喻，始终以做优秀的“领跑人”自勉。我的所思所想、所作所为，统统聚焦在一点上，就是让人大附中发展得快些，快些，再快些。“快些、快些、再快些”，是我做领跑人的“七字真言”。

我时常在思考，办一所好学校，办一所“好校长走了还是好学校”的学校，靠什么呢？什么能具有如此大的能量，能够凝聚人心，把那些看似平凡的人聚拢起来，创造出了不起的事业？我的回答是：起决定作用的因素是“学校文化”。一所真正的好学校，最大的吸引力是它的文化；文化知识在别的学校也能汲取，文化气象和文化熏陶则只有好学校才有。文化气象是一所学校经过几十年甚至几百年盛名不坠的内力和根本。校长应该是学校文化建设蓝图的总设计师和总工程师，他的眼光、境界、理念、能力、素质、人格等，都直接关系到学校文化的特质和优劣。

在这两个基本观点的基础上，我认为做好学校校长必须具备和自觉培育四种精神，即科学精神、法治精神、人文精神、改革精神。如果说学校是座大厦的话，那么，科学精神、法治精神、人文精神、改革精神就是四根立柱。

具备科学精神，就是善于发现和遵循规律。就是要按教育规律办事，按人才规律办事，按青少年成长规律办事，按管理工作规律办事。具备科学精神，把握科学规律，我们就能像习近平总书记要求的那样，胸怀大局，着眼大事，找准工作切入点和着力点，做到因势而谋、应势而动、顺势而为。也只有这样，我们才能站得高，看得远，想得深，干得准,当好校长,有所作为。

具备法治精神,就是要坚持依法治校。现代社会是法治社会,法治精神是现代文明的基石。一个好校长,必须也必然是依法治校的校长。法治是个框架,在这个框架中做事,不会出格。法治是个轨道,在这个轨道上做事,不会跑偏。法治更是理念和方法,应该体现在办学办校的各方面和全过程。校长最重要、最基础的工作就是用法治精神制订学校章程和各项制度,用章程和制度治理学校,才能趋利避害、事半功倍。靠人治,办不好现代学校,再有能力,加上三头六臂,加上放弃休息也不行。

具备人文精神,就是要有人文情怀。一个优秀的校长,应该是把真理的力量和人格的魅力结合起来的校长。人文精神的核心是以人为本。马厩失火,孔子先问人受伤没有,这是人文精神。王阳明一生中不知做了多少惊天动地的大事,但临终前,只用"吾心光明"四个字自我评价,这是人文精神。梅贻琦讲,大学者,非谓有大楼而谓有大师,也是人文精神。办一所学校,第一要避免的,就是见物不见人、见事不见人。我们要从物中解放出来,从事中解脱出来,直奔人的主题,把人立起来。学校的人,教师是一撇,学生是一捺。一所学校人立起来了,好校长自然会诞生。

具备改革精神,就是要有探索精神、创新精神。三十多年来,我们创造了中国奇迹、中国经验、中国模式,讲出了中国好故事,传递了中国好声音,最根本的原因,就在于坚持改革开放。国家如此,学校也不例外。这些年,凡是进步快的学校,都是改革搞得好的学校;凡是社会认可的好校长,都是具有改革精神和改革能力的校长。当今社会,日新月异。教育竞争,愈演愈烈。逆水行舟,不进则退。一个好校长,必须是一个改革者。没有改革思维,没有改革精神,没有改革能力,肯定没有前途。但关于创新的问题,我想突出强调一点,教育创新要慎提类似"不怕失败,宽容失败"的口号。一项科学实验可以有 666 次失败,但中学教育教学创新的一次失败,就可能贻误一个年级甚至几个年级的学生,这样的失败成本太高、损失太大。谁也没有资格冒这样的风险。因此,我们在大力提倡创新的同时,又要提醒校长:创新之前一定要做好充分的调查研究,深思熟虑,谋定而动,并争取一动而成,一定要将创新的风险和成本降到最低。

做一名好校长,需要很多很多条件,几天也讲不完。我这里讲四种精神,只是因为我对这四点体会最为深切。科学精神和法治精神,让我们的工作有精度,改革精神让我们的工作有力度,而人文精神让我们的工作有温度。有精度,有力度,有温度,我们的工作才是既有成效又有愉悦感的。我愿与大家在有精度、有力度、有温度这三个"度"上共勉!

(原载《解放日报》,2015 年 3 月 29 日第 6 版)

深化教育改革　彰显中学意义

党的十八届三中全会后,教育领域密集出台综合改革举措,得到社会各界的广泛关注和积极响应。

新一轮教育改革更加注重顶层设计与基层探索的良性互动,更加注重方方面面的统筹协调,更加注重可持续性,以现实国情为基点,既延续好的历史传统,又给未来预留足够的空间。这些新特点都有一个共同的指向,那就是回归教育的本质,紧紧围绕"教书育人"这个根本问题来谋划改革发展。

评价体系一直是教学的指挥棒。教育领域的改革,也有深水区和硬骨头,深水区和硬骨头就是考试招生制度。考试招生制度不改革,教师和学生头上的"紧箍咒"就去不掉。在所有考试中,高考又是重中之重。高考制度不改革,中学的改革就不可能从容,更谈不上自由。

2014 年 8 月 18 日,是广大教育工作者值得纪念的一天。这一天,中共中央全面深化改革领导小组召开第四次会议,习近平总书记在会上强调,深化考试招生制度改革,总的目标是形成分类考试、综合评价、多元录取的考试招生模式,健全促进公平、科学选才、监督有力的体制机制,构建衔接沟通各级各类教育、认可多种学习成果的终身学习立交桥。考试招生制度改革要在充分论证搞好顶层设计的基础上,试点先行,分步实施,有序推进。

目标已经确定,坚冰开始打破。考试招生这个险滩一过去,教育领域将海阔天空。

在教育综合改革中,考试招生制度的改革是具有标志性的深化改革,是具有重要牵引作用的改革,是四两拨千斤的改革。有望消除考试招生这个瓶颈,我们也才有可能科学探究中学教育的终极意义。

只有深化考试招生制度改革,才能让中学自成体系、自为目的。近一百年前,著名教育家、北京师范大学附属中学的老校长林砺儒先生就曾批驳过“中学教育不过是通往大学的一道桥梁”的谬见,提出“中等教育其自身就是目的”。他认为:“理想的中等教育,是全人格式的教育。”“要全人格的陶冶得到圆满,那么将来个性的分化才算是自然的。若有人问我中学毕业生做什么,我就说也不为士,也不为农,也不为工,也不为商,是为人:也可为士,也可为农,也可为工,也可为商。”林先生对中学的定位是准确的,对中学意义的理解是科学的。中学毕业生一般都是十八岁。十八岁,在古代,是成人的年龄,要举行隆重的冠礼;在现代,是可以成为公民的年龄,也具有庄严的意义。因此，中学教育，就是培养合格成人的教育，就是培养能履行权利和义务的合格公民的教育，就是培养学生的综合素质、为将来成为各类人才打好基础的教育。由此来看，中学的意义何其重要、何其神圣！但千军万马过高考独木桥的状况，遮蔽了中学教育的神圣性。“中学教育不过是通往大学的一道桥梁”，让中学教育大大地矮化了。深化考试招生改革，“形成分类考试、综合评价、多元录取的考试招生模式”，对中学教育来说，可谓拨云见日，可谓正本清源。全面贯彻落实习近平总书记的要求，中学教育必将迎来一场大解放，必将进入一片新天地。

深化考试招生制度改革，推动人的“自由而全面发展”，有助于“中国梦”在中学落地生根、开花结果。党的十八大以后，习近平总书记提出的“中国梦”，感召和激励了全体中华儿女。“中国梦”已经成为中华儿女团结奋进、开辟未来的一面精神旗帜。“中国梦”是国家的梦、民族的梦，也是每个人的梦。国家、民族、个人打成一片，就是“中国梦”的家国情怀。让生活在我们伟大祖国和伟大时代的中国人民，共同享有人生出彩的机会，共同享有梦想成真的机会，共同享有同祖国和时代一起成长与进步的机会，这三个“共同享有”，是实现“中国梦”的原动力。激发这种原动力、培养这种原动力、壮大这种原动力，是学校教育特别是中学教育的核心任务。应该承认，原有的单一模式的考试招生制度，是不利于这三个“共同享有”的。应试教育，只给善于应试的学生提供机会；单一的考试招生模式，只给某一类型的学生提供机会。只有以巨大的勇气和智慧改革考试招生制度，形成分类考试、综合评价、多元录取的考试招生模式，健全促进公平、科学选才、监督有力的体制机制，构建衔接沟通各级各类教育、认可多种学习成果的终身学习立交桥，我们才能将孔夫子的“有教无类、因材施教”落到实处，才能进入陶行知先生追求的“时时是创造之时，处处是创造之地，人人是创造之人”的境界，才能保证各种人才都能脱颖而出、显山露水，最终实现人尽其才、才尽其用，各适其性、各遂其生。“教育梦”是“中国梦”的重要组成部分。近两年来，我们一直在思考如何让“中国梦”在中学落地生根、开花结果，习近平总书记关于考试招生制度改革的重要指示让我们明确了方向、增添了力量、坚定了信心。

教育改革与其他改革一样，既有“过河”的问题，也有“搭桥”的任务。落实习近平总书记关于改革考试招生制度的重要指示，就是在为教育改革的“过河”搭建“立交桥”。这座立交桥，桥下能过各种各样的船、桥上能通各种各样的车。同归而殊途，一致而百虑。有了这座“立交桥”，教育事业一定能够形成百舸争流、千岩竞秀的生动局面，一定能够创造美好的明天，到达理想的彼岸。让我们以高度的教育自觉，为搭建这座“立交桥”而努力。

（注：此文为2014年国务院印发《关于深化考试招生制度改革的实施意见》后，刘彭芝在相关研讨会上的发言。）

奔跑在路上　有信仰有梦想

——2014 年秋季开学典礼

开学第一课·校训的故事

新学年来临之际，每位同学都会有新的打算、新的目标。我想和同学们着重谈一谈立德树人的问题。可能有些同学会觉得这只是个口号，我却认为这是一个人在成长过程中回避不了的问题，而且是第一位的问题。我相信每一位同学都追求幸福、渴望成功，并为此付出过种种努力。然而在这个过程中，有的人很容易迷失自己。我们拼命奔跑，突然冒出来一个声音问自己，你要去哪里，为什么要去，去了要做什么？特别是在遇到挫折和困难的时候，更会质疑自己，做这些有什么意义？这就涉及理想和信念的问题。

在新学年来临之际，我对人大附中的师生们有以下几点期待。

一、做一个有信仰、有梦想的人。

德国哲学家康德说：仰望太空，星光灿烂；道德律令，在我心中。仰望太空，星光灿烂，是指要有超越精神，超越眼前，超越物质，超越自己，有高远的大情怀。道德律令，在我心中，是指永远坚守道德的底线，悲天悯人，通身闪烁着人格的光芒，这就是有信仰。习近平总书记提出中国梦，中国梦的内容是国家富强、民族振兴、人民幸福。中国梦就是我们的梦，我们要在服务祖国、造福人民、与时代一同进步中人生出彩、梦想成真。有大成就的人，必定是有信仰、有梦想的人。

二、加强修养，追求君子人格。

走进人大附中，就要努力培养浩然正气、蓬勃朝气、昂扬锐气、丰沛文气，形成人大附中学生特有的气质、气度，进而形成人大附中特有的气场、气象。崇德向善，追求君子人格，是中国文化的特色。君子比德于玉，外润而内坚。于外，让人如坐春风，如沐春雨；于内，有坚强的品格，不为任何风险所惧，不为任何诱惑所扰，义之所在，勇往直前。

三、增强发现问题、解决问题的能力。

人大附中办学理念的核心是：尊重个性，挖掘潜力。我希望每一个人走进这个校园，个性都能得到彰显，潜力都能得到挖掘，特长都能得到激发。在自由而全面的发展中，最重要的是增强发现问题、解决问题的能力。如果我们能以“增强发现问题、解决问题的能力”作为教学的着眼点和着力点，那么我相信，同学们毕业后，无论走到哪里，无论做什么工作，都一定会得心应手，海阔天空。

四、我还希望同学们能够写一笔好字，读很多好书，写一手好文章，做一个能干能说能写，既善于表达自己又能够理解他人的人；希望大家能养成习惯，坚持记日记。

人大附中实验小学一年级的小朋友，你们还不会写文章，甚至字也写不了多少，那么可以把一天中最高兴最生气最有印象的事写出来、画出来。同学们未来的人生还很长，把自己经历过的事情，成功、失败、喜怒哀乐、所思所想记下来，日积月累，年复一年，就是一笔宝贵的财富。

陶行知先生说，生活即教育。他每天都对自己有四问：第一问是我的身体有没有进步？第二问是我的学问有没有进步？第三问是我的工作有没有进步？第四问是我的道德有没有进步？如果我们这样记日记，不就是在进德修业吗？

实际上，我们今天的中学生每天还可以问自己：今天我发现了什么问题？解决了什么问题？设计了什么项目？组织了什么活动？诸如此类，各种新颖的、吸引人的故事都可以记下来。如果我们这样记日记，不就是在进德修业吗?

在过去的一年里,人大附中收获了全体师生用心血和智慧浇灌出来的丰硕果实。其中,有两个很重要的奖项:一是新中国成立以来首次在基础教育领域评选国家级教育教学成果奖,人大附中荣获一等奖;二是由国务院扶贫办在全国范围内评选国家级扶贫先进单位,人大附中高票当选。多年来,我们一直坚持“熔铸中外精华,坚持综合创新”的教育发展之路,坚持履行社会责任,发挥优质教育资源的辐射作用。记得几年前,我曾经把人大附中已经做、正在做、将来还要做的事情概括为两个方面:办好人大附中,是一种引领;帮扶薄弱学校,是一种担当。正是在引领和担当的过程中,人大附中才能实现一所中学的价值最大化。这两个奖项的获得,是从国家层面对我们多年来“引领”与“担当”的充分肯定,同时,也是对人大附中未来发展的一种鞭策。在新学期的开始,我要向全校师生出一道思考题——在新形势下,如何让我们的学校继续保持“引领”在先,在学校快速发展的同时如何“担当”得更多。这道题的答案不是空谈出来的,而是要实实在在地做出来。我期待着每一个人大附中人交出一份满意的答卷,期待着我们的学校向祖国、向人民、向时代交出一份满意的答卷!

(原载《光明日报》,2014 年 9 月 2 日第 4 版)

创办具有中国特色的未来教育

——我对当前基础教育改革的若干思考

这些年，关于基础教育的讨论，不断地向本真靠近。这个本真，就是培养什么样的人、怎样培养人。这个本真，就是教书育人、立德树人。这个本真，就是大写的“人”字。

学校的立德树人、思想品德教育，要以培养学生的法治意识、科学精神、人文情怀为主攻方向，要高扬法治、科学、人文三面旗帜，教师、教材、教学都要把着眼点和着力点放在这三个方面。

关于当前基础教育的改革，我谈几点思考。

第一，回到教育的本真。

党的十八届三中全会后，我国进入全面深化改革的新时期。教育综合改革也在紧锣密鼓地进行。教育部最近连续出台改革措施，回应时代需求和人民关切。中国教育向何处去？大家都高度关注。

我们谈论任何问题，都会经历这样的过程，一开始众说纷纭，漫天彻地，但慢慢地都会返璞归真，直至回到问题的原点。比如高等教育，我们曾经热衷于研究型大学，追求有多少博士点、有多少研究生、有多少外国留学生、有多少学院、有多少国家项目等，以致有人说我们得了“一流大学焦虑症”。现在，大家已清醒认识到，大学，归根到底还是要本科立校、教学立校。没有强壮的本科，一流大学只能是沙聚之塔。评价一所大学、一位教师，根本的标准还是书教得怎么样、课上得怎么样，做科研、发论文，都是为了提高教学水平。否则，就是本末倒置，最终只能南辕北辙。中学教育也是如此。这些年，关于基础教育的讨论，也在不断地由繁到简，不断地向本真靠近。这个本真，就是培养什么样的人、怎样培养人。这个本真，就是教书育人，立德树人。这个本真，就是大写的“人”字。我们在教育问题上直面现实、直指人心、直奔主题的结果，就是同归而殊途、一致而百虑，集中到教书育人、立德树人这个根本问题上。其他的一切问题，都是由这个根本问题生发出来的。这个根本问题解决了，其他问题都会迎刃而解。因此，作为教育工作者，我们一定要把着眼点和着力点牢牢地放在教书育人、立德树人这个根本点上，解放思想，开动脑筋，同心同德，同心同行。

全面深化改革的目标是坚持走中国特色社会主义道路，实现国家治理体系和治理能力的现代化；全面深化改革涉及各个领域的改革，但要以经济改革来牵引。教育的综合改革也是如此,必须坚持以立德树人为目标,以创新教育为牵引。所谓创新教育,既包括创新教学内容和教学方式,也包括拔尖创新人才的培养。

第二,发现儿童。

有学者说,人类文明的进化有三个重要阶段,第一个阶段是发现了人,将人从神的笼罩下解放出来,世界焕然一新;第二个阶段是发现了女性,将女性从男性的统治下解放出来,世界的半边天撑起来了;第三个阶段是发现了儿童,将儿童从对成人的依附中独立出来,世界更加充满阳光和美好。今天的中国正处在第三个阶段,发现儿童的阶段。我们研究中国的基础教育,必须与发现儿童这个大背景、大课题相适应;我们从事基础教育,也必须坚持以儿童为中心,牢固确立学生在教学中的主体地位。基础教育出现的问题,有这样那样的原因,但最深层、最根本的原因还是没把儿童作为中心、没把学生作为主体。在中国,发现儿童的历史任务还没有完成。我们在办学过程中想问题干事情,更多考虑的是社会、是教师、是家长,而不是学生。当前,我们最应该做的事情就是拨云见日,发现儿童,把社会的还给社会,把教师的还给教师,把家长的还给家长,最后让学生显山露水,真正成为主角。教学的出发点是学生,落脚点还是学生。按教育规律办事,最重要的是按儿童生理、心理的成长规律办事,社会、教师、家长都要为儿童服务而不是为儿童做主。我们的教育,终极目标是让儿童在快乐和幸福中学有所成。发现儿童,中国的基础教育才能进入新天地、迈向新时代。

第三，培养受人尊敬的人。

改革开放30多年，中国发生了翻天覆地的变化，已经成为世界第二大经济体，有人预测，再过十几年，中国可能成为第一大经济体。一个国家的崛起和发展，一般都是三步曲：第一步，成为大国；第二步，成为强国；第三步，成为受人尊敬的国家。经过30多年的努力，我们已成为名副其实的大国，正在向强国迈进，最终，我们的目标是成为受人尊敬的国家。一个国家要真正受人尊敬，不仅要有强大的经济和强大的国防，还要有强大的文化和被世界认同的价值观念。所以，以习近平同志为总书记的党中央，高度重视文化软实力建设，提出中国梦的共同理想，培育和践行社会主义核心价值观，以公平、正义和美丽中国为标志，大力塑造新的国家形象，就是为了让中国真正成为受人尊敬的国家。我们的教育，要顺应这一大趋势。应该承认，目前的基础教育与这一大趋势还不太适应。我们对孩子的教育太功利化、太短视，都是教孩子如何出人头地，如何走捷径获得成功。大家去书店看一看，在所有图书中，所谓的成功学的图书最多。大家再去看看影视剧，什么职场剧、宫廷剧，演的都是如何为了成功而不择手段。这样励志是不行的，必须改变。改变要从教育改起。我们的教育要从大处着眼，要从长远着想，要从教学生如何成功转向教学生如何受人尊敬。一个受人尊敬的人必然是个事业成功的人，但一个事业成功的人并不一定受人尊敬。我们的教育,就是要让孩子正其义而谋其利、明其道而计其功,既有过人的本领,更有强大的内心,内圣外王,臻于完人。教书育人、立德树人,就是要把立德、立功、立言统一起来,就是要法古今完人,就是要培养受人尊敬的人。

第四,追求灵魂境界。

丰子恺先生说过,人的生活有三种境界,一是物质的境界,大致在衣食住行的层面;二是精神的境界,主要指文学艺术等雅致和情趣;三是灵魂的境界,那就是有信仰、有理想、有终极关怀、有博大情怀。关于物质的境界,也就是物质的生活,我们现在有没有问题?有,但已经不是大问题,绝大多数人已衣食无忧,而且随着经济的发展,我们的物质生活会越来越好。关于精神的境界,也就是精神生活,我们有没有问题?有,但也不是大问题,对大多数人而言,特别是对城市人而言,有书读,有电视、电影看,有演出可观赏,有网络可消遣,还能中外各地旅游,徜徉于山水名胜之间,大家的精神生活越来越丰富。关于灵魂的境界,也就是灵魂生活,我们现在有没有问题?有,而且是大问题。大家都是从事教育工作的,整天和学生在一起,相信大家都有同感,现在的学生最缺的不是物质和精神的生活,而是灵魂的生活。现在的教育工作,效果最不能让人满意的,不是物质境界、精神境界的教育,而是灵魂境界的教育。要实现中华民族的伟大复兴,就要让每个中国人都有充实而强大的心灵,都有美丽而高洁的灵魂,有理性、有灵性、有诗性、有血性。我们讲要建设美丽中国,美丽中国的背后必然是美丽心灵,心灵干净,环境才能干净,心灵有多美丽,环境就有多美丽,美丽中国必须有美丽心灵作支撑。中国思想文化的内核是儒家和道家。儒家要培养君子和圣人,道家要培养真人和至人。君子、圣人也好,真人、至人也罢,都要有超越世俗的情怀,心灵强大而充实,灵魂美丽而高洁。教育工作的过程就是帮助学生不断超越的过程,让学生超越物质的生活而进入精神的生活,超越精神的生活而进入灵魂的生活,让学生有充实而强大的心灵、美丽而高洁的灵魂。相由心生,充实之谓美,一个有高尚灵魂、美丽心灵的人,其外在一定是光彩夺目、充满魅力的。

第五,在“向内向上”方面下功夫。

教育的功能就在于通过培养人提升世道人心、推动社会进步。现在,关于世道人心的议论很多、担忧也很多。老人摔在地上扶不扶都说不清楚,可见世道人心真的出问题了。在这方面,教育工作者理应比别的人想得更深一些、看得更远一些。党中央大力倡导社会主义核心价值观。前不久,在中央政治局集体学习时,习近平总书记再次强调培育和践行社会主义核心价值观的重要性。他说,要让社会主义核心价值观成为日常生活的基本遵循,核心价值观的影响要像空气一样无所不在、无时不有。培育社会主义核心价值观,要从娃娃抓起,要进学校。教育工作者要在这方面增强使命感和紧迫感,把立德树人、培育和践行社会主义核心价值观放在学校工作的首位。反思这些年在世道人心方面出现的种种问题,最大的原因就在于人们的价值趋向是“向外向下”,而不是“向内向上”。现在的雾霾为什么如此严重?就因为人心“向外”,贪得无厌,对大自然索取太多,对物质生活享受无度。因此,要消除雾霾,首先要消除“心霾”,由人心“向外”转向人心“向内”,培养一颗平和包容的心。现在,人与人之间为什么越来越缺少诚信?文化艺术为什么越来越娱乐化甚至低俗化?就是因为人心“向下”,只求感官的刺激,不重精神的洗礼。

社会上的许多问题,说到底是人的问题;人的问题,说到底是心的问题;人心的问题,说到底是个“向内向上”还是“向外向下”的问题。我们讲立德树人,立德,最重要的是在“向内向上”方面下功夫。“向内”下功夫,就是反求诸己,正心诚意;就是古人讲的“养气”,养浩然正气,养昂扬锐气,养蓬勃朝气。“向上”下功夫,就是见贤思齐,超凡入圣,不断提升自己,登高望远,成大气候、大格局。

第六,以心印心、以心传心。

立德树人,是一项人心工程。古今中外的经验反复证明,人心工程,最有效的途径是以心印心、以心塑心、以心传心。心帅身,身帅言,所以言教不如身教,身教不如心教。人的心理是可以相互感染的,我的心理传染给你,你再传染给他,他再传下去,所谓社会心理就是这么形成的,所谓民族心理也是这么积淀的。中小学生的心灵基本上是张白纸,最容易被影响、被感染。而最能影响他们的人,是离他们最近、最受他们尊敬的人。什么人离他们最近、最受他们尊敬?当然是父母和教师。所以,提升孩子的心灵,首先要提升家长和教师的心灵,家长、教师有美好的心灵、高尚的品格,孩子自然会走向美好和高尚。教师和学生、父母和孩子,就像大鱼和小鱼,大鱼在前面,小鱼在后面,游着游着,小鱼就什么都懂了、什么都会了。对于我们教育工作者来说,要成为名师,必须行为世范、有巨大的人格魅力。立德树人首先要立师德,有师德,然后才有生德。学校搞思想教育,主体是教师,内容是"道"。教师在古代叫"士",古人讲"士志于道",就是要求士与道融为一体、真理的力量与人格的力量融为一体。从事教育工作,不论你是教数学的还是教体育的,也不论你是搞教学的还是搞管理的,每个人都是传道者。所传的"道",既是知识也是行为,把知和行统摄起来的,正是一颗美好的心灵。我们这颗美好的心灵传印给学生,学生毕业走向社会再传印给别人,如此传印下去,久久为功,和谐社会和美丽中国自会水到渠成。

第七,找好主攻方向。

立德树人,或者说学校的思想品德教育,总得有抓手。我觉得,最重要的抓手有三个,第一个是培养学生的法治意识,第二个是培养学生的科学精神,第三个是培养学生的人文情怀。法治意识是现代文明的基石,依法治国是我们国家的治国理政的基本方略,知法守法是每个人为人处世的起码准则,一个人只要有了法治意识,他就会有底线、不出格。科学精神是现代社会沿着正确方向持续发展的保障和动力,不按科学规律办事,迟早要出问题,终究要遭惩罚。一个人只要具备科学精神,就能把干正确的事与正确地干事结合起来,不断取得成功。人文情怀是现代文明王冠上最耀眼的明珠,是我们追求的终极目标。我们一切的奋斗,最终的目标,不是物质财富,而是人的全面而自由的发展,是人的幸福感。我们所有的努力,核心都指向对生命、对工作、对自然、对社会、对国家、对世界的敬畏之心和热爱之情。我特别喜欢"民胞物与"这个词,它的意思是:所有的人都是我的同胞、世间万物都是我的朋友,这是多么博大的人文情怀啊。总之,学校的立德树人、思想品德教育,要以培养学生的法治意识、科学精神、人文情怀为主攻方向,要高扬法治、科学、人文三面旗帜,教师、教材、教学都要把着眼点和着力点放在这三个方面。

第八,培养兴趣和学习能力。

古今中外的人才成长经验都表明,一个人在某项事业上成功需要具备三个条件,一是客观需求,二是个人兴趣,三是知能储备。时代在进步,社会在发展,客观需求的量只会越来越大,这一点不用我们发愁。作为教育工作者,我们需要好好动脑筋下功夫的是激发学生的兴趣、提升学生的知能。赵元任先生会几十种外语、几十种方言,是近现代语言学研究的第一大家。有人问他为什么能取得如此大的成就,他只回答两个字:“好玩。”好玩,就是有兴趣。兴趣是一切成功的发动机。为了上所好学校,为了找个好工作,为了得到好功名,当然也可以成为学习的动力,但这些都不是源动力。源动力、源源不断的动力,只有一个,那就是兴趣。因此,激发学生的学习兴趣至关重要。有了兴趣,要他学便成了他要学,老师、家长都不用费劲了。提升学生的知识和能力,关键是提升他学习的能力。一个人成就一番事业,就好比盖一栋房子,在学校里学到的知识只够他砌一个墙角,如果不自学,如果不继续学习,如果不终身学习,那么他一辈子都只能砌墙角。因此,学校教给学生的最要紧的不是知识,而是学习的能力。学习的能力,不仅是跟老师学习的能力,最重要的是自学的能力、继续学习的能力、终身学习的能力。在此意义上,我们可以给人才下一个定义:所谓人才,就是有较强学习兴趣和学习能力的人。学校培养人才,核心任务就是培养学习兴趣和学习能力。

第九,启动拔尖创新人才培养国家战略迫在眉睫。

有人预测,有两件大事将深刻影响中国未来的命运,一是能不能通过创新驱动实现经济发展的转型升级,二是能不能实现融合了工业化和信息化的新型城镇化。创新驱动和新型城镇化,成为当前的两大热点话题。创新驱动,再一次呼唤创新人才的培养。

谈到创新人才特别是拔尖创新人才的培养,不得不提最近发生的一件事。2 月 24 日,教育部有关部门就“基础学科拔尖学生培养试验计划”(简称“拔尖计划”)实施 5 年来的情况,安排新闻记者集体采访。“拔尖计划”于 2009 年开始实施,由教育部、组织部、财政部联合组织,北京大学等全国 20 所著名大学参与。5 年来,“拔尖计划”实现了预期目标,获得成功,正在成为我国未来产生国际一流科学家的摇篮,其在寻找、培养优秀学生过程中形成的人才培养观念和教学模式,也成为撬动中国教育改革的一股力量。我国拔尖创新人才的培养,终于走出坐而论道的阶段,进入起而行之的征程。

下一步怎么办?我想,一个重要的内容是“拔尖计划”应该向下延伸,在全国也选择 20 所左右的优质中学创办“拔尖人才”早培班,形成拔尖人才培养的“一条龙”,让拔尖人才的培养基数更大、基础更牢。进入新世纪,国与国之间的竞争,越来越集中体现于人才的竞争;人才竞争越来越集中体现于拔尖创新人才的竞争。对此,我们一定要有清醒认识,一定要有只争朝夕的紧迫感,一定要尽快形成拔尖创新人才培养的国家战略。

拔尖创新人才培养的国家战略,毫无疑问,应该涵盖高等教育和基础教育等整个教育领域。在人才培养上,有一个经验屡试不爽,那就是只要从娃娃抓起,必定大有前途,事半功倍。在中国办事,还有一条经验也屡试不爽,那就是只要党和政府重视,再难的事也能办成。拔尖创新人才的培养也不例外,只要形成拔尖创新人才的国家战略,只要坚持从娃娃抓起，启动拔尖创新人才早期培养计划，我们在拔尖创新人才的培养上一定能成大格局、出大成果。对此，我充满期待，更充满信心！

（原载《中国教育报》，2014 年 3 月 28 日第 7 版）

为中国教育这双脚做出最合适的鞋

当有的人认为人大附中是一个垄断优质教育资源的超级学校，是教育不均衡的罪魁祸首时，我们却无怨无悔地派出最好的老师去无偿帮扶薄弱校，愿意做探索教育均衡的先行者。对于培养人才，我认为一定不能局限于只教谋生的技能，也不能只停留在精神的境界，而更应该培养和提升学生的灵魂境界。我们要为中国教育这双脚做出最合适的鞋。

当代教育既要顺应世界潮流，也要坚持中国特色

孔子是全人类的伟大教育家，他的“有教无类”“因材施教”等思想，是世界教育史上最宝贵的财富。中国的科举制度，被誉为指南针、造纸、印刷、火药之后改变历史进程的第五大发明，欧洲的考试制度乃至文官制度，就是从

借鉴科举制而来。而近代以来,中国的现代学校制度,则是从欧美传过来。一直到现在,中国学校的教学体系和管理体制,仍然深受欧美影响。因此,一部世界教育史,从某种意义上讲,也就是中国教育和欧美教育相互交流、相互学习的历史。今天,我们要推动世界教育事业的不断发展,还要坚持这种相互交流、相互学习。最美莫过多样化,我特别欣赏费孝通先生关于世界文明的那四句话:“各美其美,美人之美,美美与共,天下大同。”各国的教育,都既有共性,也有个性,应该彼此欣赏,彼此借鉴,春兰秋菊,各擅胜场,在和而不同中共同营造世界教育事业的百花园。

当代中国的教育,既要顺应世界潮流,也要坚持中国特色。习近平主席有句话说得极好,鞋子合不合脚,自己穿了才知道。我们目前最重要的任务,就是为中国教育这双脚做出最合适的鞋。怎样才算最合适?我的理解,一方面,正确处理好古与今的关系,有因有革,返本开新;另一方面,科学处理好中与外的关系,取长补短,洋为中用。我们要在熔铸古今中外教育精华的过程中,探索出中国特色社会主义教育现代化之路,这是当代中国教育工作者的历史担当和神圣使命。

培养人,一定不能局限于只教给学生谋生的技能

办任何事情,都既要有具体操作,也要有顶层设计,既

要有现实目标,又要有远大抱负。超越阶段,激进冒进,只会欲速则不达,甚至适得其反。我们党的最终奋斗目标是实现共产主义,实现这个最终目标,我们经过了新民主主义革命阶段,现在正处于社会主义初级阶段,将来还要经过社会主义中级阶段、高级阶段。把追求远大理想与做好现实工作有机结合起来,是我们党循序渐进、不断从胜利走向胜利的法宝。办教育也是如此。中国有两三千年崇文重教的传统,独生子女政策让崇文重教火上浇油,家长望子成龙、盼女成凤的心理比以往任何时期都急切。但目前我国的教育资源还不充裕,特别是优质教育资源十分稀缺,教育条件与老百姓的预期之间,有很大反差。中国的优质学校承担的压力空前绝后,恨不得把吃奶的劲都使出来,能多招一个学生就多招一个。在这种情况下,有很多先进的教育理念、有很多科学的教学方法,我们明明知道很好,但不能实施。比如小班制,一个班的学生最多不能超过 24 人,好不好?当然好!可目前我们能实施吗?肯定不能!这就是我们最大的苦闷。如何化解这种苦闷?最有效的办法,是司马迁讲孔子的那句话:“虽不能至,心向往之。”心向往之,至关重要。有些理念和办法,我们一时做不到没关系,关键是我们知道它是好理念好办法,我们目前的工作要尽最大努力向这种好理念好办法靠拢,要为将来实施这种好理念好办法创造条件。仰望天空,脚踏实地,这就是我们应有的状态。坚持理想不动摇,直面现实不盲目,在理想与现实之间不徘徊,我们要做理想主义和现实主义的结合者。

人大附中近三十年的改革创新,着眼点和着力点,主要放在把握好两个度上,一个是速度,既要超前,又不脱离国情、不脱离现实、不违反国家政策;一个是力度,既保持革故鼎新的态势,又让教师、学生、家长能承受。把握好这两个度真的很不容易,稍有闪失,就要出纰漏。把握好这两个度,才能做教育改革创新的领跑者。领跑者首先要领着大家朝着正确的方向勇往直前,同时要时刻关注后面的人,既要给后面的人以压力,还要让后面的人使把劲就能跟上。因缘际会,人大附中已成为国内领先、国际一流的中学,我们除了把自己的学校办好之外,还要承担起社会责任,我们要在努力担当中国基础教育的领跑者中,实现人大附中人的教育自觉、教育自信、教育自强。

说一千道一万,教育最核心的问题,还是培养什么样的人。凡事要立其大、取其上。我们说教育,首先要明确培养什么样的人。关于这个问题,已讨论多年,我也讲过无数次。但这样的话题就应该时时讲、处处讲、反复讲。丰子恺先生在纪念他的老师弘一法师李叔同时说,人活在世上,有三种生活:物质的生活、精神的生活、灵魂的生活。物质的生活就是吃喝拉撒、衣食住行;精神的生活主要指科学技术、文学艺术;灵魂的生活则是超越,是终极关怀,是心灵的净化和美化。弘一法师的一生,生动地体现了这三个境界的递进和提升,因此,他的一生是完美的一生,是了不起的一生。今天,我们培养人,一定不能局限于只教给学生谋生的技能,停留于物质的境界,一定不能局限于只教给学生欣赏文艺的法门,停留在精神的境界。我们培养人,一定要培养和提升学生的灵魂境界,让他们有美丽的心灵和高尚的灵魂。心态决定生态,我们要构建和谐社会,没有心灵的和谐,哪来社会的和谐?我们要建设美丽中国,没有美丽心灵,又哪来美丽中国?说到底,教育事业就是灵魂事业,教师是灵魂工程师,我们在这一点上,必须头脑清醒、立场坚定。这些年,有许多学校、许多教师,把培养学生的注意力集中在物质的层面,最多提高到精神的层面,而对培养和提升学生灵魂的境界重视不够,这种教育带来的不良后果已经显现,对此,我们必须增强忧患意识。

中学的任务就是给大学输送生源?答案是不

在给教育事业定位后,我们要给中学教育定位。在高等教育已大众化的今天,中学教育的地位在下降。民国时期,朱自清、叶圣陶、丰子恺、俞平伯、钱穆等等,无数顶级的学者和作家都做过中学教师,那时,中学教师和大学教师的流动是无门槛的,这种状况在今天已无法想象。今天,小学、中学、大学,中学只是教育链条中的一个环节,中学的任务好像就是给大学输送生源。这样的定位,对中学教育的伤害是致命的。我一直认为,中学教育必须是独立完整的体系,必须有自己独立完整的目标。不这样,中学教育形不成大格局,做不了大文章,也不可能有大作为大成就。中学毕业时,正好十八岁。十八岁是个什么概念?在古代是成人,那是人生中的大事,要举行隆重的“冠礼”,整套仪式之后,还要请德高望重的人给十八岁的成人在名之外起个字,十八岁成人后,名和字开始并用,名只有长辈才能叫,同辈后辈只能称其字。十八岁成人,就开始受人尊敬了。当然,受人尊敬的前提是自重,要履行成人的义务、承担成人的责任。十八岁在今天,则标志着可以成为法律意义上的公民,开始具有公民的所有义务和权利。由此可见,中学教育是把孩子培养成人的教育,是把孩子培养成合格公民的教育,是至为关键的教育。我们从事中学教育的人,正是要在这一点自尊、自重、自警、自醒,自己先要对中学教育高看一眼,然后才能让全社会高看一眼。我们要通过自己卓有成效的工作,培养学生的科学精神、法治意识、人文情怀,在中学阶段完成公民教育,让他们成为合格的公民。这样的定位很重要,是基础性的。方位确定了,才有方向的问题,才有方法的问题。我们的教育改革,我们的教学安排,都要围绕这样的方位来进行。

学校以学为主,学习以通为贵。这两年,社会各界十分关注“钱学森之问”,也就是中国的学校为什么培养不出大师。围绕“钱学森之问”人们不知写过多少篇文章,开过多少次研讨会。其实,在“钱学森之问”之前,钱学森先生曾花费很多心血提倡通识教育,呼唤大成智慧。通识教育和培养大师是一脉相承的。通识教育是大师出现的基础,只有通识教育蔚然成风,大师出现才能水到渠成。

在知识爆炸的时代,在大多数人都接受过高等教育的时代,出类拔萃、显山露水的人,基本上都是经过良好的通识教育、形成大成智慧的人。我对这一点深信不疑。中学最适合通识教育,是培养大成智慧的黄金时期。因为中学不像大学那样细分学科,有利于学生在知识上全面发展。在文科上有特长的学生具备良好的科学素养,在理科上有特长的学生具备良好的人文素养,这在中学是能够做到的。错过了中学时代,一旦进了大学,文理学科泾渭分明,壁垒森严,要搞通识教育,难度不知要增加多少倍。因此,我们搞中学教学改革,讲提升中学办学质量,主攻方向就应该放在开展通识教育、培养大成智慧上。也正是在开展通识教育、培养大成智慧上,我们可以有大的预期、大的作为。

学校是培养人的地方,比别的任何部门、任何单位都更强调树立人的历史主体地位,都更强调发挥人的主动性、积极性、创造性。发挥人的主体作用,当然面越广越好。因此,在办学过程中,互动很重要。互动的渠道和方式很多,主要有以下几种:一是师生互动,这是最常见的,即大家常说的教学相长;二是同学之间互动,即大家常说的学学相长;三是教师之间互动,即大家常说的教教相长。这三种互动,我们一直在努力运用,效果很好,今后还要不断加强。我这里还要说两种新的互动。一种是学校要和家长互动,不管在什么时候办学、在什么地方办学,没有家长的参与和支持,教学效果都要打折扣,特别是现在的学生多是独生子女,背后不仅有父母,还有更上心的爷爷奶奶、姥爷姥姥，学校如果不能与他们保持良性互动，很多事寸步难行。另一种是学校与社会互动，具体地讲，就是学校要通过新闻媒体这个桥梁和纽带，与社会各界保持良好的沟通和互动，赢得社会的理解和支持，为自己营造良好的舆论氛围和办学环境。对人大附中这样处在风口浪尖的名校来说，主动与新闻媒体沟通，与社会各界形成良性互动，事关重大，在这方面，我们有经验，也有教训，今天一定要予以更多的关注、投入更多的精力。我一口气讲了五种互动，也许还没说全。我们就是要通过各种各样的互动，激发和凝聚方方面面的正能量，提高人大附中的教学质量，推动人大附中的事业又好又快地发展。

学问学问，“学”必须与“问”连在一起

上面说的都是宏观、中观的问题，下面我想说微观的问题，也就是在推进素质教育、培养学生创新精神和创新能力的语境下，我们如何改革创新课堂教学。思来想去，我觉得摆在第一位的，还是培养孩子的自学能力。自学，既是自己学习，更是自主学习。自己学习好理解，自主学习，是指在自己学习中有独立的思考。相比之下，自主学习，是更重要的自学。人的一生，小学六年，中学六年，本科四年，硕士三年，博士三年，最长的在校跟着老师学习时间是二十二年，目前，人的平均寿命是七十三岁，由此可见，人的学习，绝大部分时间是自学，有人预测，在中等发达国家，人人都接受过或多或少的学校教育，传统意义上

的文盲已经消亡了。以后,文盲这个词,也许指的是那些离开学校后不能通过自学来更新知识的人。进一步讲,即使是在学校学习期间,我们自学的东西也肯定比从老师、从课堂上学到的东西多。再进一步讲,即使是听老师讲,也要加入自己的思考。因此,自学才是学习的常态,才是学习的核心。有创新能力、出创新成果的人,肯定是自学能力强的人,这中间完全可以划等号。中学培养创新人才,最重要的就是向内下功夫,激发学生自学的兴趣、增强学生自学的自觉、培养学生自学的习惯、提高学生自学的能力。这一点,过去很多人认识不够,现在应该大加强调、反复强调。

提高教学质量,必须注重培养孩子的问题意识。问题是时代的声音。学问学问,"学"必须与"问"连在一起,而且"问"是学问的发动机。人类社会就是在不断的发现问题、回答问题、解决问题中进步的。创新人才,首先是善于发现问题的人才,而且是善于在众多问题中发现核心问题的人才。阿基米德在浴缸里想出"阿基米德定律"、牛顿在苹果树下悟到"万有引力",他们都是发现问题、思考问题、解答问题的高手。自然科学如此,社会科学也不例外。马克思、恩格斯对全人类的不朽贡献,就是发现了资本主义的根本问题,并为解决这个根本问题找到了正确答案。因此,所有创新人才都是"问题中人",没有问题,就没有创新。发现并解决了小问题,便成就了小创新。发现并解决了大问题,便成就了大创新。中学培养创新人才，一定要鼓励孩子善于发现问题、敢于提出问题，一定要培养孩子在回答问题、解决问题过程中的专心致志、锲而不舍。问题意识，是创新人才培养的一把“金钥匙”。“人生为一大事来”，这一大事，或许就是发现并解决一个问题吧。

独生子女容易眼高手低　团队精神先天不足

面向未来、面向世界、面向现代化，我们在鼓励孩子独立思考的同时，要高度重视培养孩子的协同精神。人类社会发展到今天，越来越重视系统性和协调性。适应这种变化，科学研究和各种创新也越来越体现出协同性。今天，无论是国外还是国内，几乎每一项大的创新都不是一个人的单打独斗，而是一个团队在联合攻关。这种团队联合攻关的规模一天比一天大，阿波罗计划可以说是国家团队在攻关，人类基因组计划已是国际团队在攻关了。最近，美国白宫宣布启动“推进创新神经技术脑研究计划”，奥巴马在 2013 年初的国情咨文中表示，这项计划将让科学达到一个太空竞赛以来从未见过的高度。“脑计划”又是一个国际团队联合攻关的大计划。“协同创新”已成为当代创新的主要形式，也是当代创新能最终成功、能产生巨大效益的根本保证。中学培养创新人才，必须认清这种趋势，顺应这种趋势，从娃娃抓起，培养孩子的团队精神。对中国的创新人才教育来说，培养孩子的团队精神还有其特殊意义，因为现在的中学生基本上都是独生子女，团队精神先天不足，更需要后天培养。有没有团队精神，愿不愿意、善不善于协同创新，将在很大程度上影响我国创新人才培养的质量。

还要提倡培养孩子的动手习惯。七十年前，著名教育家陶行知先生大力倡导动脑与动手并重，十年前，人大附中也开设了许多让学生动手的劳技课，取得了很好的教学效果。这两年，这个问题讲得少了，所以今天我要重新提出来。动手，首先是劳动，劳动光荣，是我们最基本的价值观。学校里的动手类选修课，作为一种理论联系实际，作为一种知识运用，也是一切创造创新的活水源头。动手类选修课，还有利于培养学生的团队精神和协同能力。动手类选修课，也是让学生放松身心，增加学习趣味的重要途径。还有一点特别的，现在的独生子女，容易出现坐而论道、眼高手低的毛病，让他们参加动手类的选修课，也算是对症下药。总之，培养学生的动手习惯，具有多方面的综合效应，具有现实而深远的意义，我们绝不能等闲视之。

减负：学校绝不推卸责任，迎难而上改进教育方式

在今年的全国“两会”上，中小学生的“减负”再一次成为热门话题，人大代表、政协委员要求给孩子“减负”的呼声很高。作为一线校长，我十分赞成“减负”，人大附中这几年也一直在做“减负”的努力。只有减负，让孩子快

乐地学习,我们才能回归教育的本源,真正按教育规律办学。作为创新人才教育研究会的会长,我更是真切地懂得,培养创新型人才,必须与“减负”同步;不减负,难以培养出创新型人才。我甚至认为,何止是学生要减负,像人大附中这样的优质学校也要减负,校长要减负,教师也要减负。现在的问题是,学校、校长、教师、学生的负担都很重,压力都很大,大家捆绑在一起,白加黑,五加二,连轴转,都很苦。减负问题是典型的知易行难,因为减负绝不仅仅是学校的事,只要高考的指挥棒还在,只要社会对教育的心理预期居高不下,减负很难有大的进展,现状也很难有大的改观。我这样说,绝没有推卸责任的意思,恰恰相反,作为一线教育工作者,作为一所优质示范学校,我们应该知难而上、迎难而上,从我做起,从现在做起,从具体的事情做起,争取有所作为,有大的作为。目前,我们在减负上最能有所作为的空间,就是在教学内容、教学方式上不断地有所改进、有所创新,通过改进和创新,提高教学质量,提高教学效率。过去两堂课讲完的,用新的教育方式一堂课讲完了,过去两小时学会的东西,用新的学习方式一小时就学会了,负担自然就减轻许多。因此,就学校而言,就教师而言,就现实条件而言,目前减负的根本出路,就在于教学内容教学方式的改革创新。负担减轻了,身体才会放松,心境才会空灵,工作才会从容。身体放松了,心境空灵了,工作从容了,我们才会有时间读书学习、加油充电,深入思考一些大问题;身体放松了、心境空灵了、工作从容了,我们才会生发出更多更大的想象力和创造力。在宽松的环境从容地工作,这是我的教育理想,相信也是大家的教育理想。让我们一起向改革创新要时间、以改革创新要空间,共同为实现这个理想而努力。

(凤凰网教育频道,2013 年 7 月 24 日)

努力创办国内领先、国际一流的学校

“阐旧邦以辅新命，极高明而道中庸”，这两句是著名哲学家冯友兰先生从几千年中国哲学史上提炼出来的。冯友兰觉得，这两句话最能体现中国文化精神。我从事教育工作 40 多年，担任人大附中校长十几年，思考来、思考去，最能准确表达我这十几年深切感受的，也正是这两句话。

阐旧邦以辅新命，是中华文明五千年一脉未坠、至今仍充满生命力的根本奥秘；极高明而道中庸，是中华民族在前进道路上化解各种矛盾、协调各种关系、克服各种困难的最大法宝。这两句话，既是中国哲学的命脉，也是中国教育的精华。

改革开放以来，我国教育事业的发展历程实际上就是在改革创新中循序渐进的历程。人大附中能有这十几年的又好又快发展，从一定程度上讲，就是因为对“阐旧邦以辅新命，极高明而道中庸”有所领悟并认真践行。

十几年来，人大附中的办学思想和办学实践可以用24个字来概括：中国情怀、世界视野、有因有革、返本开新、追求卓越、勇于担当。

按照“中国情怀、世界视野”的旨趣，我们努力创办国内领先、国际一流的学校；遵循“有因有革、返本开新”的思路，我们在教学内容、形式、管理上大胆探索，有继承，有创新，初步形成了一整套有中国特色、有时代气息、有面向未来发展空间的教学体系；沿着“追求卓越、勇于担当”的路径，我们以高度的责任感、饱满的热情、切实的措施帮扶薄弱学校共同进步，为推动中国基础教育整体水平的提高作出自己应有的贡献。

教育无国界，但教育家有祖国。我是谁，我从哪里来，要到哪里去，这些终极问题，教育工作者要思考、要自问。中国的教育工作者必须扎根于中国大地，有中国泥土的芬芳，必须心里有中国情怀，身上有中国印记。

无论是鸦片战争后的被动开放还是近30多年的主动开放，开放之后，如何科学处理中外关系，是文化领域的一个核心问题。我这里好有一比，就像大海接纳百川，但百川入海后，味道都变咸了。百川来了都接纳，是有容乃大；味道都变咸了，是以我为主。因此，正确处理中外关系，我们要做大海，坚持以我为主，把中国情怀与世界视野结合起来。

在当代中国办教育，必须积极吸收借鉴发达国家先进的教育理念和方法，但这种吸收借鉴，不是照搬，更不是西化，而是消化吸收后的自我充实和完善。作为当代中国的教育工作者，我们既不能妄自尊大，也不能妄自菲薄。要学习人家的好东西，自己也要有好东西让人家学习。要通过“洋为中用”，最终形成民族的、科学的、大众的，面向未来、面向世界、面向现代化的中国教育，这才是真正的教育自觉、教育自信、教育自强。

与中外关系相比，科学处理古今关系是个更长久的话题。在中国这样的古国，做任何事，首先要面对的就是古今关系，发展教育事业更是如此。

中国素以崇文重教著称，从来都不乏开天辟地、顶天立地的伟大教育家。作为一名当代中国的教育工作者，要把好传统继承好，还要根据国情世情的变化，有所创新发展。人大附中这些年的教育实践，就是科学处理古与今的关系，围绕继承与发展的有机结合做文章，在“有因有革、返本开新”中绍述前贤、立足现实、面向未来；就是科学处理中与外的关系，围绕中体与西用做文章，在“中国情怀、世界视野”中打通中国与世界的关隘。在今日中国，评价一种教育思想好不好、一种教育实践好不好，一个基本标准就是看它能不能把历史、现实与未来贯通起来，把中国与世界贯通起来。人大附中这十几年，一直在积极探索，争取走出一条熔铸古今中外、综合创新、别开生面的成功之路。

习近平总书记提出实现中华民族伟大复兴的“中国梦”，感召和激励着全体中华儿女。我们每个人都应该是

“中国梦”的怀想者和实践者。

中华民族的伟大复兴,必然也必须伴随着中国教育的伟大复兴。作为教育工作者,我们怀想“中国梦”、实践“中国梦”,就是要推动中国特色社会主义教育事业大发展,为中华民族伟大复兴提供坚实基础和坚强支撑。

“中国梦”是伟大的理想。伟大的理想感召和激励我们有追求卓越、勇于担当的行动。人大附中人怀想和实践“中国梦”,就是要以“中国情怀、世界视野”,用“有因有革、返本开新”,通过“追求卓越、勇于担当”,创办“国内领先、国际一流”的中学,帮扶更多薄弱中学,为中国教育事业争光,为促进基础教育整体水平的提高尽力,为中华民族伟大复兴培养优秀人才。

实现中国教育的伟大复兴,需要中国教育整体水平的提高,这就需要一批引领者、示范者、帮扶者。面对全球性教育竞争,中国迫切需要建设一批世界一流大学,也迫切需要建设一批世界一流中学,然后通过排头兵的示范引领,先进者的帮扶带动,促进教育事业均衡发展和整体水平提高。人大附中已经、正在和将来还要做的事情,概括起来就是:一方面努力把自己办成“国内领先、国际一流”的中学,成为展示中国素质教育成就的窗口;另一方面充分发挥辐射效应,通过电子网络平台,让全国各地中学共享优质教育资源,同时派出优秀干部和教师,到北京城乡的薄弱中学,到河南、贵州、宁夏、甘肃等贫困地区的中学联合办学。

办好人大附中，是一种引领；帮扶薄弱学校，是一种担当。引领和担当，才是人大附中工作的一体两翼，才是完整而真实的人大附中。也正是在引领和担当的过程中，人大附中认真履行自己的社会责任，努力成就一所中学的最大价值。

（原载《人民日报》，2013年1月24日第18版）

中国情怀　世界视野　有因有革
返本开新　追求卓越　勇于担当

——在人大附中教育家办学实践研讨会上的发言

各位领导、各位专家、各位同行、各位朋友：

大家好！

岁末年初，在这个北京多年不遇的寒冬，各位嘉宾来到人大附中指导工作，给我们带来无尽的温暖和力量。在此，我代表人大附中全体师生，再次对大家表示热烈的欢迎和衷心的感谢！

向大家汇报人大附中的办学理念和办学实践，想说的话、要说的话很多。准备这个发言稿时，我脑海中最先冒出来的两句话是："阐旧邦以辅新命，极高明而道中庸。"这两句是著名哲学家冯友兰先生从几千年中国哲学史上提炼出来的，冯友兰先生觉得这两句话最能体现中国文化精神。我从事教育工作四十多年、担任人大附中校长十几年，现在也到了可以静下心来思考一些哲学层面的问题、要求自己尽可能站高望远的时候了。思考来思考去,最能准确表达我这十几年深切感受的也正是这两句话。

阐旧邦以辅新命,是中华文明五千年一脉未坠、至今仍充满生命力的根本奥秘;极高明而道中庸,是中华民族在前进道路上化解各种矛盾、协调各种关系、克服各种困难的最大法宝。这两句话,既是中国哲学的命脉,也是中国教育的精华。

改革开放以来,我国教育事业的发展历程,实际上就是在改革创新中循序渐进的历程。人大附中能有这十几年又好又快的发展,能有今天这样的局面,从一定程度上讲,就是因为我们对这两句话有所领悟并认真践行。

各位领导、各位专家、各位同行、各位朋友!

人大附中这十几年的办学思想和办学实践,删繁就简,可以用这样的六句话二十四个字来概括:中国情怀、世界视野、有因有革、返本开新、追求卓越、勇于担当。按照中国情怀、世界视野的旨趣,我们努力创办“国内领先、国际一流”的学校;遵循有因有革、返本开新的思路,我们在教学内容、教学形式、教学管理上大胆探索,有继承,有创新,初步形成了一整套有中国特色、有时代气息、有面向未来发展空间的教学体系;沿着追求卓越、勇于担当的路径,我们以高度的责任感、饱满的热情、切实的措施,帮扶薄弱学校共同进步,为推动中国基础教育整体水平的提高做出自己应有的贡献。

下面,围绕“中国情怀、世界视野、有因有革、返本开新、追求卓越、勇于担当”这六句话二十四个字,我向大家汇报自己的体会。

教育无国界,但教育家有祖国。我是谁,我从哪里来,要到哪里去,这些终极问题,教育工作者要思考,要自问。中国的教育工作者,必须扎根于中国大地,有中国泥土的芬芳;中国的教育工作者,必须心里有中国情怀,身上有中国印记。这是中国教育工作者安身立命的根本。

在经济全球化趋势越来越明显、世界几乎成了地球村的今天,关起国门办教育,不仅不应该,而且也不可能。因此,在当代中国办教育,在树立中国情怀的同时,还要有世界视野。

无论是鸦片战争后的被动开放还是最近三十多年的主动开放,开放之后,如何科学处理中外关系,成为文化领域的一个核心问题,这个核心问题处理得好不好,影响至关重大。东海有圣人,西海也有圣人;中国有优秀文化,外国也有优秀文化。在文化观上,我们必须有一种开放的胸襟。在正确处理中外关系上,我这里好有一比,就像大海,百川来了都接纳,但百川入海后,味道都变咸了。百川来了都接纳,这是“有容乃大”;味道都变咸了,这是“以我为主”。因此,正确处理中外关系,我们要做大海。说到底,还是要坚持以我为主,“洋为中用”。把中国情怀与世界视野结合起来,我们就成了大海。

在当代中国办教育,当然必须积极吸收借鉴发达国家先进的教育理念和方法,但这种吸收借鉴,不是照搬,更不是西化，而是消化吸收后的自我充实和完善。作为当代中国的教育工作者，我们既不能妄自尊大，也不能妄自菲薄。我们要学习人家的好东西，我们自己也要有好东西让人家学习；我们的教育大树，既要扎根中国大地，又要掌握外国各种先进的养护方法，让这棵大树长得更好。我们要通过“洋为中用”，最终形成民族的、科学的、大众的，面向未来、面向世界、面向现代化的中国教育，这样才是真正的教育自觉、教育自信、教育自强。

江山代有才人出，一代教育家有一代教育家的时代特征。我想，当代中国教育家的最大特征，只能是“中国情怀、世界视野”。只有兼具“中国情怀、世界视野”的教育家，才能有新作为、大作为，让人高看一眼，在中国教育史上占有一席之地；也只有兼具“中国情怀、世界视野”的当代中国教育，才能在造福中国人民的同时，对世界教育事业和全人类文明进步作出自己的独特贡献。

与科学处理中外关系相比，如何科学处理古今的关系，是个更长久的话题。在中国这样的古老国家，做任何事情，首先要面对的就是古今关系，发展教育事业更是如此。

中国素以崇文重教著称，中国的教育曾经长时间处在世界最高水平。孔夫子不仅是中国教育的祖师爷，在全世界教育界也有着至高无上的地位，他的诞生日，成为许多国家和地区的教师节；他的“有教无类”“因材施教”，直到今天，还是教育科学中的至理名言、金科玉律。孔子之后，从朱熹到王阳明,再到蔡元培、陶行知,中国从来都不乏开天辟地、顶天立地的伟大教育家,他们的教育思想和教育业绩,永远是中国教育工作者的骄傲,永远是中国教育事业的宝贵财富。作为一名当代中国的教育工作者,把好传统继承好,把老祖宗的经典运用好,是一种基本的职守和担当。

时代在发展,社会在进步。子在川上曰:“逝者如斯夫。”有出息、有贡献的人,必须与时代同行、与社会共振,“究天人之际,通古今之变”。今天的教育工作者当然要把祖宗之法护好用好,但在此基础上,还要根据社情、国情、世情的变化,有所创新、有所发展,这也是一种基本的职守和担当。

泥古不化也罢、数典忘祖也罢,都是没有前途、没有出息的表现。凡事皆有因缘,能站在巨人肩上前进,是一种大幸运。光讲继承不讲创新,我们就不能进步;光讲创新不讲继承,我们就是无本之木、无源之水。延续中国教育事业的香火,实现中国教育事业的永续发展,必须是在继承中发展,在发展中继承,也就是有因有革、返本开新。有因有革,才能有连续性,绵绵不绝;返本开新,才能有厚基础,生生不已。

人大附中这些年的教育实践,就是科学处理古与今的关系,围绕继承与发展的有机结合做文章,在“有因有革、返本开新”中绍述前贤、立足现实、面向未来;就是科学处理中与外的关系,围绕中体与西用做文章,在“中国情怀、世界视野”中打通中国与世界的关隘。在今日中国，评价一种教育思想好不好，评价一种教育实践好不好，一个基本的标准，就是看它能不能把历史、现实与未来贯通起来，把中国与世界贯通起来。人大附中这十几年，一直在这方面积极探索，争取走出一条熔铸古今中外、综合创新、别开生面的成功之路。

各位领导、各位专家、各位同行、各位朋友！

党的十八大胜利闭幕后不久，习近平总书记在参观《复兴之路》大型展览时，提出实现中华民族伟大复兴的“中国梦”，感召和激励着全体中华儿女。我们每个人都应该是“中国梦”的怀想者和实践者。

中华民族的伟大复兴，必然也必须伴随着中国教育的伟大复兴。作为一名教育工作者，我们怀想“中国梦”、实践“中国梦”，就是要推动中国特色社会主义教育事业大发展大繁荣，为中华民族的伟大复兴提供坚实基础和坚强支撑。

“中国梦”是伟大的理想。伟大的理想感召和激励我们有追求卓越、勇于担当的行动。人大附中人怀想和实践“中国梦”，就是要以“中国情怀、世界视野”，用“有因有革、返本开新”，通过“追求卓越、勇于担当”，创办“国内领先、国际一流”的中学，帮扶更多的薄弱中学，为中国的教育事业争光，为促进基础教育整体水平的提高尽力，为中华民族的伟大复兴培养优秀人才。

实现中国教育事业的伟大复兴，需要中国教育整体水平的提高。推动中国教育整体水平的提高，需要一批引领者、示范者、帮扶者。面对全球性教育竞争，中国迫切需要建设一批世界一流大学，也迫切需要建设一批世界一流中学。然后通过排头兵的示范和引领，先进者的帮扶和带动，促进教育事业的均衡发展和整体水平提高。人大附中已经做的事情、正在做的事情、将来还要做的事情，概括起来就是两方面。一方面，努力把自己办成“国内领先、国际一流”的中学，成为展示中国素质教育成就的窗口。另一方面，充分发挥一流中学的辐射效应，通过电子网络平台让全国各地中学共享优质教育资源；同时，派出优秀干部和教师，到北京城乡的薄弱中学，到河南、贵州、宁夏、甘肃等贫困地区的中学联合办学。办好人大附中，是一种引领；帮扶薄弱学校，是一种担当。引领和担当，才是人大附中工作的一体两翼，才是完整而真实的人大附中。也正是在引领和担当的过程中，人大附中认真履行自己的社会责任，努力成就一所中学的价值最大化。

在人大附中，“中国情怀、世界视野、有因有革、返本开新、追求卓越、勇于担当”，既是我们的教育理念，也是我们的教育实践，是一种知行合一，是一条要长期走下去的路，我们将围绕这二十四个字，锲而不舍，久久为功。从校长到教师，我们都在以“中国情怀、世界视野、有因有革、返本开新、追求卓越、勇于担当”的精神办学，努力培养一批又一批有“中国情怀、世界视野、有因有革、返本开新、追求卓越、勇于担当”的学生，并以高度的社会责任感,请进来、走出去,帮扶更多的薄弱学校提高教学水平,实现共同进步。

“中国情怀、世界视野、有因有革、返本开新、追求卓越、勇于担当”这六句话二十四个字,是了解人大附中的钥匙。现在,我把这把钥匙交给各位领导、各位专家、各位同行、各位朋友,欢迎大家打开人大附中之门,深入进去,多看看,多听听,多给我们的工作提意见、提建议,指导和帮助人大附中更快地进步、更好地发展。

元旦已过,春节将至,祝大家身体健康、工作顺利、全家幸福、新年吉祥!

谢谢!

(2013 年 1 月 20 日)

期待中国教育史上新的里程碑

《国家中长期教育改革和发展规划纲要(2010—2020年)》(公开征求意见稿),在举国关注的"两会"开幕之前公开征求意见,也许是一种巧合,但人们更愿意把它理解为一种规格。在今天的中国,教育的确已经成为最大的民生工程,已经成为百年大计,已经成为国家战略。

作为一名中学校长,作为一名多次参加《规划纲要》征求意见座谈会的教育工作者,我真切感受到了党中央、国务院对《规划纲要》制定工作的重视,真切感受到了《规划纲要》的制定过程就是党和政府问政于民、问需于民、问计于民的过程,真切感受到了全社会对《规划纲要》制定的热切关注。目前的《规划纲要》,是集中智慧的结果,是精益求精的结果,得到广泛认同和好评是情理之中的事。相信通过这次征求意见,定稿后的《规划纲要》一定会更加完善。我们坚信,在党和政府以及社会各界的共同努力下,《规划纲要》一定能成为今后一个时期我国的教育宣言和行动规划纲要，一定能成为新中国教育发展史上的里程碑；认真贯彻《规划纲要》，我国的教育改革和发展一定能迈上新台阶、开创新局面。

《规划纲要》在文字稿形成之前就向全社会广泛征求意见，在文字稿形成后又向全社会广泛征求意见，这是从未有过的。我认为，这个过程与结果一样弥足珍贵。因为，征求意见的过程，就是解放思想的过程，就是统一认识的过程，就是凝聚智慧的过程，在中国这个 13 亿人口的大国，要干好一件大事，还有什么比解放思想、统一认识、凝聚智慧更重要？科教兴国，是我们国家的基本战略，但科教兴国必须国兴科教。科教兴国与国兴科教是相辅相成的。《规划纲要》两次向全社会广泛征求意见，这个解放思想、统一认识、凝聚智慧的过程，实际上就是科教兴国与国兴科教实现良性互动的过程。这种良性互动，将为《规划纲要》的制定和实施，将为我国教育事业的腾飞打下最坚实的基础。《规划纲要》有这样几点让人满意。一是直面现实，不回避问题，对几乎所有社会关注的热点问题，如教育公平问题、培养拔尖创新人才问题、教育行政化问题等，都作出了实事求是的回应。二是既考虑了历史延续性，又强调了现实针对性，同时还兼顾了未来前瞻性，作为一个十年规划，安排得非常到位。三是在全面周密的基础上，重点突出，主攻方向明确，教育的均衡发展、教育管理体制机制创新、人才培养方式方法创新成为亮点。这样的《规划纲要》体现了规律性、时代性、创造性的有机统一，不仅具有思想性、理论性，而且具有指导性、操作性，是一个切实可行的好《规划纲要》。

任何一项事业，要做得更好，都需要具备历史的眼光和世界的眼光，因为只有具备历史的眼光和世界的眼光，才能科学地把握方位。《规划纲要》在这方面做得很好，让我们能清楚地知道今后十年的中国教育，在教育发展的历史长河中处在什么方位，在世界教育发展的大潮中又处在什么方位。任何一项工作，要做得更好，都必须明确职责权，《规划纲要》在这方面也做得很好，各级教育管理部门、各类学校，广大教育工作者都能在《规划纲要》中清楚地知道自己的职责权所在。更难能可贵的是，《规划纲要》既对今后十年教育改革和发展的各项工作做了政策性、原则性规定，又给广大教育工作者发挥积极性、主动性、创造性留下了巨大的空间。可以预见，贯彻落实《规划纲要》，我国的教育改革和发展必将出现既有统一意志又有个人创造力迸发的生动活泼的局面。

未来十年，是我国继续深入贯彻落实科学发展观、调整经济结构、转变发展方式的关键十年，也是我们建设创新型国家的关键十年。转变发展方式，建设创新型国家，教育是基石，人才是支撑。承前启后，继往开来，教育工作者任重道远。我们要振奋精神，埋头苦干，求真务实，开拓创新，办好一流教育，培养一流人才，为全面开创中国特色社会主义事业新局面，为实现中华民族的伟大复兴，作出教育工作者应有的贡献。

《规划纲要》还在征求意见中，如果还要提建议的话，我建议再强化一下《规划纲要》中关于培养拔尖创新人才的内容，特别是进一步重视拔尖创新人才的早期培养工作。

（原载《中国教育报》，2010 年 3 月 25 日第 6 版）

我的教育观

我的教育观主要体现在三个方面:

作为一个教育工作者,我对教育的认识;

作为一个在中学工作的人,我对中学教育的认识;

作为一名中学校长,我对怎样当好中学校长的认识。

一、作为一个教育工作者,我对教育的认识

我对教育的认识,可以用一句话来概括:教育不是职业而是事业。

职业和事业,是两个不同的概念,更是两种不同的价值取向。职业是一种谋

生的手段,事业是一种人生的追求;职业有八小时之内和八小时之外、工作日和节假日之分,而事业往往是"全天候"的、全身心的;职业一般只需要物质和技术,而事业更需要理想、精神、情感。

随着市场经济的日渐深入,随着社会分工越来越细,

随着标准化程度越来越高，许多工作都在呈现职业化的趋势。对大多数行业来说，职业化是一种进步；但对教育领域来说，职业化肯定不是一件好事。教育界有没有职业化的倾向？我看有。上课铃响人来，下课铃响人走；上班尽职，下班兼职；与学生缺少交流，对学生缺乏爱心；除了学习成绩外，对学生的全面发展不关心……教育领域目前存在的诸多问题都与这种职业化倾向有关。

对教育领域的职业化倾向，我们必须警惕，必须增强忧患意识。在当今世界，很多工作都可以职业化，但教育工作不能职业化；我们可以有职业球员、职业演员、职业经理人、职业建筑师、职业律师，甚至可以有职业外交家、职业医生等等，但绝不可以有职业教育家。

事业和职业当然有高下之分。学校是培养人的地方，教育是培养人的工作，人为万物之灵，世界上还有什么工作能比培养人的工作更重要、更伟大？仅凭这一点，我们就可以肯定，教育是事业不是职业。视教育为职业，说轻一点，是对人的不尊重；说重一点，是对人的矮化；不尊重和矮化的结果，便是对教育缺乏敬畏之心；没有敬畏之心，教育事业难有大作为和大发展。

投身教育工作，必须将教育作为事业。将教育作为事业，才能有强烈的事业心，崇高的使命感；才能视教育如性命，视学校如家庭，视学生如子弟；才能朝夕思虑其事，日夜经纪其务，无私奉献，鞠躬尽瘁；才能拒绝平庸，追求卓越，出乎其类，拔乎其萃，以第一等的正气，第一等的襟怀，第一等的追求，臻于第一等的境界，取得第一等的业绩。志小则易足，易足则无由进，立大志才能办大事。教育工作者要立大志办大事，必须将教育作为事业，志存高远，取法乎上。在这一点上，我们别无选择。

将教育当作事业，忠诚于党和人民的教育事业，这是教育工作者真心诚意的第一门必修课，也是加强教师队伍建设的根本所在。这个根本问题不解决，一切都无从谈起。从投身教育工作的第一天起，我就要求自己在这个根本问题上自省、自重、自警、自励；从当校长的第一天起，我就要求人大附中的全体教职员工在这个根本问题上自省、自重、自警、自励。如果说我从教近40年来能取得一些成绩的话，源动力就在于此；如果说人大附中这些年来事业能取得较大进步的话，源动力也在于此。

二、作为一个在中学工作的人，我对中学教育的认识

我对中学教育的认识可以概括为两句话：一句是中学教育必须走全面发展之路，一句是中国应该而且有能力建设世界一流的中学。

1. 中学教育必须走全面发展之路

中学与大学不同，中学是全面打基础的，大学则是培养专门人才的。办学任务不同，办学理念也就不一样。大学可以张扬个性，而中学则不宜过分强调“个性鲜明”。

一所大学可以说本校以文科或理科见长,甚至能说本校以法学、商学为招牌;但一所中学不可以说本校以文科或理科见长,更不能说本校以数学、历史为招牌。中学的学科建设必须均衡,学生发展必须全面,在这个基本理念上,我们的头脑必须十分清醒,立场必须十分坚定。

推进素质教育工程,促进学生的全面发展,应该谈可以谈的问题很多,我这里只强调三点,说明一点。

一是正确处理好自然科学和人文社会科学的关系,追求并实现科学与人文的平衡。改革开放以来,在社会大环境的影响下,中学教育的确存在重理轻文的倾向,这种倾向如果不扭转,必将带来严重后果。人文社会科学的内核是科学的世界观、人生观、价值观,是对真善美的追求,这是人之所以为人的根本,也是教育工作的根本出发点和落脚点。我们推进素质教育,到底要培养什么样的人?我想用六个字来概括,那就是“有本事、靠得住”。“有本事”好理解,什么是“靠得住”?就是有伟大的理想、高尚的人格、健全的心理,能将自己的本事用于服务祖国、造福人类。毫无疑问,素质教育要培养“有本事、靠得住”的人才,不加强人文社会科学教育肯定不行。现在,中央高度重视繁荣和发展人文社会科学,中学教育要借这股东风,采取积极有效的措施,切实加强和改进人文社会科学教育。

二是正确处理好充分尊重学生个性和培养学生合作精神的关系,追求并实现鲜明个性和团队精神的统一。过去的中学教育,太强调学生的共性,这是片面的;现在的中学教育,如果一味强调张扬学生的个性,这也是不对的。我们不能矫枉过正,从一个极端走向另一个极端。如果人人没有个性,社会就会缺乏创造力;如果人人没有团队精神,国家就是"沙聚之国",缺乏凝聚力,什么事也办不成。未来社会对人才的要求,必然是张扬个性和团结协作相结合。孔子讲理想的社会关系是人与人之间"和而不同"。什么叫"和而不同"? 就是既有鲜明个性又有团队精神,就是一加一大于二。中学教育要培养的就是"和而不同"的人。

三是正确处理好"有教无类"和"因材施教"的关系,追求并实现全面发展和充分发展的统一。学生的全面发展不是整齐划一的发展,每棵树不可能长得一样高,每朵花不可能开得一样大,自然规律如此,学生发展的规律也不例外。因此,对全面发展的理解不能笼而统之、大而化之,一定要具体到每一个学生,一定要在挖掘每个学生潜能的同时,注意对超常学生的培养,保证每个学生都充分发展。中学教育的理想境界,就是既让全体学生全面发展,又让拔尖人才脱颖而出。这才是真正的对学生负责,对社会负责。

需要说明的一点是,对全面发展不能作机械的理解,它与一所中学办出自己的特色并不矛盾。在全面发展的前提下,中学也可以追求自己的特色。孔子曾讲,行有余力,则以学文。我想这句话可以套用来比喻中学全面发展和追求特色的关系:中学的个性和特色,只是"行有余力"之后的事情。更形象地说,全面发展,是中学的"锦",个性和特色,是中学的"花",作为中学校长,只能做"锦上添花"的事,不能做"舍锦"而"求花"的事。

2. 中国应该建设世界一流的中学

改革开放后,面对新形势新任务,我们必须用世界的眼光和历史的眼光看教育,树立与时俱进的教育观。只有用世界的眼光和历史的眼光看教育,我们才能搞清楚世界的教育已发展到了什么水平,中国的教育又发展到了什么水平;才能明确自己处在什么样的历史方位;才能制定科学的发展目标;才能使自己的全部理论和工作都体现时代性,把握规律性,富于创造性;才能善于处理全局性、战略性、前瞻性问题;才能抓住机遇,加快发展;才能在融通古今中外的基础上开拓创新,与时俱进。我们所说的与时俱进,就是与时代俱进,与世界俱进,与祖国的整体发展俱进,与教育界同行俱进。

由此可见,正确的历史方位感至关重要。正是在明确历史方位的基础上,我认为中国应该尽快建设世界一流中学;中国有条件有能力建设世界一流中学。

近几年来,关于我国要建设世界一流大学的议论很多,大家在建设世界一流大学上也已取得共识。这是令人鼓舞的好事。但教育事业是个整体,如果把教育比作金字塔的话,基础教育是塔基,大学教育是塔尖。一流大学不是空中楼阁,没有一流中学,难有一流大学。既然提出要建世界一流大学,当然就要提出建世界一流的中学。我国要由教育大国发展成为教育强国,必须建设一批世界一流的中学和大学。

什么是世界一流大学的标准?目前国际教育界已有相对一致的认识;什么是世界一流中学的标准?目前国际教育界还没有相对一致的认识。这不要紧,标准总是人定出来的。参照世界一流大学的标准,我觉得世界一流中学起码要具备以下条件:一是要有世界一流的办学理念;二是要有世界一流的教师队伍;三是要有世界一流的学生来源;四是在课程的广度和深度上要领先于世界平均水平;五是在师生比例上要低于世界平均水平;六是要有世界一流的硬件设备,比如图书馆、建筑面积、电脑网络、体育设施等;七是要有相当广泛充足的财政来源;八是毕业生考入一流大学的比例要明显高出一般中学;九是在国内外有较高的声望;十是综合以上条件,形成世界一流的校园文化和精神气质。

我国的基础教育本来在世界上就有一席之地,改革开放以来,随着"科技兴国"战略的全面实施,我国的基础教育得到了长足发展,特别是一些重点中学和示范高中发展速度很快。对照上面开列的十条标准,根据我们访问国外著名中学的感受,同时也根据国外著名中学访问我国中学的感受,我觉得,我国一些示范高中校已经具备创建世界一流中学的条件,已经有能力建设世界一流中学。在这一点上,我们绝不能妄自菲薄,应该以足够的自信融入世界教育发展的主流之中,在国际大舞台上展示自己的形象,发挥自己的影响。

三、作为一名中学校长,我对怎样当好中学校长的认识

我从事教育工作近40年,可以说教育就是我的人生。最近十几年来,我想的最多的一个问题,是怎样当好中学校长;我所做的一切,也都是围绕着努力使自己成为一名合格的中学校长。

把我所想的所做的概括起来,主要的就是这样几个关键词:学习、建设、发展、创新、务实、人格。

1. 学习

我们已经进入知识经济时代,进入学习型社会。什么叫学习型社会?就是人人都要学习、终生都要学习。全面建设小康社会,改革的任务很重,开放的任务很重,发展的任务很重,但排在前面的还应有一句话,那就是学习的任务很重。在当今社会,无论是什么人,不坚持学习,不善于学习,就要落伍,就要被淘汰。学校是学习的地方,校长是组织、指挥学习的人,自身的学习问题显得尤为突出。一个好学的人不一定能当校长,但一个校长必须是好学的人。当校长,一手抓学校的工作,一手抓自身的学习,两手都要硬。一名好校长,要学习,学

习,再学习,活到老,学到老。当校长的过程,就是不断学习知识和更新知识的过程,就是不断将所学到的知识运用于实践的过程。

中国的学校和外国的学校不一样。外国的学校就是学校,中国的学校则是一个小社会。因此,中国的校长要管的事情更多,要学的知识也更多。在这种情况下,校长的学习更需要注意方法,抓住重点。注意方法,抓住重点,就要在两个方面下功夫。一是带着工作中的问题去学习,即有的放矢;同时,把所学的新知识运用到指导工作中去,即学以致用。把有的放矢和学以致用结合起来,就能形成良性循环,提高学习的效益和工作的水平。二是要围绕办大事、思考大问题去学习,不能漫天撒网,平均用力,拣了芝麻,丢了西瓜。校长的学习,最要紧的内容应该是培养自己驾驭复杂局面的大智大德,提高自己分析和解决战略性、全局性、前瞻性问题的能力,这样才能凡事站得高,看得远,想得深,抓得准。

2. 建设

当校长,就要在学校搞建设。校长在学校搞建设,千头万绪,纷繁复杂,如果胡子眉毛一把抓,陷于事务之中,那么即使有分身之术也应付不过来;当好一名校长,必须首先做一名战略家,有所为有所不为,分得清事情的主和次、本和末、源和流、重和轻、急和缓,善于抓根本、抓大事,这样才能高屋建瓴,提纲挈领,纷而不乱,繁而不惑,统之有宗，会之有元。把学校事业推向前进。那么，什么是最重要的学校建设？我认为主要是三件：一是人才队伍建设，二是规章制度建设，三是硬件设施建设。

（1）人才队伍建设

在人才问题上，校长一定要牢固树立三个观念：其一，牢固树立人才资源是第一资源的观念。巧妇难为无米之炊，校长管理学校，首先要盘活教育资源，在所有的教育资源中，人才资源是第一资源。人才优势是最大的优势，人才竞争是根本的竞争，人才队伍建设是最基本的建设。没有一流的人才，哪来一流的学校？其二，牢固树立全面的人才观。现代教育事业，不仅需要教学人才，而且需要行政人才，这样才能把事业做大做强做好。其三，牢固树立开放的人才观。随着教育市场的开放，随着教育全球化的日益明显，校长的心胸和视野必须越来越宽广。不仅要在本地区招才纳贤，而且要在全国招才纳贤；不仅要在中国招才纳贤，还要在全世界招才纳贤；不仅要在本行业招才纳贤，而且要在各行各业招才纳贤。只有这样，才能占领人才的制高点。

人才都招来了，这只是工作的开始。还有重要的工作在后头，那就是使用人才。一个学校绝对不能藏龙卧虎，是龙就得让它腾，是虎就得让它跃，龙藏着虎卧着，就是一种最大的浪费。对校长来说，发现不了人才，还可以说是水平问题，而浪费人才就是品质问题了。校长必须从这样的高度来认识这个问题，把方方面面优秀人才的积极性创造性调动好、保护好、发挥好。正确地使用人才,必须有一个好体制,这个体制包括用崇高的理想激励人才,用宏大的事业凝聚人才,用合理的待遇奖励人才,用深厚的感情留住人才。这样的体制建立了,学校的人才队伍建设才有根本保证。

(2)制度建设

校长靠什么管理学校?一靠思想教育,二靠规章制度。思想教育是基础,规章制度是保证。现在企业界最流行两句话,一句是尽快建立健全现代企业制度;一句是加入 WTO 后要一切按规矩办事。学校虽然不是企业,但要办现代化的学校,同样也要建章立制,一切按规矩办事。规章制度建设也是学校的基本建设。

做一任校长,总要给学校留下点“礼物”,而最好的“礼物”之一,就是一整套规章制度。校长和规章制度建设的最佳关系,就是校长的办学思想都外化在所建立的规章制度之中了。哈佛大学荣誉校长陆登庭说得好:“哈佛的成功主要是形成了一种明确的办学理念,一套系统的制度和机制,所以现在即使没有校长,哈佛一样可以正常运转。”制度建设搞得好,校长就不仅当得好,而且当得不累。“无为而治”才是最好的“治”,这不就是当校长追求的理想境界吗?

(3)硬件设施建设

靠一张讲台、一块黑板、几根粉笔就能打天下的时代早已过去了。现代教育对教学设施的依赖程度越来越高。

教育的现代化要有教育设施现代化支撑,一流的学校必须有一流的教学硬件设施。校长在学校搞建设,一项重要任务就是硬件设施建设。

谈硬件设施建设,我们无法回避“钱”的问题。

办好学校,必须有钱。没有钱,我们怎么搞硬件设施建设?怎么“请进来”、“走出去”,开阔眼界,提高教学质量?作为现代校长,我们不应该羞于谈钱,应该以能筹到钱搞建设为荣。校长扮演着两个角色,一个是教育家,一个是社会活动家。教育家是传统角色,社会活动家是新角色。我们反对“教育产业化”的提法,因为“化”者,彻头彻尾,彻里彻外也,教育怎么能“产业化”呢?但我们同时又不能不正视,教育已经成为一种特殊的产业,这是不争的事实。既然教育是一种特殊的产业,那就有经营的问题。经营就得开源筹钱。现在校长们聚到一起,热门话题之一就是钱不够用。钱不够用怎么办?一是对上多争取,争取上级增加教育经费;二是对外多联系,联系尽可能多的社会力量以各种形式出力助学。今天的校长,必须既懂教学,会管理,练好“内功”,做教育家;又世事洞明,人情练达,练好“外功”,做社会活动家。如此“内外兼修”,既当教育家又当社会活动家,才能成为一名好校长。

3. 发展

“聚精会神搞建设,一心一意谋发展”,这是党的十六大发出的号召。

实现全面建设小康社会的奋斗目标,对教育事业的要求越来越高;世界教育事业的发展速度越来越快,教育竞争也越来越激烈。形势逼人,不进则退。校长主政一校,第一要务就在“发展”二字上。

千道理,万道理,发展才是硬道理;千议题,万议题,发展才是大主题。“日新之谓盛德,富有之谓大业”,不发展,何谈“日新”? 不发展,哪来“富有”? 在一所学校的历史中,一任校长就是一个里程碑;判断一个校长是不是好校长,标尺有两个:一是看其任期内学校的事业是不是比前任校长更上一层楼;二是看其任期内是不是给后任校长留下了可持续发展的好基础。一个因循守旧、安于现状、不思进取、无所建树的校长,是没有资格进校史陈列室的;做一个好校长,必须抓好机遇,用好机遇,保持奋发有为的精神状态,坚持发展,加快发展,用发展解决前进中的问题。

4. 创新

搞建设、谋发展,必须坚持不断创新。创新才能保证发展有新思路,改革有新突破,开放有新局面,各项工作有新举措。一个好校长,必须是一个富有创新精神和创新能力的校长。

评价一名校长创新精神的有无和创新能力的大小,标准很多,如他在教育教学思想上有没有新观点,在学校管理中有没有新办法，在他的领导下，教师和学生出了多少创新成果，等等。这些都很重要，大家也都谈得很多了。关于校长的创新，我还想突出强调两点。

其一，在校长的创新中，一项重要任务，就是在他的学校创造出良好的创新环境，培养出浓郁的创新氛围。这种创新环境、创新氛围虽然有时看不见、摸不着，但它兼涵万有，赅总一切，是最有生发力的。有了良好的创新环境、浓郁的创新氛围，就能激扬出师生的创新精神和创新能力，有了创新精神和创新能力，出创新成果，那就是水到渠成的事了。如果拿一棵树作比喻，创新环境和创新氛围是根本，创新精神和创新能力是枝干，创新成果是花叶。校长首先要做的工作，当然是培根固本。因此，学校有无良好的创新环境和浓郁的创新氛围，是衡量校长创新工作的核心指标；哪个学校创新的环境最好，氛围最浓，说明哪个学校的校长最有创新精神和创新能力。

其二，谈中学校长的创新问题，有一点必须特别注意，即正确处理创新的共性与个性的关系。创新总会伴随着风险和失败，因此，人们在提倡创新的同时，总是提倡不怕失败，宽容失败，失败是成功之母等等。这种说法从一般意义上讲是正确的。但教育创新则要慎提类似“不怕失败，宽容失败”的口号。一项科学实验可以有 666 次失败，但中学教学创新、教育创新的一次失败就可能贻误一个年级甚至几个年级的学生，这样的失败成本太高，损失太大。谁也没有资格冒这样的风险。因此，我们一方面要大力提倡中学校长创新,另一方面又要提醒中学校长:创新之前一定要做好充分的调查研究,深思熟虑,谋定而动,并且争取一动而成;一定要将创新的风险和成本降到最低。

5. 务实

欲当大任,须是笃实。搞建设,谋发展,必须有实事求是之心,无哗众取宠之意,大兴求真务实之风,力戒形式主义之弊。当校长,作风要务实,工作要扎实,要有实心,明实理,讲实话,办实事,求实效,立实功。

校长抓工作,着眼点和着力点均应放在两头。一头是事前出思路、做计划、定目标,另一头就是事后检查抓落实。前一头,不用提倡,因为出思路、做计划、定目标,是许多校长都热衷的事;后一头则必须反复强调,因为古往今来,有头无尾,虎头蛇尾的事情实在太多了。校长的务实,并不是体现在事必躬亲上,并不是事事一竿子插到底,具体的事情要放手让各部门的同志去做,校长的任务就是检查结果抓落实。奋始怠终,修业之贼;抓而不实,等于不抓。抓落实,是务实的重要体现,是当好校长的重要条件。

6. 人格

当好一名校长,必须有人格魅力。

校长当得好不好,除了取决于思想水平高低、工作能力大小以外,校长本人有没有感召力和凝聚力也是一个重要因素。作为校长,我们无法回避这个问题。当好一名校长,必须加强自己的修养,增强自己的人格魅力。

一名校长,只要将真理的力量和人格的力量结合起来,那他就一定能团结和带领一大批优秀人才,在事业上无往而不胜。

什么是真理的力量?概括起来就是四句话:你讲的道理是先进的,你的发展思路是科学的,你的工作决策是正确的,你的具体措施是到位的。事莫明于有效,论莫定于有证,事实胜于雄辩,真理的力量将使大家信服地跟着你前进。

什么是人格的力量?概括起来也是四句话:一是“无欲则刚”。职位无大小,凡事只在一个公字。校长只有无私欲,无邪念,一身正气,两袖清风,责在人先,利在人后,才能立世有威信,改革有底气,才能团结人,有感召力,这也就是古人说的“公则四通八达,私则偏向一隅”。二是“有容乃大”。厚德载物,宽容得众。当校长,器量须大,心胸须宽,要记人之功,容人之过,这样才能团结各种性格的人才,听得进各种不同的意见,保护好、调动好、发挥好所有人才的积极性、主动性和创造性。三是带着爱心工作。当校长,要把所有的教职员工作为自己的兄弟姐妹,要爱群、乐群、利群。所谓爱群,就是要热爱你的集体,热爱你的同事;所谓乐群,就是要把与同志们共事当作一种缘份,当作一种至高的乐趣;所谓利群,就是要敢于并善于为职工排忧解难,为职工谋福利求实惠。四是带着激情工作。一个面向世界、面向未来、面向现代化的校长,一个想干事、会干事、能干成事的校长,是一个充满激情的校长。校长要有干事的冲动,要有成功的渴望,要不断提出新的奋斗目标。校长的激情可以感染教师,教师的激情可感染学生,校长、教师、学生的激情融会在一起,校园才能充满浩然正气、蓬勃朝气、昂扬锐气,学校的事业才能永葆生机活力。

从教以来,我一直生活在基层,工作在一线,对教育事业,对中学教育,对怎样当好中学校长,我当然有自己的看法,但我的全部心思、全部精力几乎都用在日常工作中了,没有时间系统地梳理自己的思想。撰写这份题为《我的教育观》的报告,我最大的感受竟然是言不尽意的遗憾。

中学校长有自己的教育思想,但他们的教育思想往往不是在专门的学术论著中,而是渗透在所做的工作中。他们是通过“行”来显示“知”,并在此基础上形成“知行合一”的。明代大哲学家王阳明这样论述知行问题:“未有知而不行者,知而不行,只是未知。”“知是行的主意,行是知的工夫。知是行之始,行是知之成。若会得时,只说一个知,已自有行在;只说一个行,已自有知在。”“行之明觉精察处便是知,知之真切笃实处便是行。”这几句话深得我心。在结束这份《我的教育观》报告时,我最想说的一句话是,你要想深切地了解一个中学校长的教育思想,可以去读他的文章,但更重要的是要到他的学校去看一看;由“行”来探“知”,才是理解中学校长教育思想的钥匙。

(原载《基础教育参考》,2003年第12期)

关于21世纪中学管理创新的几点思考

今年是中国的“加强管理年”。将20世纪的最后一年定为“加强管理年”,其前瞻性是明显的。我们完全可以肯定,21世纪将是一个不断加强和改进管理的世纪。在这个时候召开“21世纪校长管理研讨会”,非常必要,也非常重要。

尽管20世纪还剩下不到半年,但这个时候谈下个世纪的管理问题,仍然是构想和务虚的成分多一些。下面,我结合人大附中近几年的管理实践,就21世纪的中学管理创新问题谈几点随想,求教于在座的各位专家。

一、构建21世纪的学校管理体系,要有两个眼光、一个思维

著名史学家章学诚有一段名言:“天地之前,则吾不得而知也;天地生人,斯有道矣,而未形也;三人居室,而道

形矣,犹未著也;人有什伍而至百千,一室所不能容,部别班分,而道著矣。”这段话说明了两个道理:一是人类文明一诞生,管理也就产生了,我们讲管理已讲了几千年;二是随着时代的发展和社会的进步,管理问题也越来越复杂、越来越精细、越来越科学,管理问题常讲常新。在世纪之交,千年更替的时候讲学校管理,其主题毫无疑问应该是“创新”。

管理要创新,必须具备历史的眼光和世界的眼光,必须具备战略思维。

所谓历史的眼光,就是要敏锐地了解世界经济、政治、科技、文化、军事的发展变化,特别是准确地把握世界教育的发展现状和趋势。所谓世界的眼光,就是要看到随着经济全球化,世界的教育发展离不开中国,中国的教育发展也离不开世界,我们必须用开放的胸襟和广阔的视野,借鉴和吸收世界各国先进的教育管理经验。历史的眼光是知己,世界的眼光是知彼,做到知己知彼,我们才能站在时代的前列,抢占制高点,建立融汇古今中外一切优秀成果的面向世界、面向未来、面向现代化的教育管理体系。

所谓战略思维,可从两个方面理解。一是要充分认识到教育管理不仅是个战术问题,也是个战略问题。科学的教育管理不仅能促进教育生产力的发展,其本身也是教育生产力。二是要充分认识科学的管理不仅无国界,而且也无行界,各部门各行业的一些被实践检验过的好的管理办法,都可以大胆地吸收到教育管理中来。有这样的战略思维,我们对学校管理的认识才能提高到一个新的水平,21世纪的学校管理也才能开创新局面、进入新境界。

构建21世纪的学校管理体系好比建设一座大厦,只有具备历史的眼光、世界的眼光和战略思维,我们才能有一张好图纸、有一个好基础、有取之不尽的好材料。

二、21世纪的学校管理是广义的管理,而不是狭义的管理

对21世纪的学校管理应作广义的理解。广义的学校管理包括规章制度建设,也包括积极有效的思想政治工作。规章制度建设是加强外在约束;思想政治工作提高人的思想觉悟,是加强内在约束。外在约束是“外惮法纪”,内在约束是“内疚神明”。只有既“外惮法纪”又“内疚神明”,一个人才能成为完整意义上的“人”。因此。外在约束和内在约束缺一不可,学校管理应该把“他律”和“自律”、纪律和觉悟、外在约束和内在约束结合起来。邓小平同志说得好:“我们这么大一个国家,怎样才能团结起来,组织起来呢?一靠理想,二靠纪律。”21世纪的学校管理应该一手抓制度建设,一手抓思想政治工作,两手都要硬。

思想政治工作在学校管理体系中具有重要而独特的作用。一方面,只有提高了思想觉悟和道德修养,才能增强遵守各项规章制度的自觉性。凡事迫于外在约束去做,总有勉强意味,而从内在修养去做,方为真切自然。另一

方面,规章制度订得再周密,也有疏漏的地方,而规章制度管不到、做不了的事只能由思想政治工作去做。规章制度侧重告诉人不能做什么和只能做什么,而思想政治工作通过提高人的思想觉悟和道德修养,告诉人应该做什么和怎样做更好。把外在约束和内在约束结合起来,外在约束是基础,而内在的约束是升华。

人大附中这几年一直在搞体制改革,改革的力度是比较大的,光中层干部就减少了 50%,但力度虽大波动并不大。原因就在于我们在改革中进行了积极有效的思想政治工作。思想政治工作使广大教职工识大体顾大局;思想政治工作保证我们妥善处理了改革、发展与稳定的关系。思想政治工作既能保证我们各项事业坚持正确的前进方向,也是我们各项事业的精神动力,是我们最重要的政治优势和精神优势。我们越是改革开放,越要加强和改进思想政治工作;越是强调加强和改进管理,越是要加强和改进思想政治工作。

我们一直在讲创新,怎样才能创新?科学发展的历史充分证明:突破能创新,融合也能创新。我们在 21 世纪的学校管理中,将制度建设和思想政治工作有机地结合在一起,这就是创新。

在 21 世纪,中国的学校在加强和改进管理,外国的学校也在加强和改进管理,中国学校管理的特色何在、优势何在?中国学校管理的特色和优势就在于我们有党团组织,有积极有效的思想政治工作。

三、理论创新至关紧要

21世纪的学校管理工作要创新，必须在学校管理理论的研究上有新的重大突破。应该承认，与其他行业特别是经济部门相比，学校管理理论的研究还相对薄弱；具体到教育部门，中学的管理理论研究又比大学的管理理论研究落后。这种状况亟待改变，否则21世纪的学校管理创新很难有大的进展。学校管理的理论创新是当前一项十分重大而又紧迫的战略任务。

理论创新，首先要大兴科研之风。在这方面，人大附中已迈出了第一步。1997年，人大附中新一届领导班子成立之后，高度重视科研工作，走出大学重科研、中学轻科研的思想误区，把“科研兴校”作为重大的办学方略写进《中国人民大学附属中学1998年—2000年改革与发展规划纲要》之中。我们还认识到，要“科研兴校”，必须做到，“科研兴校”和“校兴科研”，要形成良性互动。为此，我们坚持一把手亲自抓科研，带头搞科研；成立科研室，统筹规划和安排全校的科研工作；学校在科研上舍得投入；建立一年一度的学校科研年会和各种形式的研讨会，制订人大附中科研课题申报制度；走出去，请进来，加强国内国际的学术交流；创办《教育科研动态》《教育科研园地》《德育动态》三份杂志，出版《人大附中科研·创新·实践》论文精选本和《数学建模课题论文集》。目前，人大附中承担的重要科研课题12个，其中国际课题1个、国家级课题3

个、北京市课题 5 个。有的课题如“超常教育实验研究”获北京市优秀科研成果二等奖，有的课题如“劳技教育发明创造课”“现代教育技术应用”受到国内外专家的好评。校内仅 1999 年申报的课题就有 80 个，其中校内重点课题为 20 多个。经过 3 年的努力，人大附中已经尝到了“科研兴校”的甜头，实实在在地体味到“科研兴校”的意义。“科研兴校”和“校兴科研”的良性互动，已成为人大附中的办校特色之一。通过一系列的科研活动，提高了大家的理论认识水平，为加强学校管理创造了良好的条件。

但我们也清醒地看到，人大附中在“科研兴校”方面只是走出了第一步，我们的认识和水平也只处在初级阶段，我们的科研兴奋点和主要内容还大多集中在教育、教学上，下一步，我们将珍视学校浓郁的科研风气，在巩固和扩大已有科研成果的基础上适应新形势、研究新问题、形成新思路，加大对学校管理创新问题的科研力度，争取在学校管理创新研究上有所作为。

当然，一所中学的力量总是有限的，但积土成山，众人拾柴火焰高，只要每个中学都来思考和研究管理创新问题，只要国家各级领导、教育部门重视管理创新的科研工作，上下左右形成合力，那么，21 世纪我国学校管理的理论创新肯定能实现。我对此持乐观态度。

四、体制创新重在激励

管理工作因时而异、因地而异、因事而异，但万变不离其宗,这个“宗”就是人。管理工作是做人的工作;管理创新要坚持“以人为本”。如何体现“以人为本”?

其一,以人为本,重在激励。

通过几年的努力,人大附中的体制改革已经初见成效。人大附中的体制改革大致经过这样几个步骤:第一步,通过充分的调查研究,合理科学地设置机构;第二步,为每个机构定岗定编;第三步,为每个岗位确定职责,按职责制定分配制度。这些工作做好后,开始人员调配,形成全员聘任、能上能下、能试能换、能进能出的新体制。换一种说法,这几年人大附中体制改革的主要内容是:让每个岗位都是必需的;让每个岗位上都有最适合它的人;让每个人都待在他最适合的岗位上;让每个上岗的人都有责任意识和忧患意识。实践证明,人大附中的体制改革是成功的,得到了全校教职工和上级主管部门的认可。下一步怎么搞?或者说21世纪体制创新的主攻方向是什么?我认为,体制创新在继续加强约束机制的同时,要将工作重点放在建立激励机制上。

管理体制说到底就是由约束机制和激励机制两部分组成的。由于长期实行平均主义和“铁饭碗”制度,我们在进行体制改革的时候首先进行机构精简,强化约束机制,不仅完全可以理解,而且完全必要。但我们进行体制改革和体制创新,根本目的不是约束人而是激励人。约束人只是基本要求,激励人才是最高要求。约束机制拉不开档次,拉开档次要靠激励机制。21世纪的学校管理体制应该是最大限度地调动人的能动性、主动性、积极性和创造性的体制,是激励人才辈出的体制。

其二,以人为本,要做到三个坚持。

一是坚持科学的义利观。学校的教职工当然要讲师德、讲奉献精神,但同样应该有较高的社会地位和较高的收入。二是坚持将逻辑的力量与情感的力量结合。下岗、转岗是无情的,但思想政治工作是有情的。管理工作既要以理服人,又要以情动人。三是坚持将真理的力量与人格魅力相结合。管理者特别是校长,既要事功,也要立德、立行,要有人格魅力。

总之,创新后的 21 世纪管理体制,要用事业凝聚人、吸引人,用合理的待遇凝聚人、吸引人,用感情凝聚人、吸引人。这才是以人为本。

五、管理创新离不开高科技

管理创新既需要理论创新、体制创新、机制创新,也需要手段创新;管理创新离不开高科技,而且管理体制改革越深化,高科技手段的作用越明显。如果说管理体制、管理机制是“软件”的话,那么,高科技手段就是“硬件”。“软件”升级,“硬件”不更新就承载不了。

在学校管理中采用高科技手段,人大附中起步早、起点高、投入大。1997 年,我们建成了学校闭路电视系统。1998 年,我们与中国太极公司合作,建成了人大附中校园网。1998 年 8 月在教育部举办的全国校园网大会上,人大附中作为唯一的中学代表，在会上用电脑制作的电子幻灯介绍了人大附中校园网建设运行情况。此后，我校的校园网边使用边发展完善，逐步实现大面积、高速度、高容量。人大附中开通了校园网和英特网，联合国教科文组织的官员来我校参观后，对此给予了很高的评价，认为人大附中的计算机及网络建设在全世界的中学中属最先进的行列。人大附中在1998年、1999年先后开通了与加拿大渥太华里德高中和美国纽约州立大学及中心学校的远程视频电化教学、远程多媒体互动教学。两年里，中央电视台分别播放了开通情况，加拿大、美国的电视台也播放了现场开通实况，而且这三个国家的多家报纸和媒体对此进行了报道。

从1997年开始到2000年初，人大附中逐步建成了数字化图书馆，建成了同时可供200名学生上机的网络阅览室，建立了资源库。1998年10月在北京举行的国际校长会上，人大附中图书馆应用现代网络技术的能力得到外国教育专家的高度评价，新加坡、日本、美国等教育官员及中学校长赞叹超过了他们国家中学图书馆的功能和水平。目前，人大附中教育、教学、科研、人事、财务、考评等主要管理环节都实现了计算机网络管理。

近年来，人大附中接待了30多个国家的教育官员和团体参观访问。国内北京、天津、上海、南京、安徽、深圳、广州、四川、重庆、海南、湖北、湖南、河北、河南等二十几个地区的教委领导或中学校长来学校参观访问。

其实，说高科技是手段、是“硬件”，只是为了表达方便的一个比喻，而这个比喻大大委屈了高科技。在几年的实践中，我们深深体会到，高科技作为一种管理手段，的确提高了学校的管理效率；信息网络技术缩短了中国与世界的距离、缩短了学校与社会的距离、缩短了上级与下级的距离、缩短了部门与部门之间的距离、缩短了教师与学生之间的距离，其对人们开阔视野的影响，其对学校民主、科学风气的影响，其对学校管理决策民主化、科学化的影响，更是无法估量的。

随着科学技术发展的日新月异，高新科技对管理创新的作用也越来越大。最近，我们正在制订《人大附中2000年至2002年发展规划》，充分利用高科技促进各项事业的发展，将是人大附中今后几年发展规划的主要议题之一。

（原载《中小学校长》，2000年8月8日）

教育要为儿童服务，而不是为儿童做主

谈教育为谁服务：要为儿童服务，而不是为儿童做主

有学者说，人类文明的进化有三个重要阶段，第一个阶段是发现了人，将人从神的笼罩下解放出来；第二个阶段是发现了女性，将女性从男性的统治下解放出来；第三个阶段是发现了儿童，将儿童从对成人的依附中独立出来，世界更加充满阳光和美好。今天的中国正处在第三个阶段，即发现儿童的阶段。我们研究中国的基础教育，必须与发现儿童这个大背景、大课题相适应。我们从事基础教育，也必须坚持以儿童为中心，牢固确立学生在教学中的主体地位。基础教育出现的问题，有这样那样的各种原因，但最深层、最根本的原因还是没有把儿童作为中心、没把学生作为主体。在中国，发现儿童的历史任务还没有完

成。我们在办学过程中想问题、干事情时更多考虑的是社会、教师、家长,而不是学生。当前,我们最应该做的事情就是发现儿童,把社会的还给社会,把教师的还给教师,把家长的还给家长,最后让学生显山露水,真正成为主角。教学的出发点是学生,落脚点还是学生。按教育规律办事,最重要的是按儿童生理、心理的成长规律办事,社会、教师、家长都要为儿童服务,而不是为儿童做主。教育的终极目标是让儿童在快乐和幸福中学有所成。发现儿童,中国的基础教育才能进入新天地、迈向新时代。

当代有许多新做法、新探索和新经验,如跑班,把自主权还给学生;如减负,让学生有更多自由的时间和空间;如因材施教,让每个学生的个性和特长都能挖掘出来并充分发挥;等等,其实都是在从不同的方面发现儿童。发现儿童是个大课题,我们现在才刚刚破题,充其量还是刚刚开局,今后要做的事更多。但只要我们始终以发现儿童的眼光和襟怀来办教育,教育自会呈现一派新气象。

谈教育培养什么人:要培养学生成为受人尊敬的人

改革开放30多年来,中国发生了翻天覆地的变化,中国已经成为世界第二大经济体。有人预测,再过十几年,我们可能成为第一大经济体。一个国家的崛起和发展,一般都是三步曲。第一步,成为大国;第二步,成为强国;第三步,成为受人尊敬的国家。经过 30 多年的努力,我们已成为名副其实的大国,正在向强国迈进,最终我们的目标是成为受人尊敬的国家。一个国家要真正受人尊敬,不仅要有强大的经济和强大的国防,还要有强大的文化和被世界认同的价值观念。我们的教育要顺应这个大趋势。应该承认,目前的基础教育与这种大趋势还不太适应。我们经常教孩子如何出人头地,如何走捷径获得事业成功。这样的励志是不行的,必须改变,改变要从教育改起。我们的教育要从大处着眼、从长远着眼,要从教学生如何成功转向教学生如何成为受人尊敬的人。与成功相比,受人尊敬是个大概念,是个高级概念,一个受人尊敬的人必然是一个事业成功的人,但一个事业成功的人并不一定受人尊敬。

谈教育怎么培养人:要做引导学生灵魂的工作

有专家曾说过,人的生活有三种境界,一种是物质境界,大致在衣食住行的层面;一种是精神境界,主要指文学艺术等雅致和情趣;一种是灵魂境界,那就是有信仰、有终极关怀、有博大情怀。教育工作的过程就是帮助学生不断超越的过程,让学生超越物质生活而进入精神生活,超越精神生活而进入灵魂生活,让学生有充实而强大的心灵、美丽而高洁的灵魂。

谈创新人才教育:拔尖创新人才培养应涵盖基础教育

我国现在迫切需要培养大批创新人才。关于创新人才的培养,特别是关于拔尖创新人才的早期培养,我们一直坚持了 30 多年。我们在寻找优秀学生、培养优秀学生过程中形成的人才培养观念和教学模式,也成为撬动中国教育改革的一股力量。国家提出了“基础学科拔尖学生培养试验计划”(以下简称“拔尖计划”)、“中学生科技创新后备人才培养计划”(以下简称“英才计划”)。我国拔尖创新人才的培养进入了起而行之的征程,而且起点高、平台很大、开局很好。下一步怎么办?我想,一个重要的内容是“拔尖计划”应该向下延伸,在全国也选择 20 所左右的优质中学创办“拔尖人才”早培班,形成拔尖人才培养的“一条龙”,让拔尖人才的培养基数更大、基础更牢。拔尖创新人才培养是国家战略,毫无疑问,应该涵盖从高等教育到基础教育等各个学段、各个环节。在人才培养上,有一个经验屡试不爽、百发百中,那就是只要从娃娃抓起,必定大有前途、事半功倍。在中国办事,还有一条经验也是屡试不爽、百发百中,我们是社会主义国家,有集中力量办大事的制度优势,只要党和政府真正重视,民众也坚决支持,再难的事也能办成。拔尖创新人才的培养也不例外,只要形成拔尖创新人才培养的国家战略,只要坚持从娃娃抓起,启动创新人才早期培养计划,我们在拔尖创新人才的培养上一定能成大格局、出大成果。

谈教育均衡:教育经费应向培养教师、校长倾斜

这些年,我国投入了大量经费,几乎所有校舍都在改造,尤其是边区、农耕地区,他们都有一些校舍的硬标准,校舍的硬件设备都已经跟上了,还有现代远程教育技术、网络课程都跟上了。但是,现在没有跟上的就是优秀教师、校长群体的数量,优秀教师、优秀校长数量还不够。我们要培养大批的优秀教师、优秀校长,国家政府应该把经费向培养教师、培养校长这方面倾斜。而对培养出的这些教师和校长也应该有评价机制,看一看各个地区哪些学校的校长和教师达到了优秀水平,应该怎么鼓励他们把自己的资源辐射到周边,为更多人服务。这应该是一个国策,就是研究如何大批量培养校长和教师。我们还应该动员那些学术不错、品质不错的人,希望他们能够从事教育,我们也应该动员那些优秀的教师能够终身从教。再有就是动员各个地区的名校,他们除了办好自己的学校以外,应该拿出一些精力帮助区域内乃至区域外的学校,把这些学校办好。如果大家都伸出援助的手,教育发展起来就会快一些,也就是说教育部门、地方政府和学校应该进行联动。我觉得这是一个非常大的工程,也是一个非常艰苦的工

程，但是我们还应该坚定不移地往前走，希望能够比较快速地促进教育均衡。

（注：2017年9月21日，由国务院参事室、国家质检总局主办，新华网承办的“2017国是论坛”在北京举行。刘彭芝接受了新华网思客专访。后全文发送在新华网上。）

为青少年打开中医的大门

传统文化是一个国家走向未来的根,而基础教育是一个人成长发展的根。如何让基础教育与传统文化的根系互相涵养,催生更多有益的教育成果,是所有教育工作者需要思考的命题。这些年来,书法、国画等传统文化已广泛走进校园,相对而言,中医文化进校园的“进度条”还落后很多。

也许有人会觉得,中医药与基础教育关系很远,其实不然。中医养生保健最讲究生活规律,调和调养,中医药学是有助于青少年健康成长的。今天,孩子们上学压力都很大,颈椎病、头疼、失眠、肥胖等症状普遍。而如何缓解疲劳、预防疾病、增强体质,本就是“大教育”的题中之义,不应排除在校园外。一年多前,人大附中开设“中医文化进校园”研修课,获得了师生的一致好评。今年的创新人才教育研究会年会上,我们联合中国妇幼保健协会向全国中小学发出推广中医药知识养生保健手法入校园的倡议,获得了不少学校的积极响应。

我们常说，健康好比1，事业、家庭、地位、钱财是0。有了1，后面的0越多就越富有。反之，“1”失则万无。今天，健康中国已成共识，健康应贯穿生命的全周期。让中医药走进校园，不是为了让他们成为中医名家，而是通过科学认知更好地理解健康；不仅是教给他们中医药基本知识和技能，更是让他们学会在与天地共和、与四时同序中健康成长。可以想象，如果每个家庭都有这样一个孩子，就会有“健康家庭”；这样的健康家庭多了，便自然汇聚成“健康中国”。

礼敬中医之心不可无，但在推进“中医药文化进校园”的过程中，尤其是在教学内容筛选、教学方式实施上，却不能不慎重。经过反复调研，人大附中决定从“中医养生保健手法”入手，因为比起针灸、拔罐，它更安全，更适合中学生。其实，人们熟悉的眼保健操就是中医养生保健手法的一种，通过让学生由此及彼掌握更多的养生保健技术，可以更好地培育学生的健康意识，甚至能够惠及家人，同时，也能让有兴趣、有天分的苗子得到个性化培养，为国家的中医发展事业储备人才。

中医药文化底蕴深厚，是“打开中华文明宝库的钥匙”。屠呦呦因为源自中医药灵感的青蒿素获得诺奖，国外越来越多的中医孔子学院推广中医文化，世界的镜子在折射中国传统文化的魅力。习近平总书记强调：“抛弃传统、丢掉根本，就等于割断了自己的精神命脉。博大精深的中华优秀传统文化是我们在世界文化激荡中站稳脚跟的根基。”从这个角度看，中医药进校园，为中医药学的发展找到了一个更年轻的基点，同时也为青年人树立更广泛、更深厚的文化自信提供了土壤。

健康理念的培育、传统文化的传承是滴水穿石、久久为功的基础性工作。我们在中学校园推广中医药文化，只是拾起了中华文明宝库中的一把钥匙，但或许就是因为这把钥匙，有学生就坚定了“上医医国”“不为良相愿为良医”的人生观，有学生就愿意去追寻“天人合一”“天人相应”的哲学智慧，有学生因此笃定志向，愿意为推动中医药文化的永续发展而努力，为人类文明和进步作出更大的贡献。

（原载《人民日报》，2017 年 3 月 21 日第 5 版）

立德树人,重在培育和践行

我叫刘彭芝,从教 50 年,没有离开过一线,也没有离开过中学。我是一个实践者、思想者、行动者。今天,我演讲的题目是“立德树人,重在培育和践行”,用我多年的从教经验,讲述我的教育思想、教育理念。

党中央把培育和践行社会主义核心价值观作为中华民族凝魂聚气的基础工程。这个基础工程的关键是什么,我认为是教育,培育和践行社会主义核心价值观,就要从教育特别是从基础教育抓起,从立德树人抓起。

一、校园是社会主义核心价值观建设主阵地

“立德树人”是学校教育的根本任务,当代中国学校教育中的立德,首先是立社会主义核心价值观这个“德”。

习近平总书记说得好:核心价值观,其实就是一种德,既是个人的德,也是一种大德,是国家的德、社会的德。国无德不兴,人无德不立。因此,今天我们讲立德树人,就是

用社会主义核心价值观这个“德”来培养学生、成就学生。

人大附中的办学理念是“尊重个性、挖掘潜力,一切为了学生的发展,一切为了祖国的腾飞,一切为了人类的进步”。我们办学的着眼点是学生,着力点是老师。我们主张创造适合每一个学生发展的教育,创造适合每位教职工发展的教育。

社会主义核心价值观要解决的是建设什么样的国家、形成什么样的社会、培养什么样的公民的问题,这是国家发展的根本问题,也是学校教育的终极问题。中国当代学校教育,要建功立业,首先必须在培育践行社会主义核心价值观上做足文章;中国当代学校教育如果出纰漏,肯定也首先是在培育和践行社会主义核心价值观上有偏差。青少年是祖国的未来、民族的希望。教育工作者应该站在这样的高度,认识立德树人与社会主义核心价值观的内在关系,认识培育和践行社会主义核心价值观的重要性和紧迫性,让校园成为社会主义核心价值观建设的主阵地,每个教育工作者都守土有责、守土负责、守土尽责。

二、立德树人,心里装着中国梦

梁启超先生曾说,中国文化的精义,就是“修己安人,内圣外王”。修己修到极致,就是“内圣”;安人安到极致,就是齐家治国平天下的“外王”。我们讲立德树人,就是要做“内圣外王”的功夫,就是要培养品德高尚、能力高强的学生。立德,就是要让学生有一颗美丽而强大的中国心，这颗中国心里装着中国梦。树人，就是要让学生有报效祖国、服务社会、完美人生的能力。立德树人，实质上是品德教育和能力教育的结合；培育和践行社会主义核心价值观的过程，也一定是改造主观世界与改造客观世界相统一的过程。只有这样，我们才能培养出靠得住、有本事的人才，培养出忠诚、干净、担当的接班人。

人大附中这些年的所有努力，都是为了实现品德教育与能力教育的结合，培养品德高尚、能力高强的学生。

早在十几年前，北京电视台引进墨西哥电视剧时获得一个额外附加的足球培训项目，人大附中“BTV 三高足球俱乐部”有机会到墨西哥培训，当时住在一个酒店，主楼前是广场，挂着很多国家的国旗，但唯独没有中国国旗，孩子们看到后立刻找到领队老师，老师马上去找酒店经理，经理说他们没有中国国旗，这位领队又到中国驻墨西哥大使馆找到一面国旗，然后交给经理，看到这个经理迟迟没给挂，领队和孩子们都很气愤，就说如果不挂上中国国旗我们就搬出！因为我们这支球队要在那里培训一年，经理害怕失去我们这个大客户，立刻转变态度把国旗挂上去了。不仅在酒店前挂上了中国国旗，而且我们还按照人大附中的惯例，每个周一在广场前举行升旗仪式，高唱国歌。

培养学生的能力，关键是培养他们的想象力和创造力。这才是面向未来的能力培养。每个人都有创造的潜能，好奇心和想象力是人类与生俱来的能力。好的教育不是教孩子怎样按别人想的去想，而是要鼓励、引导他们怎样按自己想的去想,这是对孩子的真正尊重。有了这份尊重,他们才可能因好奇而产生兴趣,因兴趣而去探究;他们才可能在未来的人生中保持独立自主,敢于向权威挑战,成为有创造力的人。所以我常说,尊重是教育的真谛,尊重是创造的源泉。

培养学生的创新精神和实践能力,必然会在教育理念、课程内容、教学方式等方面遇到阻力,只有综合创新才能打破常规、解决矛盾。人大附中这些年的发展,我最深切的感受是得益于人大附中有“时时能创新、事事能创新、人人能创新”的文化氛围和土壤,其中最重要的是转变教师的教育理念和教学方式。校长和学校要做的就是为教师和学生提供平台,我常对师生们说:“你们能翻多大的跟头,我就给你们搭多大的台子。”

三、教学相长才能释放更多正能量

立德树人,只有教学相长、学学相长才能释放更多的正能量。教师、学生、学校三位一体,教师和学生,学生和学生一起互相学习、互相帮助。

培育和践行社会主义核心价值观,要努力做到全覆盖全渗透,春风化雨,润物无声,久久为功,花落莲成。就像习近平总书记所说的,社会主义核心价值观要像空气一样无时不在、无处不在,融入日用而不知。它不能只停留在理论层面,更不能做表面文章,而是要按教育规律办事,按照青少年的身心特点和成长规律办事,具体地说,就是要落实到每一个课堂,渗透到校内外一切综合实践和文化活动中。

教育是一项播种的事业。播下什么样的种子,就会在学生的心里开出什么样的花,结出什么样的果。

立德树人、培育和践行社会主义核心价值观,绝不只是班主任和思想品德课老师的事,而是全体教师的共同任务,需要融入教育教学的全过程。每个教师应既是积极宣讲者,又是模范践行者,把真理的力量与人格的魅力结合起来,把言传和身教结合起来,做到学为人师、行为世范。

比如,我们有一位语文教师,经常在课堂内外与学生们诗词唱和,不仅以诗词叩开了一颗颗年轻的心灵,而且在师生的互赠互勉、互教互长中将民族精神、诗词文脉传了下去。我记得2007年的高考,一个叫金豆豆的学生以1分之差与北京大学中文系失之交臂,情绪低落。她的班主任和一些老师及时给她做思想工作,劝导鼓励她,但效果不佳。语文老师于树泉知道这个孩子很喜爱古典诗词且颇有造诣,就给她写了一首《咏云湖山小松赠豆豆》相赠,激励她像小松树那样不畏风吹雨打,挺立着坚强的筋骨和灵魂。豆豆见诗后回复老师:"谢谢老师的鼓励,我会朝着小松的境界努力的。日后得暇必当奉和。"老师用古典诗词和学生交流情感的过程中,学生感受的是民族精神的洗礼和中华民族主流价值观的熏染。

实现教学相长、学学相长,培育和践行社会主义核心价值观就能形成巨大的场效应,释放无与伦比的正能量。

我们这个“德”才立得起来,“人”才能顶天立地。

四、优质学校要勇于担当

当前,由于优质教育资源相对匮乏,城乡、地区、校际间的教育质量还很不均衡。作为优质学校,在搞好自身建设的基础上,积极帮扶薄弱学校,更多地承担社会责任,就是在促进教育公平、推动教育均衡中培育和践行社会主义核心价值观,更是对师生的一种无声而深刻的示范和教育,这在深化教育事业综合改革的今天,弥足珍贵。

一个人的生命有大小之分:小生命,蕴含在自己的身体内;大生命则体现在人群社会中。一所学校的生命也有大小之分:小生命,蕴含在自己的校园内;大生命,则体现在整个教育事业中。这是我的追求,也是人大附中积极承担社会责任的出发点和归宿。从 2002 年开始,我们在这方面进行了十几年的探索,形成了“区域内承办、托管、深度共建、联谊,区域外(教育欠发达地区)远程辐射,依托优质学校建立培训基地培训优秀校长和教师”的几种最有效、可持续的帮扶模式。近十年来,人大附中帮扶薄弱学校共派出干部、骨干教师 80 多人。2014 年国务院嘉奖“全国社会扶贫先进集体”,人大附中是唯一获奖的中学。

为了使北京边远山区的孩子在家门口就能上好学,人大附中与延庆永宁中学于 2007 年创办“人大附中延庆分校”,学校选派了 11 名骨干教师到延庆支教。他们的课堂向延庆所有教师开放,仅一个学期听课的教师就有

1800多人次。但因为人力、物力所限，到2009年我们很难再派教师到延庆任教了。怎么办？我果断决定，将延庆分校两个班的学生全体带回人大附中上高三。2010年，这届学生参加高考，79名学生中有56名学生高考分数超过了本科线，创造了这个山区中学有史以来的最佳高考纪录。

我跟老师们说，送人玫瑰手有余香，在贫困落后地区学校联合办学的过程中，我们人大附中的教职员工也得到了方方面面的锻炼，思想得到了净化，境界得到了提高，我们深深地体会到，履行社会责任的过程实际上就是一个双赢、共赢的过程。

培育社会主义核心价值观，就是在培育我们的核心竞争力。培育和践行社会主义核心价值观，贵在国家、社会、个人同心联动，贵在从我做起、从现在做起、从每一件具体的事情做起。办好任何事，关键都在人。人在哪里教？主要在学校。我们教育工作者要以对国家和民族前途命运高度负责的神圣感和使命感，围绕立德树人这个根本任务，在校园大力培育和践行社会主义核心价值观，培养中国特色社会主义事业的合格接班人和优秀建设者。

（注：2015年7月17日，由中共中央宣传部指导，光明日报社、中国人民大学、中国伦理学会共同主办的“核心价值观百场讲坛”第27场在民生银行举

办。刘彭芝发表了题为“立德树人，重在培育和践行”的演讲，光明网对讲座进行直播，全国 394 万网友收看了节目，31.1 万网友通过微博、论坛等参与了交流互动。后由《光明日报》2015 年 8 月 22 日、光明网摘编刊发如上。）

家庭教育,从教育家长开始

谈到教育,大多数人马上想到的是学校教育。学校教育固然重要,但更多地体现在知识传承、技能培养上,就人格塑造、道德养成、身心健康、情绪情感这些方面而言,家庭教育作为第一课堂则具有更为重要、不可替代的作用,其影响贯穿一个生命体的始终。

家庭是社会的细胞,孩子是国家和社会的未来,在当前中国社会世界观、价值观、人生观呈现出多样化的情势下,加上独生子女普遍、婚姻稳定性日趋下降、社会竞争空前激烈、留守儿童增多、全职母亲增多、社会财富分配不均、信仰缺失等现象的出现,家庭教育产生了各种各样的问题、面临着各种各样的挑战,进而直接影响到孩子们的健康、幸福与发展。作为一名从教 50 年的教育实践与研究者,我认为,应该将家庭教育提升到国家战略的高度,采取一系列措施提升家庭教育的质量。

教育家长的重要性与必要性

家庭教育的主体是家长，好的家庭教育必然来自好的家长。中国人自古有重“早教”、重家教的传统，至今依然如此，可以说更为重视。但与过去相比，今天的家长常将家庭教育的重点放在成才，尤其是所谓的成功上，对“做人”的教育要么有忽略、要么有失当，这是家庭教育的最大误区。

有些家长不懂得如何做家长，往往是在孩子的问题已经变得非常突出的时候，才开始反思自己和自己的教育出了问题，而这时再来解决问题常常是事倍功半、甚至为时已晚。在中国，更为普遍的情况是，家长没能意识到独立性与自主性在孩子发展过程中至关重要的作用，导致孩子在责任感、抗逆力、自信度、主观能动性、抉择能力、与他人建立和谐关系的能力等方面的缺失或低下，这种状况令人担忧。

做家长也需要知识和经验，而孩子的教育不应该是一个试错纠错的过程。因此，合格的家长需要提前接受教育，教育家长不仅重要而且必要，家庭教育应从教育家长开始。

解放孩子是家庭教育的要义所在

有学者曾这样说，人类文明的进化有三个重要标志，第一是发现了人,将人从神的笼罩下解放出来,世界焕然一新;第二是发现了女性,将女性从男性的统治下解放出来,世界得以完整;第三是发现了儿童,将儿童从对成人的依附中独立出来,世界更加丰富多彩。我深以为然。

将儿童从成人的依附中“独立”出来是一种解放。这种解放,是相对“桎梏”“控制”而言的,解放孩子,就是要让孩子在成长中释放天性,成为他自己。一个人只有首先成为一个独立自主的个体,才能在心理上、精神上积极主动地探索世界、拥抱生命、对自己对他人对社会负责,在从事自己喜欢和有意义的事情中实现价值、造福社会,过幸福的人生。尊重孩子、解放孩子,是当前中国家庭教育亟需解决的重要问题,它能从根本上杜绝溺爱、威权、家暴、忽视等一系列问题的出现。

孩子从出生开始,就接受家长的抚养与教育。在心理学上,有个概念叫“投射性认同”,也就是家长如何看待孩子,会投射到孩子内心,孩子会慢慢加以认同。如果家长认为孩子有权利、有能力独立自主地思考、选择、做事,那么孩子也就慢慢认同了这样的看法,并在日积月累中使之成为现实,反之亦然。尊重孩子、解放孩子,并不是放任纵容,而是通过引导、监督与激励,促进孩子形成积极乐观、自尊自信的自我意识与自我效能,这远比考试多考几分重要得多。这就需要家长有相应的教育理念与教育技巧,而这,是可以通过学习来获得的。

通过立法等保障家长的受教育权及其他权利义务

十八大以来,中国开始全面推进依法治国,然而有关家庭教育方面的立法却严重滞后,已经拟就的《反家庭暴力法》还未正式出台。美国、日本、法国等都有关于家庭教育的法律法规,中国需要就此积极开展工作,国家决不能在家庭教育方面长期缺位。针对教育家长等问题,我建议国家及地方应在以下几个方面出台相应的法律法规,先试点、后推广。

家长须持有《家长资质证书》。由政府出面,成立专门的非营利性质的家长学校。学校可建立在社区,也可建立在各级各类学校以及设立相应的网络学校,教师由在家庭教育方面有丰富经验的人员组成,可通过大规模培训先期储备合格的家庭教育教师。要求即将成为家长的准家长以及幼儿园、小学、中学各阶段的家长,包括代家长(即实际监护人),必须在家长学校接受一定学时的学习,并通过适当的核查后取得资质证书。考虑到第一代独生子女开始为人父母,中国家长将集中进入一个不懂做家长、不会做家长的阶段,这样的强制性手段不仅非常必要,而且也是家长们的需求所在。

延长女性产假。我国职业女性目前的产假一般为3~4个月,这远远不够,导致产妇身心健康、母乳喂养、母婴关系等产生问题。科学已经证明,0—3岁是个体情绪情感发展的关键期，母亲的陪伴极其重要。在瑞典、挪威、英国、奥地利、捷克和斯洛伐克、俄罗斯等国家，产妇一般都享有 1~3 年甚至更长时间的带薪产假、育儿假。我国可阶段性逐步延长女性产假，先期可延长至 6~12 个月，这将使女性有充足的时间对婴幼儿有直接教育，这对提升家庭教育质量乃至人口素质将产生积极影响。

加强为家庭教育提供帮助与支持的社会工作者组织团体建设。我国的社工组织还处于起步阶段，可通过政策引导、资金扶持、人才培养和吸纳等各种方式，逐步建立起强大的社工网络，为家庭教育提供专业、有效的支持与帮助。

（原载《光明日报》，2015 年 6 月 9 日第 14 版）

中学是培养大成智慧的黄金期

编者按:2015 年 3 月 14 日,上海“双名工程”第二期卓越校长刘彭芝培养基地奉贤专场研修活动举行。中国人民大学附属中学校长刘彭芝做专题讲座,《解放日报》以“怎样办好今天的中学教育”为题,刊发她的讲座内容。在刘彭芝看来,教育是塑造灵魂的职业,中学教育应培养学生的大成智慧,而校长则要营造文化气象。本报节选第二部分进行刊登,文字略有删改。

我们应该怎样给中学教育定位?客观地讲,在高等教育已经大众化的今天,中学教育的地位在下降。民国时期,朱自清、叶圣陶、丰子恺、俞平伯、钱穆等,无数顶级的学者和作家都做过中学教师。那时,中学教师和大学教师的流动是无门槛的,这种状况在今天已无法想象。今天,小学、中学、大学,中学只是这个教育链条中的一个环节,中学的任务好像就是给大学输送生源。这样的定位,对中学教育的伤害是致命的。我一直认为,中学教育必须是独立完整的体系，必须有自己独立完整的目标。如果不这样，中学教育形不成大格局，做不了大文章，也不可能有大作为、大成就。

这些年，社会各界十分关注“钱学森之问”。其实，在“钱学森之问”之前，钱学森先生曾花费很多心血提倡通识教育，呼唤大成智慧。通识教育和培养大师是一脉相承的。通识教育是大师出现的基础，只有通识教育蔚然成风，大师出现才能水到渠成。中学最适合通识教育，是培养大成智慧的黄金时期。因为中学不像大学那样细分学科，有利于学生在知识上全面发展。在文科上有特长的学生具备良好的科学素养，在理科上有特长的学生具备良好的人文素养，这在中学是能够做到的。错过了中学时代，一旦进了大学，文理学科泾渭分明，壁垒森严，要搞通识教育，难度不知要增加多少倍。因此，我们搞中学教学改革，讲提升中学办学质量，主攻方向就应该放在开展通识教育、培养大成智慧上。

学生的全面发展不是整齐划一的发展，就像每棵树不可能长得一样高、每朵花不可能开得一样大。因此，对全面发展的理解一定要具体到每个学生，一定要在挖掘每个学生潜能的同时注意对超常学生的培养，保证每个学生都充分发展。中学教育的理想境界，就是既让全体学生全面发展，又让拔尖人才脱颖而出。这才是真正对学生负责，对社会负责。

近几年来，关于我国要建设世界一流大学的议论很多，在建设世界一流大学上也取得了共识。这是令人鼓舞的好事。但教育事业是一个整体,如果把教育比作金字塔的话,基础教育是塔基,大学教育是塔尖。一流大学不是空中楼阁,没有一流中学,难有一流大学。既然提出要建世界一流大学,当然就要提出建世界一流中学。我国要由教育大国发展成为教育强国,必须建设一批世界一流的中学和大学。

什么是世界一流大学的标准,目前国际教育界已有相对一致的认识;但什么是世界一流中学的标准,还没有相对一致的认识。参照世界一流大学的标准,我觉得世界一流中学起码要具备以下条件:一是要有世界一流的办学理念;二是要有世界一流的教师队伍;三是要有世界一流的学生;四是在课程的广度和深度上要领先于世界平均水平;五是在师生比例上要低于世界平均水平;六是要有世界一流的硬件设备,如图书馆、建筑面积、电脑网络、体育设施等;七是要有相当广泛充足的经费支持;八是毕业生考入一流大学的比例要明显高出一般中学;九是在国内外要有较高的声望;十是综合以上条件,形成世界一流的校园文化和精神气质。

对照上面开列的十条标准,我觉得,我国一些示范高中校已经具备创造世界一流中学的条件,已经有能力建设世界一流中学。在这一点上,我们绝不妄自菲薄,应该以足够的自信融入世界教育发展的主流,在国际大舞台上展示自己的形象、发挥自己的影响。

(原载《现代教育报》,2015年4月19日第2版)

牢牢把握立德树人这个根本点

党的十八届三中全会以来，我国进入全面深化改革的新时期。教育领域综合改革也在紧锣密鼓进行，教育部最近连续出台改革措施，回应时代需求和人民关切，认真贯彻落实十八届三中全会精神。十八届三中全会《决定》提出："坚持立德树人，加强社会主义核心价值体系教育，完善中华优秀传统文化教育，形成爱学习、爱劳动、爱祖国活动的有效形式和长效机制，增强学生社会责任感、创新精神、实践能力。"这是深化教育领域改革的目的性要求，进一步强化了"培养什么人"和"怎样培养人"的问题。

我们谈论任何问题，都会经历这样的过程，一开始众说纷纭，漫天彻地，古今中外，宏旨博辞，但慢慢地会返璞归真，越来越简单，直至回到问题的原点。这些年关于教育的讨论，就在不断地由繁到简，不断地向本真靠近。这个本真，就是"立德树人"。其他的一切问题，都是由这个根本问题生发出来的。这个根本问题解决了，其他问题都会迎刃而解。因此,作为教育工作者,我们一定要把着眼点和着力点牢牢地放在“立德树人”这个根本点上,紧紧围绕这个根本点,解放思想,开动脑筋,同心同德,同心同向,同心同行。

立德树人的“德”是社会主义教育对人才培养的根本要求。“德”是做人的根本,学校教育必须把德育放在首位。教育的功能之一就在于通过培养人提升世道人心、推动社会进步。现在,关于世道人心的议论很多、担忧也很多。老人摔在地上扶不扶都说不清楚,可见世道人心真的出问题了。在这方面,教育工作者理应想得更深一些、看得更远一些。

党中央大力倡导社会主义核心价值观,就是要提升世道人心,让我们的经济社会发展更有质量、更有可持续性,让人民更有安全感和幸福感。前不久,在中央政治局集体学习时,习近平总书记再次强调培育和践行社会主义核心价值观的重要性。他说,要使社会主义核心价值观成为人们日常生活的基本遵循,使核心价值观的影响像空气一样无所不在、无时不有。要从娃娃抓起、从学校抓起,做到进教材、进课堂、进头脑。教育工作者要在这方面增强使命感和紧迫感,把立德树人、培育和践行社会主义核心价值观放在学校工作的首位。在各学科教学中,都要将“德”的教育、将核心价值观融入其中,把不同学科中“德”的要素有效地挖掘出来,使“德”“智”交融,互促共进。学校教育是否成功,其衡量的首要标准就是学生的“德”究竟如何。

改革开放30多年,我们已成为名副其实的大国,正在向强国迈进,最终,我们的目标是成为受人尊敬的国家。一个国家要真正受人尊敬,不仅要有强大的经济和强大的国防,还要有强大的文化和被世界认同的价值观念。我们提出实现中华民族伟大复兴中国梦的共同理想、培育和践行社会主义核心价值观,就是为了让中国真正成为受人尊敬的国家。我们的教育,要顺应这个大势。应该承认,目前的基础教育,与这种大势还不太适应。我们对孩子的教育太功利化、太短视,都是教孩子如何出人头地、如何走捷径获得事业成功。大家去书店看一看,在所有图书中,所谓的成功学的图书最多。大家再去看看影视剧,什么职场剧、宫廷剧,演的都是如何为了成功而不择手段。这样的励志是急功近利的,必须改变。改变要从教育改起。我们的教育,要从大处着眼、从长远着眼、从教学生如何成功转向教学生如何受人尊敬,要让孩子正其义而谋其利,明其道而计其功,既有过人的本领更有高尚的品性。我们讲教书育人,我们讲"立德树人",就是要把立德、立功、立言统一起来,就是要法古今贤德之人,就是要培养受人尊敬的人。

"立德树人",科学育人是关键。科学育人就是符合教育规律、符合学生身心发展规律。科学育人就必须坚持以儿童为中心,牢固确立学生在教学中的主体地位。我们基础教育出现的问题,有这样那样的原因,但最深层、最根本的原因还是没把儿童作为中心、没把学生作为主体。我们在办学过程中想问题干事情，更多考虑的是社会、是教师、是家长，而不是学生。当前，我们最应该做的事情就是拨云见日，发现儿童。教学的出发点是学生，落脚点还是学生。按教育规律办事，最重要的是按儿童生理、心理的成长规律办事，社会、教师、家长都要为儿童服务而不是为儿童做主。我们的教育，终极目标是让儿童在快乐和幸福中学有所成。发现儿童，中国的基础教育才能进入新天地。

现在教育界的许多新做法、新探索、新经验，如跑班，把自主权还给学生；如减负，让学生有更多自由的时间和空间；如因材施教，让每个孩子的个性和特长都能挖掘出来并充分发挥，等等，都是在从不同的方面发现儿童。发现儿童，是个大课题，我们现在刚刚破题，充其量还是刚刚开局，今后要做的事更多。但只要我们始终以发现儿童的眼光和襟怀来办教育，教育自会呈现一派新气象。

“立德树人”，总得有抓手。我认为，最重要的抓手有三个：第一个是培养学生的法治意识；第二个是培养学生的科学精神；第三个是培养学生的人文情怀。法治意识是现代文明的基石，依法治国是我们国家治国理政的基本方略，尊法守法是每个人为人处世的起码准则。一个人只要有了法治意识，那他就会有底线、不出格。科学精神是现代社会沿着正确方向持续发展的保障和动力，不按科学规律办事，迟早要出问题，终究要遭惩罚。一个人只要具备科学精神，就能把干正确的事与正确地干事结合起来，不断取得成功。人文情怀是现代文明王冠上最耀眼的明珠，是我们追求的终极目标。我们一切的奋斗，最终的目标，不是物质财富，而是人的全面而自由的发展，是人的幸福感。总之，学校“立德树人”，要以培养学生的法治意识、科学精神、人文情怀为抓手，教师、教材、教学要把着力点放在这三个方面。

（原载《人民日报》，2014 年 4 月 4 日第 12 版）

走出德育五误区

德育是教育之根,是学校一切工作之首。当下,若说中学教育存在隐患的话,最大的隐患是德育;若说中学教育有可能出问题的话,最可能出在德育上。教育工作者脑子里想的最多的问题应是德育。

然而,当下德育工作还存在一些思想误区,我们必须走出误区,才能重新定位,创新思路和方法。

一是走出社会、家庭、学校“三分天下”的误区。德育工作要社会、家庭、学校“三位一体”,但“三位一体”不能没有主次,“三位一体”也不是“三分天下”。“养不教,父之过”,但是让家庭承担青少年的德育责任有许多先天不足。特别是今天,四个祖辈、两个父辈共同守着一根独苗,溺爱之情空前绝后,家庭德育效果往往大打折扣。因此,学校是青少年德育工作的主要承担者,教师是青少年德育工作的重要责任人。在这一点上,广大教育工作者别无选择,要义不容辞,要义无反顾。

二是走出“今不如昔”的误区。加强德育工作,并不是要回到过去。凡事一遇到问题就往回看,是衰老和消极的表现。今天强调加强德育工作,只能立足现实,面向未来,只有与时代同步,与学生同心,找到共鸣点,拿出新亮点,才能受到学生的欢迎,才能取得实效。

三是走出“智育”与“德育”互为因果的误区。雨果说过,世界上高智商的人在两个地方最多,一个是大学,一个是监狱。古人常讲,要“先器识,后文艺”,即先道德后文章。智育与美育都代替不了德育,德育在各种知识学习中要起引领和激励作用。我们承认智育对德育有促进作用,但绝不能无限夸大这种促进作用。在学校的教育体系中,德育永远处于龙头老大的地位。这个地位一旦动摇,我们的教育就要出问题。

四是走出“专职教师打天下”的误区。做好德育工作,绝不是开几门课,有几位专职教师就万事大吉。德育难就难在它不是几位专职教师的事,不是学校德育处几位工作人员的事,而是全体教育工作者的事。不管教什么课,不管从事什么工作,都要担当起对学生进行道德教育的任务,要用自己的言行做学生的人生导师。

五是走出“德育是虚,智育是实”的误区。“虚”能生“实”,“虚”是本根,“实”是枝叶,德育一输,全盘皆输。在教育理念上,我们必须把德育作为学校工作的“一号工程”;在教育评估上,我们必须采取德育“一票否决制”。只有“双管齐下”,才能保证校长和教师在行动上实实在在地把德育放在学校工作的重中之重来抓。

有误区不可怕,意识到问题才有解决的可能。在教育“大道”——德育面前,每一个教育工作者都不能缺位。让我们共同用力,把德育的桨划好,让教育之船始终沿着正确的方向一直向前。

(原载《人民日报》,2013 年 1 月 17 日)

以先进的教育文化引领教师成长

程岚是一位在人大附中土生土长的中青年骨干教师。2012 年夏天，一次闲聊时得知她要把自己任教高中英语 20 年的所做所思撰写成书，我当即表示赞许支持，并欣然接受了为她的书作序的邀请。

程岚毕业于北京林业大学科技英语专业，1992 年进入人大附中担任高中英语教师。1997 年我担任校长后，倡导学校老师学习电脑操作，印象中她是英语组最早学会制作多媒体课件的老师。1998 年学校建成校园网和国内中学第一个 200 人的网络阅览室，她又率先将网络引入课堂，把使用现代教育技术手段的目标，牢牢定位在有利于学生学，而不是仅为了教师教。她制作的课件、撰写的论文、教学案例多次获得北京市和全国一等奖，还参加并主持了国家级、北京市市级信息技术与英语课程整合方面的科研课题，信息技术和英语课程的有效整合成为她教学的一大特色。2006 年程岚被评为北京市优秀青年知识分子,2007年和2010年两度被评为北京市英语学科带头人,2012年12月还入选“北京市首批中小学名师发展工程”培养对象。2008年学校选派她到美国麻省州立大学访问学者一年,在即将回国的时候,她给我写了一封长长的邮件,汇报自己在美国的所学所思和所感。让我印象最深的是,她谈到在美国研修一年的经历使自己对多元文化的教育有了更深刻的理解和认识,她希望能够帮助学生在走向世界时成为优秀的中国文化使者,不仅能弘扬传播民族优秀文化,而且尊重和理解文化的多样性,增强开放发展意识。我非常欣赏她在教育文化方面的感悟,在2009年秋季开学典礼上,让她和全校师生分享了自己的认识和感悟。

这本书名为《我在人大附中教英语——羽化于教育文化的世界》。作为一名中学教师,能把自己的日常教学活动上升到教育文化的层次,我以为是很有见识和境界的。程岚在书中回顾总结自己20年的英语教学实践时,能突出对教育文化的体验和感悟,反映出了她的文化自觉与文化自信。作为人大附中校长,我觉得更为难能可贵的是,她能够在中学繁重的教学工作之余,20年来坚持不懈地在实践中反思、探索、创新,应该说,她是人大附中中青年骨干教师的优秀代表。

对学校而言,教育文化的载体就是学校文化,教师则是学校文化的践行者和传承者。教师在教育言行中的文化滋养将比学校的办学理念、管理制度、学习环境更具体、更直接地影响着学生。所以,学校文化建设的一个关键是教师队伍建设,而校长则应该善于以先进的教育文化引领教师成长。我的体会是:

第一,要让教师懂得做教师的“道理”,懂得“爱是教育的最高境界”,树立正确的教育观、人才观与质量观。只有这样,教师对教书育人才有神圣感,才有责任意识和奉献精神,才能拒绝平庸,志存高远,成就一流的教育业绩。

第二,要培养教师的“阳光心胸”。人大附中管理理念的核心是“激活每一个细胞”,实实在在地为教师员工的发展搭建平台——创设丰富多样的课程,开展丰富多样的活动,提供各种各样的机会,力求让每一位教师都能在选择中发展自我,在发展中规划人生,在追求人生理想的过程中有尊严、有自由、有成就,不为小事斤斤计较,不为“小我”患得患失,不为一时的挫折消沉悲观,成为心胸坦荡、身心和谐、大气从容的人。

第三,要让教师有深远的目光和见识。这个目光和见识深就深在中国五千年文化这个根上。无论教哪个学科,无论是必修课还是选修课,都要有弘扬中华文化的使命感;远就远在要将“教科书是学生的世界”转变为“世界是我们的教科书”,站在全球化的高度思考中国教育的发展,不断汲取中外教育思想的精华,树立培养国际化人才的战略目标。

第四,要鼓励教师的创新精神、科研意识。人大附中一直支持教师承担各级各类科研课题,参加国内外各种学术交流、学科教学竞赛,承担完成了国家“十五”重大科技攻关计划,并荣获国家科技进步二等奖,为教师加速成长为新型教育人才提供了“助跑器”。

人大附中建校60年来,特别是近十几年来,能够取得令人瞩目的办学成果,能把那些看似平凡的人凝聚起来共同创造出了不起的事业,很重要的一点靠的就是学校文化。有了这种文化,一茬接一茬的人大附中人才不甘平庸,追求卓越,勇于创新,不断超越;我们的农民工才能脱胎换骨,“从头再来”,拿下大奖,走上讲台,我们的实验员才敢开选修课,保洁员也要学说英语,人大附中人才能时时、事事、处处都有创新,而程岚也是众多人大附中人的优秀代表。

在人大附中,像程岚这样勤奋有为的中青年教师还有许多,他们不仅热爱教育事业,而且善于学习,勤于思考,乐于探索,敢于创新。希望程岚这本书,特别是书中体现出的她在教育教学实践中坚持不懈的探索追求,能对更多的中青年教师有所启迪示范,希望不仅在人大附中,而且在整个基础教育领域涌现出更多的研究型、学者型教师。

是为序。

2013年4月5日

〔注:此文为刘彭芝为人大附中英语教师程岚撰写出版的《我在人大附中教英语》(天津出版传媒集团2013年)一书所写的序。〕

贯彻以德治国方略
做好中学德育工作

——在“21世纪学校德育发展路向”经验交流会上的发言

世纪之交，我们要站在高处，想在远处，看在大处，干在实处，以强烈的历史责任感，贯彻“以德治国”重大方略，加强和改革学校德育工作，全面开创素质教育的新局面。

下面，我结合人大附中开展德育工作的实践，就“21世纪学校德育发展路向”谈谈个人体会，以求教于在座的各位专家和同仁。这里所谈的内容，有的是我们人大附中正在做的，有的则是我们今后的努力方向。

一、始终坚持把德育工作放在学校一切工作的首位

致天下之治者在人才，成天下之才者在教化，教化之

所本者在学校。学校的一切工作都是为了培养人才。而培养什么样的人才则是摆在教育工作者面前的首要问题。

我们要培养的是全面发展的高素质人才，但全面发展不等于没有重点，重点就是两条：一是高尚品德；二是聪明才智。

高尚品德与聪明才智相比，高尚品德更重要。高尚品德是灵魂，是精神，有了高尚品德，聪明才智才可以服务于祖国，造福于人民，这样的聪明才智多多益善；没有高尚品德，聪明才智就可能祸国殃民，这样的聪明才智有不如无。高尚品德是“道”，聪明才智是“器”，道在器之上。我们追求的目标是高尚品德和聪明才智的统一，但在指导思想上要始终坚持把德育放在学校一切工作的首位，这是战略问题，是原则问题，是方向问题。学校的德育工作做得不好，是国家和人民之祸。在这个问题上，教育工作者的头脑必须十分清醒。

正是基于这样的认识，我们在制定校训“崇德、博学、创新、求实”时，把“崇德”放在校训的首位；我们在确定学生培养目标“全面发展+突出特长+创新精神+高尚品德”时，虽然全面发展中已包括德，但我们又突出强调高尚品德；我们在评估教学工作时实行“一票否决制”，说一千，道一万，如果学生在思想品德方面出了问题，其他方面的工作再好也不算。

二、始终坚持把师德建设作为德育的基础

从某种意义上讲,学校自身就是一个道德机构。学生思想品德的培养除个人修养外,要靠学校、家庭、社会三方面的共同努力,但学校的责任至关重要。“化学成俗,基于学校,兴贤育德,责在师儒”;“善之本在教,教之本在师”。德育的对象是学生,但主体是教师。一个学校,德育好不好,关键在师德。“智足以为源泉,行足以为表仪,是谓之师。”“言行可模可范者,人师也。”教师既是正确的世界观、人生观、价值观的积极传播者,更是高尚的思想品德的身体力行者;在德育工作中,教师既要以言传道,更要以行垂范,身教重于言教。从孔夫子到蔡元培、陶行知,中国的大教育家都是大圣贤。

人大附中在加强和改进德育工作中,心里想的是学生,眼睛盯的是教师。我们提出“以人格塑造人格,以品德化育品德,以素质提高素质”,始终坚持把师德建设作为教师队伍建设的基础工程来抓。从四年前开始,我们就启动了以“师德”为内核的人大附中“名师工程”,并以“名师工程”为龙头,带动“优秀学生工程”和“家长工程”。这几项工程的实施,使德育由“软指标”变成了看得见、摸得着、可操作、能评比的“硬指标”。

三、始终坚持把德育贯穿到学校生活的各个方面

学生以学为主,学校的课程设置以传授文化知识为

主，这是我们必须面对的现实，我们没有能力，也没有理由改变这个现实。加强学校的德育工作，当然可以增加一些德育方面的课程，但这条路注定走不长，也走不宽。我们必须换一种思路。

学生养成高尚的思想品德，大致都要经过三个阶段，一是“知不知”，二是“信不信”，三是“做不做”。要实现由知到信，再到行，必须扩大德育的覆盖面，把德育贯彻到学校生活的各个方面，使德育无时不在、无处不在，使学生如坐春风、如沐春雨，使学生喜闻乐见。

人大附中的做法是：将德育分解到各学科的教学中，“传道、授业、解惑”三位一体，各科教师都在授业中解惑、在授业中传道，使学生思想上、心理上、情感上的各种困惑和问题涣然冰释，怡然理顺，达到“学以美身”、化理性为德性、化诗性为德性的目的；开展丰富多彩的校园文化活动，让学生成为活动的主人，在活动中自己教育自己；带学生走出去，参加各种社会实践和公益活动，在大社会的大课堂中培养爱心和社会责任感，实现高尚的思想品德的知行合一。

充实谓之大，大谓之美。实践证明，把德育贯彻到学校生活的各个方面，才能使德育如水银泻地，无孔不入，才能潜移默化、形成合力，才能实现充实之美。

四、始终坚持德育的时代性和针对性

加强和改进德育工作，要深入调查研究，了解今天学生的思想实际，了解未来社会对人才需求的趋势，在德育工作的机制、手段上大胆创新，大力增强德育的时代感，大力增强德育的针对性，大力增强德育的渗透力。德育，说到底就是“育心”；育心，贵在“感应”，贵在“共鸣”。没有时代感，没有针对性，“感应”和“共鸣”从何而来？

教人与用人正相反：用人当用其所长，教人当教其所短。明白这个道理对教育工作者很重要。人大附中这几年开展德育工作，很大一部分精力就用在调查研究上，以切实了解现在的学生在思想品德上相对缺少什么，然后有针对性地“教其所短”。

我们对学生的调查研究，主要通过班主任、家长代表、学生代表的座谈会，通过全校学生的调查问卷及与班主任、学生、家长的个别谈话，通过他们发表的文章、撰写的总结、创办的刊物及学生代表会等形式来进行。在调查研究的过程中，仔细了解近期学生的思想品德动态，做到心中有数，以此理清学校德育工作思路，确定工作重点。我们确定人大附中本学期德育工作的重点是培养学生的“两种意识、三种精神”：两种意识是国家意识、集体意识；三种精神是团结互助精神、无私奉献精神和勇于创新精神。我们了解到现在的学生也讲理想、讲奋斗，但他们的理想和奋斗的个人色彩比较浓。因此，我们有针对性地开展教育，帮助学生树立正确的理想观和奋斗观，大力提倡将个人理想融入全民族的建设有中国特色社会主义的共同理想之中，将个人奋斗融入实现社会主义现代化的奋斗之中。

五、始终坚持把道德教育和法制教育结合起来

衡量学校德育成功与否，标准就是看学生有没有高尚的道德情操、有没有良好的行为方式。道德情操是内在的，行为方式是外在的。我们在建设有中国特色社会主义、发展社会主义市场经济过程中，既要坚持不懈地加强社会主义法制建设，依法治国，同时也要坚持不懈地加强社会主义道德建设，以德治国。对一个国家的治理来说，法治和德治从来都是相辅相成、相互促进的。二者缺一不可，也不可偏废。而法制不是万能的，道德也不是万能的；法制是“外在约束”，道德是“内在约束”，一个人只有把外在约束与内在约束结合起来，把“他律”和“自律”结合起来，才能成为合格的公民，进而成为高尚的人。对学校来说，向学生进行遵纪守法的教育是其德育工作不可或缺的内容。

人大附中在加强和改进德育工作中，一直坚持道德教育和法制教育两手抓、两手都要硬的原则。在德育工作中既要以情动人、以理服人，又以法警人，把情、理、法三者有机地结合起来，以增强德育工作的感召力和影响力。法制教育是我们德育工作的底线，人大附中培养出来的学生起码应该是遵纪守法的公民；道德教育是我们的责任，人大附中培养出来的学生应不仅能“独善其身”，而且能“兼济天下”。

加强学生的德育,已是世界教育的发展趋势。美国前教育部长就曾亲自编著了一本《美德书》,这本 70 万字的、献给所有成长中的孩子的巨著被翻译成多种文字出版。我们要继承和发扬中华民族重视品德教育的优良传统,积极借鉴世界各国开展品德教育的成功经验,大胆创新,勤奋工作,努力把有中国特色社会主义德育工作提高到一个新的水平。

(原载《人民教育》,2001 年第 1 期)

(注:2001 年 5 月 8 日《人民日报》以"学校德育工作要把握什么"为题发表了此文的要点)

全面提高教师素质

《国务院关于基础教育改革与发展的决定》提出了“教师教育”的概念。“教师教育”是对教师培养和培训的统称,是按照教师专业发展的不同阶段,对教师职前培养、入职培训和在职研修的通盘考虑与整体设计,体现了对教师的教育是连续性的、可发展的、一体化的。教师教育是终身教育思想的具体体现。终身学习是当今社会发展的必然趋势,是未来每个社会成员的基本生存方式。

那么,如何确定教师教育的目标呢?

我认为,教师教育的根本目标是全面提高教师的素质。具体来讲,就是要通过提高教师的思想水平、道德修养和专业水平,从而全面提高教师的素质。在大力推进素质教育的今天,培养全面发展的学生已成为素质教育的根本目标,这必然对教师提出更高的要求。

教师首先应该有高尚的师德。对教师来说,修养是教育的载体,境界是教育的起点,人格是教育的风帆,师德是教育的根本,而崇高的师爱则是师德的灵魂。

教师应该是多重角色的综合体。教师应当努力成为教育目的的实现者、教学活动的指导者、教学方法的探索者,还应当成为学生良好个性的塑造者、美好品德的示范者、潜在能力的开发者,成为学生的良师益友。

教师应具备完善的知识结构。作为现代型教师,其知识结构应包括4种成分:本体性知识,即教师所具有的特定的学科知识;条件性知识,即教师所具有的关于教与学规律的知识;实践性知识,即教师所具有的课堂情景知识及与之相关的知识;一般文化知识,即教师所具有的知识广度及兴趣专长。教师应具有现代的、开放的教育观念。

教师要树立远大的职业理想。考察优秀教师的成长过程,他们除具备成功者的一般素质之外,具有远大的职业理想是其成功的内在动力。

教师应有先进的教育观念。在社会要求教育实现革命性变革的时刻,改革的阻力最可能来自教育领域内部,而思想观念的改变又是教育变革的关键。教师的思想观念不改变,素质教育就难以取得实质性进展。

教师应有求新求变的精神。教师的教育应当不断突破旧的教育模式,不论是对教育内容还是对教育形式,教师都应该拥有选择、探索、变革和创新的权利与愿望。创造性是对常规性的突破,是教师最宝贵的精神品质之一。

(原载《中国教师》周刊,2002年3月27日)

铺设通往科研圣殿的阶梯

1998 年,我与王绶琯院士结识。当时,王院士正为成立“北京青少年科技俱乐部”而动情倡议、积极呼吁。王老和原北京市科协负责人、现俱乐部秘书长周琳、李宝泉来到我校,征求我的意见,问我对这个倡议有没有兴趣。我当即表示:很有兴趣,坚决支持。由此,人大附中成为第一所参加“北京青少年科技俱乐部”的学校。如今,转眼 10 年过去了,北京青少年科技俱乐部迎来了它的 10 周年诞辰。王老依然活跃在这一充满深远意义的领域中,而我也一直在为人大附中那些有志于科学研究的学生创造各种各样的条件,使他们能在中学时代就进入科研前沿的实践中。

这些年来,虽然事务繁忙,但我与王绶琯院士、周琳和李宝泉老师还是时常见面和对话。青少年科技俱乐部是一个新生事物,王院士为此作出了卓有成效的探索,通过科学名家讲座、进入科研院所进行科研实践、与科学家结成帮扶对象等一系列活动,培养出一大批优秀的科学苗子，不少学生现在已经成为各个科研领域的未来之星。人大附中对此给予了不遗余力的支持与配合，科技俱乐部的很多活动都是在人大附中举行的，我校负责该项目的范克科老师从一开始就将自己的精力全倾其中。同时，人大附中也借助科技俱乐部这一平台在科研方面取得了令人瞩目的成绩。

以人大附中学生参与中国科学院遗传所的人类基因组项目为例，12 名学生几个月的时间连续在项目组从事科研工作，直接接受科学家的熏陶和指导，写出了具有专业水平的科研论文，他们的名字还第一次以中学生的身份出现在了世界顶级科学杂志《Nature》上。也因为有了这样的经历，他们在高中毕业时分别被国内外的知名大学录取，使他们有机会攀爬在科学研究的道路上。正如王院士所说，科技俱乐部是对那些被发现为“可能的科学苗子”而设的，让他们在 16、17 岁这一探索人生、发现自我的“志学”之年能够置身于科学氛围浓厚的环境中，激发了他们的科学敏感性和创造性，使他们相互切磋并得到启迪，使他们得以终身受益。事实证明，科技俱乐部达到了这样的目的。

中国的发展需要大量的科学研究人才，他们的自主创新能力，他们对科研的热情与执著，他们坚实的研究素养，和国家的全面、协调、可持续发展密切相关。而这些，离不开青少年时期的引导与培养。中国为什么至今还没有诺贝尔奖获得者？为什么我们在很多科研领域还处于跟随世界领先水平的阶段？为什么我们的学生在数学、物理、化学、生物等考试中能够获得高分、也有机会接受良好的高等教育,却常常中途就离开了科学研究的事业,或者只能成为一个普普通通的研究人员?原因很多,但很重要的一个原因就是在中学这一关键期没有机会得到科研的实践训练,使他们的科研热情和科研素质不能得到很好的挖掘和发展。

我在教育教学实践中深刻地体会到这一点,也常常思考解决这一问题的方法。学生们追星的热情很高,但追的多是影视歌唱明星,近些年来由于媒体的宣传和聚焦,也有不少学生对于那些声名显赫、创造惊人财富的企业家产生了崇拜心理,却鲜有将自己的偶像定格在科学家身上的。说到底,是我们的引导不够,学生没有机会接触到那些人格伟大、才华出众、一生为科学研究事业付出全部心血、为国家和人类的文明与进步作出卓绝贡献的科学家。青少年科技俱乐部成立的初衷就是要让科学家与学生面对面,这与我的思考不谋而合。我和王绶琯院士有过深谈,我们都不约而同地提出了要让中学生进入国家重点实验室参与研究的设想,目的不仅是让学生能够在实际的研究过程中获得科研体验,而且也能让他们感受科学家的魅力与风采,从而立下献身科学的远大志向,并为之打下深厚的基础。

10 年来,先后有几十位院士和科学家走进人大附中开办讲座,其中包括诺贝尔奖获得者,学生们有幸亲耳聆听科学大师的教诲,对科学研究心向往之。同时,我们充分利用海淀区科研院所、高校林立的优势,输送人大附中的学生陆续进入中国科学院和北京大学、清华大学等几十个国家实验室,做了一项又一项课题研究,撰写了几百篇科研论文,获得了全国青少年科技创新大赛一、二等论文奖、“明天小小科学家”称号、国内外创造发明大奖等各种荣誉,人大附中的学生科研活动开展得如火如荼,学生以能进入研究项目、从事科学研究为荣。他们从科学研究实践活动中受益匪浅,参与人类基因组项目的潘思塑同学(现已从英国帝国理工大学毕业)在《留英琐事》中写道:

“回想起来,在人类基因组工作的那段日子,确实是我人生中最关键的几个时期之一,我受到了系统的实验操作训练,更重要的是激发起我对科学研究的狂热的兴趣。从这一点上来说,我必须感谢刘校长当初作的决定。无论是科学素养还是操作技能,都得到了很大的提高。可以说,2000 年的春天改变了我的一切,这在当时是体会不到的,但当我继续自己的人生旅程的时候,那一年透骨的寒风和实验室里酵母的气味,却永远地保留在我的记忆中。”

这样的中学教育无疑是令人备受鼓舞的。它是一种大胆的创新和改革。当然,我非常同意王绶琯院士对青少年科技俱乐部对象的界定:是“立志”(投身)于科学、学有余力的优秀高中生。不是每个学生都希望、也能够从事科学研究,在中学阶段搞科研的学生毕竟还是少数。人大附中正好是符合这一条件的学校,我们有很多超常儿童,已进行了近 30 年的超常儿童教育实验研究。这些超常儿童有的在数理—逻辑智能上明显超过同龄人,他们对科学研究充满了好奇心,有一股钻研的劲头,也有从事科研的巨大潜能,加之我们的超常教育是以不缩短学制、加深拓宽知识为基础的,这就使他们在完成正常的学业之余,有时间、有精力来学科研、做科研。从事科学研究活动不仅没有荒废他们的学业、影响他们的高考,反而促进了他们以更为有利的竞争力被国内外著名高校录取。我相信,这些学科成绩优秀同时又具备科研精神与素养的超常儿童,至少有相当一部分在大学深造后会选择终身从事科学研究工作,他们将成为我国科学研究领域的中坚力量。

我常常被科学家们对青少年的热情厚爱所感动,也常常对我的学生们所表现出来的超常潜能感到激动。在北京青少年科技俱乐部成立 10 周年纪念之际,我写下这些文字,以作祝贺。希望俱乐部的活动持续进行下去,这条路会越走越宽,中国的科学发展需要这条路上走来的学子,尊敬的王绶琯院士所倡导的这一项目功德无量。让我们共同关注那些志存高远、具备科研潜能的学生,为他们终身从事科学研究架桥铺路。我也希望有更多的国内外科学家、院士、爱国人士参与到北京青少年科技俱乐部的活动中来,指导这些优秀的孩子们,为他们铺设通往科研圣殿的阶梯!

(原载《中国科技教育》第 196 期,本文撰写于 2009 年北京青少年科技俱乐部成立 10 周年之际)

艺术教育让孩子们生命绽放

——人大附中艺术教育的思考与实践

各位来宾,各位同仁,各位朋友:

大家好!

很高兴在寒冬时节来到美丽的西子湖畔参加"2016国际艺术教育高端研讨会",与来自世界各国的教育同仁共同探讨学校艺术教育的相关问题。

艺术是人类至情至性的自然流露,是人类沟通交流的通用语言,彰显着人类对真善美的永恒向往和追求。就人类的个体来说,美好的艺术可以荡涤灵魂、陶冶情操、启迪智慧、健全人格。就人类社会来说,健康的艺术甚至可以影响社会的进程。纵观历史,在中世纪后期,正是文艺复兴运动促进了近代科学的诞生和发展。

在科学发展的历史中,很多科学家都有深厚的艺术修养,并在自己的研究中感受过艺术的启迪。数学家拉格朗日正是在教堂聆听音乐时,萌发了求解积分极值的变分法法则;英国化学家纽兰兹也正是受音阶的启发,发现了原子递增的“八音律”。爱因斯坦说,在科学思维中,永远存在着音乐的因素;而中国著名物理学家钱学森也写道“正是音乐艺术里包含的诗情画意和对人生的深刻理解,丰富了我对世界的认识”。

作为一名在中学工作了 50 余年的教育工作者,我深感艺术可以使人身心和谐、心灵丰富、精神高尚、思维活跃。艺术教育是我们尊重学生个性、开发学生潜能、引导青少年追求美好人生的重要途径,完整的教育不能缺少艺术教育。

人大附中的艺术教育经历了几十年的发展。总体可以归纳为二个结合,即课堂学习与课外活动相结合、艺术普及与特长提高相结合。

一、课堂学习与课外活动相结合

艺术教育作为面向全体学生的素质教育,主要通过必修课和选修课来实施,同时,我们还通过丰富多样的课外文化活动和学生社团活动,丰富艺术教育的内容,提升学生的艺术素养,实现养德、启智、审美、育人的教育作用。

(一)构建丰富的艺术类课程体系

目前,我们已建立了涵盖音乐、舞蹈、戏剧、美术以及影视等多个门类、共 38 门课程的艺术教育课程体系,在学校 200 余门选修课中,戏剧、书法、绘画、音乐与创作、视唱练耳、声乐、吉他、素描、拉丁舞、流行音乐赏析等艺术类课程有十几门，基本满足了从初一到高三全体学生不同层次的需求。这些课程中有的是国家必修或国家选修课，大量的是学校自行研发的校本选修课。同时为适应不同层次学生的需求，课程又分为基础类、拓展类和特长类三种不同的种类。

（二）拓宽艺术教育的课堂

艺术教育的方式也要强调“艺术性”，不能仅仅局限于必修课的三尺讲台，选修课、音乐厅、艺术节等都是艺术教育的场所。艺术教育的授课方式也绝不能拘泥于教师讲授，一场高雅的音乐会、一台醉人的舞蹈演出、一次精彩的嘉年华、一个学生创意的校园电影节，甚至一个个学生的艺术作品展……都是绘声绘色的艺术教育方式。作为教育者，我们就是要发挥最大的创造力，为艺术教育插上绚丽的翅膀。

2016 年 11 月的一天，在人大附中大型音乐讲座“高雅音乐在校园——交响乐鉴赏公开课”上，响起了婉转悠扬的小提琴协奏曲《梁祝》、慷慨激昂的交响乐《红旗颂》，演奏者是学生交响乐团，听众则是人大附中高一年级全体学生。课堂上，演奏者倾情专注、饱含深情，聆听者忘我投入，沉醉其中，时而鸦雀无声，时而掌声雷动。演奏前，主讲者、学校交响乐团艺术总监何老师生动形象地向学生介绍了各种乐器，“圆号像英雄，竖琴像流水，钟琴像星星……”,他的“同学们一定要多听听高雅音乐,这样能让你高尚起来”的一番话,引得到场学生会心微笑。

在人大附中,艺术教育不是“功利的和弦”,而是“真善美的交响”。这个交响乐大型公开课学校每年都要举办,分别面向各年级学生。除此,我们还有电子轻音乐团每年举办“新年音乐会”,与语文课紧密配合的唐宋诗词朗诵会、现代戏剧表演观摩以及高二年级集体舞比赛、学生摄影展、影视艺术鉴赏等。

在这些活动中,已创办 15 年的“人大附中学生电影节”,是校园里一道非常靓丽的艺术风景,也可以说是学生自己教育自己的艺术新模式。“电影节”从高二年级英语剧发展而来,现由校团委主办,校学生会承办,以班级为单位,目前每年参与的剧组最多达 28 个,参与学生达上千人,是最受学生喜爱的校园文化活动之一,不仅吸引了上千学生积极参与,也让不少学生从这里起飞,飞向追求艺术的更广阔的天空。

2004 届毕业生王羽熙,高二时为班级英语剧《指环王》设计了服装、道具、宣传画,艺术才华得到充分展示。这个酷爱画画的男孩,是我亲自面试、两次破例招进人大附中的,就是希望他的特长能得以发展。这个孩子极度偏科,初中时的数学考试成绩几乎没到过两位数,但这个“拉分”的学生在人大附中却从未受到老师同学的歧视,成长得非常健康阳光。最终,他以高考数学 33 分、总分高出艺术院校本科一百多分的成绩,考入北京电影学院电影动画专业。毕业后，他担任过华特迪士尼北京分公司原创部概念美术设计师、资深动画造型设计师，现在已成立了自己的工作室。

杨迪，在高中时改编、导演、拍摄了两部英语电影——《无间道》《天下无贼》，凭借着这些作品获得美国六所大学青睐，最终被纽约大学电视电影专业录取，走上了导演之路。

高姗，曾为人大附中电影节多部电影创作音乐并演唱主题曲，获得过“最佳音乐原创奖”，这使她坚定了自己的音乐梦想。进入北京大学一年，她就获得了“北京大学2011年十佳歌手大赛”冠军；2013年发布单曲《开学恐惧症》；2015年为电视剧《何以笙箫默》插曲《遇见你的时候所有星星都落到我头上》和《未选择的路》作词谱曲。目前，高珊在纽约大学音乐学院深造。

孟繁朝，人大附中学生会电视台第25任台长，也是第七届学生电影节最佳影片《初见》的摄像师。他与同学在毕业前合作完成的影片《一座楼的背影》，艺术地再现了难忘的初中时光，表达了对校园生活的眷恋。短片不仅感染、打动了全校师生，还被广大网友评为“2012年教育大事件”，后被一位好莱坞导演发现，受邀作为唯一一部代表亚洲青年参加Cinequest国际电影节首映式。以这部校园电影为起点，孟繁朝考入中国传媒大学，如今已创立一家影视工作室，作品成为许多电视剧、纪录片和广告的素材。孟繁朝说，人大附中的艺术教育给予我的不仅是艺术熏陶,还有团队协作,领导力培养和为了理想坚持不懈的品质。

(三)艺术教育渗入传统学科课堂

文学是以语言为手段反映社会生活、表达思想感情的艺术,与艺术有着天然的联系。将艺术教育与语文教学结合起来,使学生通过文学欣赏的路径走进名著,深入其中,了解作者的情感,领悟语言的魅力,理解人生的哲理,接受艺术的熏染,这是近年来人大附中在艺术教育改革方面的又一尝试。

从课堂出发、从课本出发,学生排演了大量小话剧,如《雷雨》《鸿门宴》等。初二年级开展戏剧节、发起了戏剧挑战赛,有一个班就排演了《茶馆》《陈毅市长》《列宁在1918》等8部戏剧,学生在改编剧本、体会角色、排练演出的过程中更加深入地理解了原著内涵,人文素养、艺术修养、审美情趣和身心品格无形中得到熏陶培养。

(四)组建丰富的艺术类社团

从1986年组建学生管乐团至今,我们建立了由交响乐团、合唱团、女子舞蹈团、男子舞蹈团、行进管乐团、电子轻音乐团以及武术队、健美操队8个学生团体组成的人大附中艺术团,除此以外,还有美术社团13个,学生自己组织的艺术类社团19个。社团学年注册总人数超过千人,为众多有艺术天赋的学生搭建了高层次平台。这些社团定期在校园举办各种形式的演出、展览,为普及高雅艺术做出了贡献,其成员也成为班级、年级的艺术骨干,在活动中充分展示发展了自己的艺术才能。

人大附中交响乐团曾在第35届维也纳国际青年音乐节上获得交响乐组金奖第一名,大赛评委会盛赞他们的演奏展示了“一流的音乐教育”;健美操队曾获世界冠军;舞蹈团、男子舞蹈团、合唱团、行进管乐团多次获得全国、北京市艺术展演一等奖;艺术团受国家委派,连续8年在春节期间赴美、英、法、俄罗斯等国交流演出,所到之处掀起了一股“人大附中热”。

二、艺术普及与特长提高相结合

学校艺术教育首先要面向全体学生,培养所有学生的艺术素养,使他们心智和谐、情操高尚、趣味高雅;同时也要为具有各类艺术特长的孩子搭建平台,让他们的才华得到充分发展,这是我们一直追求的理想境界。人大附中学生艺术团中确有许多具有艺术特长的学生,学校尊重个性的教育理念为他们的特长发挥提供了广阔的舞台。但更多原本普通的学生,他们身上潜藏的艺术细胞、他们对艺术的兴趣和热情被学校丰富的艺术教育唤醒、唤起,迸发出耀眼的光芒。

形体课是人大附中校本特色课之一,面向初一、初二年级全体学生,旨在通过专业形体训练,让学生练就挺拔健康的身姿,养成阳光自信的精神。这门课是以舞蹈教学为主的初中生艺术必修课,男女生分开上课。一次听课时我发现,那些男孩子跟着老师学动作时非常投入,特别有精神,脸上都洋溢着阳光快乐。我就当场倡议,在初二年级十几个班里挑一些爱跳舞、跳得好的男生组建一支男子舞蹈队,在形体课基础上排练一个以蒙古族舞蹈为基础的男子舞蹈《雁阵》。两个月后,在学校教职工科研年会上,20 多个喜爱舞蹈的普通男孩就这样走上了舞台,而且越跳越精彩、越跳越专业。在第四届全国中小学生艺术展演北京选拔赛中,《雁阵》第一次亮相就得到专家好评,认为它突破了中小学没有男子舞蹈团的禁区,证明普通男孩照样可以跳得很精彩。

参加舞蹈队后,这些男孩们不仅会跳舞了,而且人也有了很大的变化,以前邋里邋遢的孩子自从学了舞蹈,变得衣服干净整洁,连发型都一丝不苟了。在我的鼓励下,这支舞蹈队又自己创编了舞蹈《十五岁》,以现代街舞的形式表现中学生的校园生活,获得了北京市第 16 届学生艺术节舞蹈比赛一等奖。

形体课让许多远离舞蹈的男孩有了与舞蹈亲密接触的机会,也给一些原本喜欢舞蹈的男孩提供了发展特长的机会。

汪皓是男子舞蹈队第一届成员,目前就读于在美国声誉很好的玛丽蒙特曼哈顿大学舞蹈系,主修舞蹈表演系编舞专科,辅修音乐。前不久,汪皓从美国给舞蹈队老师写信说:“我现在对我的生活很满意,每天过得很开心、很快乐。人大附中男子舞蹈团是这一切的开始,如果当初没有男团带领我进入舞蹈之门,我真的不知道现在会做什么,肯定不会从事专业舞蹈。感谢男子舞团给我的那些历练,让我有了自己的追求和梦想,还具有相当的领导力。”

陈金石是第一批男子舞蹈团的团长,舞蹈焕发了他全身的活力,在担任男子舞蹈团团长的同时他还担任了人大附中海洋社的社长,2014 年被评为由国家海洋局和人民网共同举办的 2013 年度国家海洋人物。他以 704 分的高考成绩名列北京市第 84 名,目前就读于美国康奈尔大学物理学专业。他母亲在给学校的感谢信中写道:感谢学校能给了金石在男子舞团学习舞蹈的经历。男团的经历磨炼了他执著、坚定、坚毅的品格。因为舞蹈是美的,所以他能抗住学业压力坚持下去;因为要做到完美,所以他会反复练习;因为要想全面发展,所以他会更加珍惜时间;因为想更优秀,所以他能战胜训练后的疲劳。对于从小在顺境中成长的金石来讲,男团的经历使他体会到了挫折、痛苦、彷徨的滋味,更让他懂得如何去面对困难,去战胜挫折,也让他深深体会到战胜自我后成功的喜悦。

人大附中还有一支电子轻音乐团,里面有现代电子乐器,也有传统民族乐器。为什么组建这样一个可谓奇葩的团体呢?是因为每年招生我都发现,有些孩子擅长琵琶、二胡、古筝、扬琴等民族乐器,还有孩子擅长键盘、吉他、架子鼓等电子乐器,可他们在学校缺少展示发展的平台,为了给这些孩子提供发展兴趣特长的机会,我找到喜好电子音乐的老师,让他组建一个融和东西器乐的综合性乐团,于是有了这个轻音乐团。这样特殊的乐团没有展演的机会,我就想办法在学校里为他们搭台,让孩子们在全校大会上表演,在开学典礼上展示,我带着全校师生为他们鼓掌喝彩。如今,电子轻音乐团已闻名全校,定期举行乐队训练"开放日"、小规模的现代轻音乐沙龙,应邀参加学生会组织的"嘉年华"活动,举办圣诞音乐专场,成为人大附中艺术大花园里的一朵奇葩。

三、结束语

艺术的产生充满个性与创造。从某种意义上说,艺术教育能从更高层面激发学生的心智和创造潜能,体现教育的终极目标和理想,所以艺术教育是学校教育的重要组成部分。我希望在学校教育的大舞台上,艺术教育能和其他教育一起,为所有孩子打开放飞梦想的天空;也希望为那些怀揣艺术梦想的孩子拉开大幕,让他们能闪亮登场,精彩绽放!

(注:此文为 2016 年 12 月 3 日在杭州举办的 2016 国际艺术教育高端研讨会上的发言。)

体教结合　培养“三高”体育后备人才

在现代学校教育中，德育、智育、体育、美育是育人的四大支柱，它们既彼此独立又相互支撑。好的学校教育，必须为学生的德智体美全面发展提供优质的教育，为青少年的身心和谐协调发展奠定坚实的基础。一方面，四者不可偏废；另一方面，本着因材施教的原则，对于有不同优势潜能的学生应促进其在擅长、喜爱的领域深入发展。

在我看来，体育和美育在其中占据着独特而重要的位置。它们各自除了培育学生的身体健康、运动技能和艺术修养、审美情趣外，更是在培养学生的意志品质、创造力、心理素质、德行修养以及提升生命和生活质量方面具有不可或缺的重要作用。纵观中外，伟大的教育家无不强调体育和美育的重要性，一所好学校无不为体育和美育提供足够的时间和资源。

今天，我们在这里所说的体教结合，其培养对象是在运动方面有突出潜能的学生，培养目标是优秀体育后备人才，培养方式是普通学校的半训半读。清华附中的“马约翰班”已走过了30年的历程，人大附中的“三高”足球训练基地也成立了近30年，我发现，二者在办学目标、学生培养目标、培养模式等各个方面惊人地相似。比如，我们都是培养具有综合素养的高水平体育后备人才，“马约翰班”是要培养有较高文化素养、思想品质的运动员，而“三高”指的是“道德水平高、文化素质高、运动水平高”；我们都有自己所专注的体育项目，“马约翰班”现在主要有田径、篮球、射击三个项目，“三高”基地主要是足球项目，也有围棋、国际象棋项目；我们都采用半训半读的方式，形成了专门的文化课教学和运动训练体系；我们都培养出一大批优秀的体育后备人才，部分成为专业和职业运动员并在国内外体育大赛中表现优异；更为重要的是，我们都努力打造出初中、高中、大学一条龙的培养体系，毕业学生绝大部分都升入重点大学深造，没有因为发展体育特长而荒废学业，从而使他们能够在未来的人生中具备足够的竞争力。

这说明，在普通学校，通过体教结合培养优秀体育后备人才不仅可行，而且已经有较为成熟的模式。如果能在全国推广，不但能够为国家输送体育竞技的高端人才，而且能够很好地解决体育后备人才的出路问题，也能够为普通学校提高体育教育水平、全面提升国民的身心素质起到促进作用。

在此，我想就中小学培养优秀体育后备人才谈三点看法，供大家参考。

一、夯实体育人才金字塔的塔基——抓好儿童体育的普及

如果单从奥运会夺牌数量来看，我国看似已经步入体育强国的行列。然而，无论是中国国民的体育素养还是专业、职业运动员的综合素质以及足球、篮球等体育大项目，都和世界体育发达国家有较大差距，更不用说除了个别顶尖运动员攀上高峰外大量从小进行专业体育训练的孩子几乎成为牺牲品这样令人痛心的事实。虽然有特定的历史原因，但最主要的原因在于忽视了普及而片面地抓提高。除了极个别的项目外，小学阶段的孩子完全没有必要进行高强度的专门训练。从孩子起就提出“为国争光”的口号，把向专业队、职业队输送人才作为主要任务，甚至采用成人化手段进行训练，结果路越走越窄，反而极大地限制了体育运动在 6 至 12 岁儿童中的开展。

因此，要更新儿童体育运动的理念和方式方法。第一，小学阶段应该以培养学生身心健康、全面发展为主要目的。大部分家长让孩子参加体育运动是为了让他们锻炼身体、增进健康，如果我们在小学阶段就强调要选拔体育后备人才并为此进行专业训练，势必会让大部分学校和家长望而却步。第二，要在小学阶段为学生参加各种不同类型的体育项目提供时间、场地、师资，使他们能在快乐中发现体育的魅力并找到自己喜爱、擅长的项目，受益终身。

学校可鼓励、支持有条件的家长让孩子在校外参加各种体育运动，以弥补学校自身条件的不足。

二、深化改革体育后备人才的培养模式，坚固体育人才金字塔的塔腰——抓好少年体育的体教结合

在儿童体育大量普及的基础上，对初、高中具备体育特长的学生可进行适当的选拔和分流。对某个体育项目有兴趣、有天赋的学生经过选拔，进入普通中学后，可以采取半训半读的特殊培养模式。初中毕业时，学生根据自身的情况可选择在高中继续接受半训半读的培养模式，也可选择退出体育后备人才的上升通道，成为普通的高中生；高中毕业时，学生可以选择继续从事专业的体育训练，成为专业、职业运动员，也可以选择升入高等学府继续深造。这也就是清华附中“马约翰班”和人大附中“三高”基地的模式。

半训半读的体教结合模式可解决学生和家长的后顾之忧。它可以让学生不因参加体育训练而荒废学业，即便不能进入体育人才金字塔的塔尖也仍然会有出路；同时，又可以普遍提高在校学生中少年运动员的文化素养，为职业队和国家队输送综合素质良好的高水平体育后备人才。

三、全国范围内推广普通中学体教结合模式，设立“国家级体育后备人才培养试点学校”

普通中学进行体教结合培养高水平体育后备人才，需要学校自身具备一定的基础，如场地、师资；更需要相应的政策保障，如招生、升学；经费来源也是必须考虑的问题。

“马约翰班”是面向全国招生，我们的“三高”就没有这样的政策保障，在选才时遇到很大的困难，也使很多好苗子无法接受我们的体教结合教育。中国人口基数大，如果能够对哪怕 10%的具有突出体育潜能的孩子提供这样的育人模式，那都是了不得的事情。

因此，应该在全国选择有经验的体育传统中学设立“国家级体育后备人才培养试点学校”。这样的学校不一定要很多，各个项目哪怕只有几所试点校与之对应，就可以产生巨大的效应。国家要对试点校提供教师编制、培训、经费等方面的支持。同时，试点校要打破高考的政策瓶颈，为体育后备人才开通小学、初中、高中、大学一条龙的绿色升学通道。

最后，我想向马约翰先生致敬。他认为体育是完美的，青少年通过艰苦、紧张的体育训练来雕琢和磨炼自己，实现“身心并完”。是的，体育对青少年之重要，对国家强盛之重要，怎么强调都不为过。体教结合，培养道德水平高、运动水平高、文化水平高的“三高”体育后备人才，这条路值得我们教育工作者为之上下求索、砥砺前行。

（注：此文为 2016 年 10 月 15 日在清华附中马约翰班成立仪式上的讲话。）

人大附中培养学生
21世纪技能的实践

女士们、先生们：

大家好！

在下面的时间里，我将与诸位分享人大附中在培养学生的21世纪技能方面所进行的一些探索与实践。

首先我想就这个话题谈一谈自己的想法。进入21世纪，教育的内容和方式都在发生着深刻的变化，创新已成为教育的内核，教育本身要创新，教育的目标是创新人才。创新是从创意到产生创新产品的全过程，这一定义意味着创新能力之中包含了持续自主学习技能、发明创造力、操作实践能力、交际和沟通技能等多项能力。我很赞成一个形象的说法：21世纪需要的是“图钉式”的人才，“钉”部分要长、尖，也就是要在某一个领域具备极其专、精、深的知识和技能；“帽”部分要宽、厚，也就是要有广博的知识和能力。二者相结合，才可能产生创新。

早在20世纪90年代中期，人大附中就确立了“全面发展+突出特长+创新精神+高尚品德”的学生培养目标，我们的超常教育实验研究也以“加深、拓宽”为宗旨，这与“图钉式”人才的内涵如出一辙。经过十几年的探索，我们在数学与科学、工程与技术、语言与艺术、教育和体育等方面探索了有效的模式。人大附中开设了150多门选修课，加强了科研社会实践类课程和活动的比重，将科学教育与艺术教育彼此融合，与国外学校进行深度交流与合作，创新体教结合模式，进行超常教育实验研究等，这些探索与实践为人大附中学生的全面发展和突出特长提供了丰富的营养和宽广的平台。2010年12月13日，美国教育部常务副部长安东尼·瓦尔德·米勒率团访问人大附中。在一系列的参观、座谈活动中，安东尼先生对于看到的一切不时地表示赞赏、惊叹，他说：“人大附中让我们有幸在今天就看到了未来的教育是什么样的，我得到了很多启发。”

人大附中以未来的教育培养学生的21世纪技能，积累了宝贵的经验。时间关系，我仅从以下五个方面简要说明一些具体的举措。

第一，2010年，建立拔尖创新人才早期培养基地，对在数学、科学、技术、工程、语言、艺术、运动、发明创造等某一方面或某几方面有突出潜能的儿童进行早期选拔和早期培养。

人大附中在二十多年超常教育研究与实践的基础上，

进一步加大拔尖创新人才早期培养的改革力度,在师资配备、课程设置、教材编写、教学方式、评价和升学机制等各个方面深度探水、破冰,为学生松绑,着力培养学生的创新精神和社会实践能力,为他们的自由、自主发展搭建平台。

王青凤,11 岁,初二年级,人大附中第二届早培班学生。他从小就喜欢乐高(LEGO),小学二年级时就加入了学校的机器人小组。在人大附中,他的这一爱好得到了进一步的挖掘和发展。在今年美国圣路易斯举行的 FLL 世界冠军赛上,他所在的团队取得了机器人性能第一名和机器人策略与创新第二名。我们认为,许多技能需要从小培养,需要从孩子们的兴趣出发,让他们从玩耍自然过渡到对科学、技术和工程的喜爱,去理解,去训练,去制造,去创作,关心和研究社会热点,学会竞争与合作,学会表达与交流。

安子瑜,12 岁,初二年级,人大附中第二届早培班学生。她热爱阅读和写作,在进入人大附中后的短短一年时间里,她先后阅读了 37 本国内外名著。大量的阅读使她的内心充满了恬静、快乐和专注,在灵感火花的照亮下,她已经写出了 800 多首小诗,其中 400 首结集出版在她最近出版的诗集《停顿的风》里。她说:"如果没有老师和家庭的帮助,这一切就不会产生。他们给我一个宽松的环境,这使我充满创作灵感。"

第二,创造条件让学生进入中国科学院、北京大学、清华大学等国家实验室,与科学家一起开展科学研究。

今年 7 月 16—27 日,人大附中 12 名学生参加了由中科院卡弗里理论物理研究所、美国费米国家实验室等联合举办的“大型强子对撞机和宇宙线，真实的粒子和数据”拓展项目。这12名学生分别来来自人大附中初一、初二和初三年级，其中7名来自人大附中早培班，年龄只有12—13岁。美国费米实验室的科学家和中科院的科学家们共同指导学生分析来自欧洲日内瓦的强子对撞机和探测宇宙射线数据，让学生接触最前沿的物理学研究方法和实验过程。其实，早在20世纪末，人大附中就有12名学生到中科院参与了破译人类基因图谱的研究实验，研究成果在世界权威科学杂志《Nature》上发表。

第三，与国外名校开展项目合作研究，实现“优势互补”。

从2010年起，人大附中与美国两所顶尖的科技高中——托马斯·杰弗逊科技高中（TJ）和伊利诺伊高中（IMSA）展开项目合作研究。两年来，我们三所学校在许多学科开展了合作研究，包括物理、生物、环境科学、化学和神经科学，合作项目包括风能项目、神经科学fMRI研究项目、废水处理项目、生物质能项目等。至今，已经有大约20位老师和150名学生参与其中，学生撰写的论文已经在中国重要的科学类杂志上发表。同时，这些研究也一直得到各科研院所的支持，其中包括北京大学和伊利诺伊大学的15位指导者。大约每3周一次，人大附中学生与IMSA和TJ进行一次视频会议；每年通过互访进行面对面的交流。在合作过程中，中国和美国的学生不仅可以讨论科学研究,而且能够熟悉不同的教育系统和文化,彼此都有很大的收获。

参与该项目的学生伏晶将他的感受归结为:美国学生非常全面,他们更善于将研究用于生活实际,中国学生则更善于进行理论和抽象推理;这些不同的长处正是我们的研究所必需的,这也使我们的合作非常有效;21 世纪将是国际合作的时代,我深深相信这种合作式的研究将是未来教育的发展趋势。

第四,150 多门选修课、近百个学生社团和丰富多彩的校园活动,促进学生发展兴趣爱好、张扬个性特征、锻炼合作交流能力和动手实践能力等。

人大附中电影节是学生自行发起、组织的活动,产生了很多富有创意的优秀作品。2011 年,人大附中学生栾思飞担任导演、孟繁朝担任摄影的 5 分钟记录短片《一座楼的背影——纪念人大附中逸夫楼》感人至深、催人泪下。逸夫楼是人大附中的第一座教学楼。60 多年的风风雨雨后,这座楼就要被拆掉了。这个短片记录了逸夫楼中点点滴滴的记忆、校友的回忆和当年退休老教师的纪念。他们的摄影技术就是来自选修课上所学到的知识。

第五,以国际性活动拓展视野、培养领袖素质,如在学校开展"模拟联合国"活动、赴美参加"全球青年领袖会议"、举办"哈佛大学青年领袖夏令营"等。

人大附中高三学生郑齐是上届人大附中模拟联合国的主席,也是北京市高中生模拟联合国协会的秘书长。他的发言十分精彩:“模拟联合国在中国,尤其是北京,已经成为一项风靡的学生活动。北京市高中生模拟联合国协会三年前由人大附中牵头并携手北京市很多优秀的高中创办,今天这个平台已经拥有城八区 50 所理事校、3000 名注册的学生代表。人大附中没有把她的教育局限于一所学校,我们的教育走出了校园,超越了这片土地,为全北京、全中国的孩子们提供优质的教育,让所有学生都可以通过这项活动学习社会责任感、交流的能力和国际视野,而这些正是 21 世纪的中学生需要具备的技能。”

“熔铸中外精华,坚持综合创新”,办未来教育,育 21 世纪的创新人才,推动人类的进步,这就是人大附中的教育。

谢谢大家。

(注:此文为 2012 年 9 月 1 日在由夏威夷东西方中心主办,北京大学承办的《2012 亚太地区社会构建与领导力》国际论坛上的讲话。)

坚持走可持续发展之路
实现社会责任最大化

一个学年又过去了。这是一个极不平凡又极为寻常的学年。利用暑假这段相对集中的时间，大家在身心放松的情况下，互相交流思想、沟通信息、讨论问题、增进友情，这是我们坚持了多年的做法。实践证明，这种做法效果非常好。

静下心，从具体的事务中超脱出来

工作，总是由一件件事累积起来的，但我们干工作，却不能局限于一件件事。每隔一段时间，最好能静下心，从具体的事务中超脱出来，作一些整体的、抽象的思考。只有在整体思维的指导下做具体工作，我们才能把一件件事做得更好。

今年的暑期培训，因为处在两个特殊的节点上，更具有特别的意义。其一，我们国家正在制订《国家中长期教育改革和发展规划纲要(2010—2020年)》,可以预见,中国的教育事业就要进入新的发展时期。在这个新的发展时期,人大附中如何找准位置、保持先发优势、实现新跨越,需要大家深入思考,周密筹划。其二,明年就是人大附中建校60周年。六十一甲子,万物又复萌。如何系统总结60年的光辉历程,在新的历史起点上继往开来,这是摆在我们面前的一个重要课题。我想和大家交流两个想法:一是如何实现人大附中的可持续发展;二是如何实现人大附中人社会责任的最大化。

我想从时间和空间两个坐标来谈这两个问题。

我们常讲世界观。"世界"原是佛教用语,后来成了哲学用语。在"世界"传入之前,中国人常用的是"宇宙"。因此,世界观实际上就是宇宙观。宇宙,是一个总括一切的名词,万事万物,所有种种,都在宇宙之中。在中国人的传统观念中,"宙"在一定意义上代表天;"宇"在一定意义上代表地,因此,宇宙观实际上就是天地观。

我们讲究"天时、地利、人和"。人活天地间,要成就一番事业,实现人生价值,必须顺天时,顺天时的最高境界,就是"天行健,君子以自强不息";必须用地利,用地利的最高境界,就是"地势坤,君子以厚德载物";必须得人和,得人和的最高境界,就是以人为本、人尽其才、才尽其用。

一个人,如果能正确对待时间,正确对待空间,在时空中找到准确位置、有所作为,那就是树立了正确的世界观、人生观和价值观。

贵“久”贵“继”，超越有限进入无限

天在上，地在下。中国人既重视时间，也重视空间。相对于西方，中国人更加重视时间，这也是中国文化和西方文化的一大区别所在。因此，我们讲“时空”，这里时间在前，空间在后。

我先讲时间，从时间的角度，讲人大附中如何实现可持续发展。

时间，最宝贵的是什么？是长久常新，永无止境。敬畏时间、重视时间，最重要的是什么？是一方面绍述前贤，一方面有所损益；一方面与时俱进，一方面有所坚守。这就是中国文化推崇的“化”。化，是变的最高境界，是变中有常，变中有不变。庄子曾讲，“美成在久”；《易经》曾讲，“继之者善”；《中庸》曾讲，“悠久，所以成物也”。一个“久”字，一个“继”字，道尽了中国文化的精髓。

人的生命是有限的，长寿不过百年，而时间是无限的，无始无终。实现人生价值的最大化，就是超越有限进入无限。这就是中国人反复讲的“立功、立德、立言”的“三不朽”。在中国人文演进的5000年历史中，不朽的人数不胜数。如孔子，虽去世2000多年了，但他的思想依然留存于天地人心间，一直在影响中国，影响世界。

敬畏时间，重视时间，贵“久”贵“继”的文化精神，在今天得到了充分的发扬。

讲完了时间,我再说空间。从空间的角度,讲如何实现人大附中社会责任的最大化。时间,是越久越好;空间,是越大越好。对"越大越好",我们该如何理解?

墨子对时间、空间的阐述,有一句话说得很精彩:"久,弥异时也。宇,弥异所也。"意思是说,对时间而言,最可贵的是今天的事情能影响明天,现在的事情能影响将来。对空间而言,最可贵的是这个地方的事情能影响别的地方,甚至覆盖别的地方。现在的事情影响将来,是超越有限进入无限;这个地方的事情影响另一个地方,也是超越有限进入无限。说的都是实现价值的最大化。

放大自己的生命,兼济天下

我说了这么多,最终还是要回到人大附中的话题上来。人大附中在走过的 59 年中,实现了三次大的飞跃。第一次飞跃,是由一所工农干部速成学校转变为一所普通中学;第二次飞跃,是由一所普通中学上升为北京市重点中学;第三次飞跃,是由一所北京市重点中学发展成"国内领先,国际一流"的中学。最近十几年,人大附中继往开来,锐意进取,走出了一条综合创新之路。我们现在面临的一项重要任务,就是系统全面地总结 59 年特别是近十几年的成功经验,在此基础上,形成可持续发展的思路和方案。什么是人大附中经验中带有规律性的东西?什么是人大附中经验中能管长远的东西?我想起码有这样几条:一是忠诚党和人民的教育事业;二是确立教师在教育事业的主体地位；三是坚持解放思想、改革创新；四是永远争当一流。只要坚持这几条，一张蓝图干到底，人大附中就一定能始终沿着正确的方向走正确的路，就一定能始终站在时代发展的最前列。

最近一段时间，我们经常讲优质中学的社会责任。把学校办好，当然是履行社会责任，但这还远远不够。我们不仅要“独善其身”，更要“兼济天下”，让更多的学校分享我们的优质教学资源，借鉴我们的办学经验。这才是更高境界地履行社会责任，这才是墨子讲的“宇，弥异所也”，这才是我们追求的目标。

为了实现这个目标，我们已经做了许多工作。比如，成立基础教育资源共建共享联盟，通过网络现代技术，实现对全国各地优质基础教育资源的集成和共享；联合全国200多所中学，将优质课件和互联网P2P联合输送到西部12省市的薄弱学校。在与贫困落后地区学校联合办学的过程中，我们的教职工也得到了方方面面的锻炼，境界得到了提高。这实际上是一个双赢共赢的过程。

在履行社会责任的过程中，我觉得最好的做法是向别的学校输送干部。“授人以鱼，不如授人以渔”，其实，送人打鱼的技术，还不如给人家派一个能组织打鱼的领头人。这几年，我们连续向北京市的一些学校输送校长、副校长。这些同志到新学校工作后，很快就打开了局面，让那里的员工很满意。这些派出的同志能一展抱负，心情也很好。

人的生命有大小之分。小生命,蕴含在自己的身体内;大生命,则体现在人群和社会中。一所学校的生命也有大小之分。小生命,蕴含在自己的校园内,大生命,则体现在整个教育事业中。我们不遗余力地培养优秀人才,把一些优秀人才输送到别的学校担任重要职务,让他们有施展才华的舞台。对优秀人才来说,这是放大生命;等他们把人大附中的教学理念和教学经验传播出去后,对人大附中来说,这也是放大生命。

我想用一句话来结束我的讲话:鲜花,在前面;我们,在路上!

(注:此文为2012年8月在暑期人大附中教科研年会上的发言。)

开辟艺术教育沃土
促进学生全面发展

各位领导、各位同仁：

今天，有机会参加北京市教委举办的“金帆论坛”并作发言，我感到很荣幸，也由此看到了各级领导和有关部门对艺术教育的高度重视，看到了中学艺术教育未来发展的美好前景。

北京市金帆艺术团已经有25年历程了。庄子讲“美成在久”，这个“久”是永久的“久”；《易经》里有“继之者善”的说法，这个“继”是继承的“继”。一个“久”、一个“继”告诉我们，最宝贵的是有所继承、有所坚守，同时又要与时俱进，长久常新。北京市金帆艺术团坚守、发展、辉煌的25年，成为无数教育工作者为之奋斗并不断传承的一项伟大事业，这本身就是“贵久贵继”的一个范本，是值得我们认真梳理、总结、固化并提升的，这将有助于推动我们的艺术教育更上一个台阶。下面，我以“开辟艺术教育沃土，促进学生全面发展”为题，将我们艺术教育的理念、做法以及思考作一简要汇报。

人大附中艺术教育与“金帆”结缘也有20多年了。1986年,人大附中管乐团成立,1995年扩充为人大附中交响乐团,成为学校第一支金帆艺术团体,也是北京市最早的金帆艺术团之一。发展到今天,学校已拥有由金帆交响乐团、金帆合唱团、女子舞蹈团、男子舞蹈团、行进管乐团、电子轻音乐团以及武术队、健美操队八个团队,500多名成员组成的人大附中艺术团,它为具有各类艺术特长的学生提供了广阔的发展平台,成为他们展示才华、放飞梦想的摇篮。艺术团多次参加国内外各种比赛并取得了优异成绩,交响乐团在第35届维也纳国际青年音乐节上获得艺术节交响乐组金奖第一名。大赛评委会盛赞他们的演奏展示了“一流的音乐教育”。健美操队曾获世界冠军和亚军;舞蹈团、合唱团、行进管乐团多次获得全国、北京市艺术展演一等奖。艺术团受国家委派,连续8年在春节期间赴美国、英国、法国、俄罗斯、希腊、澳大利亚等国家作对外宣传演出,所到之处掀起了一股“人大附中热”,纽约、芝加哥、波士顿市市长相继宣布,人大附中艺术团到访之日为该市的“人大附中日”。美国明尼苏达州中美联谊会等华侨组织专门致信给温家宝总理:“我们感谢祖国培养了这么好的老师,这么好的学生。”

用爱与尊重搭建发展艺术特长的平台

人大附中艺术教育能够取得今天的成绩,不是横空出世,也不是“大投入”换来的“大产出”,而是白手起家,艰苦创业,从无到有,而支撑着我们克服重重困难、不断创新发展的是人大附中“尊重个性,挖掘潜力,一切为了学生发展”的办学理念。具体讲,就是我总结的四句话:爱是教育的最高境界,爱是自然流溢出来的奉献;尊重是教育的真谛,尊重是创造的源泉。爱与尊重,是教育的内核,是学生全面发展、健康成长的基础。每个孩子的个性千差万别,学习能力有高有低,兴趣爱好各不相同,但每个人都是一个鲜活而独特的生命,自由、幸福地发展是他们的需要。爱和尊重,就要不仅关注学生学业的进步,更关注情感品质的提升,尊重他们的兴趣爱好,满足他们的个性化需求,为所有孩子搭建起放飞人生梦想的舞台。

人大附中有一个电子轻音乐团,这是国内唯一的现代电子乐器与传统民族乐器相融合的学生乐团。它的成立,充分体现了爱与尊重的教育理念。在每年的招生中,我发现有一些孩子擅长琵琶、古筝、扬琴、箫等民族乐器,还有一些孩子擅长键盘、吉他、贝斯等电子乐器,有的已经达到很高水平,但学校并没有相应的乐团。为了给这些孩子一个发挥特长、展示才华的平台,我提议将他们召集在一起,组建一个电子轻音乐团。这个乐队就是这样产生的。因为是“唯一”,没有任何比赛可以参加,没有奖牌,没有万众瞩目下的鲜花与掌声。有一次,艺术团的王欣老师带着电子轻音乐团的学生参加区级器乐比赛,得了三等奖的最后一名,评委告诉他不应该来参加这样的比赛。王欣写了一封检讨信给我,说自己给学校抹黑了。我对他说:“我们组建这个乐团,不是为了比赛和奖牌,而是为了让孩子们成才,为了让他们青葱岁月中拥有美好的体验,为了让他们深深记住这段与人大附中同台演出的美好时光。”后来,我们就在学校内部为学生创造演出的机会,让他们在全校教职员工大会上表演,我带着全校教师为他们鼓掌。如今,电子轻音乐团已闻名全校,乐手们也成为同学们追捧的“明星”。他们定期举行乐队训练“开放日”、小规模的现代轻音乐沙龙,应邀参加学生会组织的“嘉年华”活动,举办圣诞音乐专场。这支不可复制的队伍,成为人大附中艺术大花园里的一朵奇葩。

只要是学生需要的,我们都可以尝试,都千方百计地给他们搭平台。人大附中的舞蹈团、健美操队……都是根据学生的需求建立的,让每个学生都有展示才华、发展特长、放飞梦想的舞台。只有这样,他们才能真正得到全面发展,他们的学校生活才是健康快乐、值得留恋的。

人大附中的校歌《与太阳一同升起》是2008届毕业生李天行创作的。毕业一年,他为母校创作了两首校歌和20多首歌曲,充分显示了自己在音乐方面的才华。李天行学习基础一直比较差。他父母的学历只是高中,希望他能考上好大学,而他非常喜欢音乐,想报考艺术院校,与父母发生了尖锐的矛盾。他父母没办法,最后找到我。我听李天行唱了好几首歌,感觉唱得非常好,就劝告他的父母,要尊重孩子的意见,让他做喜欢做的事,还找了一个搞音乐的家长帮他辅导专业课。最终,他考上自己理想的大学,成为一个有感恩之心、有专业追求的人,这就是尊重与爱的力量。

八年前,一个叫廉政的小女孩走进了我的视野,她以一段美妙动人的健美操表演,深深地打动了我和招生办的老师。就这样,她被破格招进了人大附中。当时,她是人大附中历史上第一个也是唯一的健美操特长生。为了给她开辟一片适宜个性成长的沃土,我们又陆续招来了一些健美操特长生,请来了专业的健美操教师,组建起一支校园健美操队。为了给她搭建一方施展才华、放飞梦想的舞台,我多次为她争取经费到国际大赛上历练。每次载誉而归,我都把她请到台前,在全校师生面前表扬她,这对她既是一种激励,也是一种鞭策。有一次,她在一次国际大赛中失利,归来后,我照例把她请到台上。可是,面对我,她却哭了,说对不起我。当着全校几千名师生的面,我一把将她搂进了怀里,对她说:“孩子,没有拿到第一名没关系,人生可不仅仅是这一两次的比赛呀!接受失败,走出失败,才能迎来下一次的成功!”每次廉政比赛回来,各科教师都会抽空给她“开小灶”。除了“健美操冠军”,廉政还是一位品学兼优、全面发展的好学生,曾被评为“校园十杰”,获得过校级“突出特长奖”,还多次在艺术团演出活动中担任主持人的角色。继廉政之后,人大附中涌现出一批健美操新星,成长起一支年轻优秀的健美操队,多次在国内外比赛中摘金夺银。八年来,从一个人到一支队伍,对孩子特长的尊重与呵护成就了一个人、也成就了一个群体。

艺术教育要面向全体学生

艺术是人类至性至情的自然流露,彰显了人类的真、善、美。完整的教育不能没有艺术教育。它是人类完善自我、造就高尚人格的重要途径,也是尊重个性、开发潜能、引导青少年追求美好人生的重要手段。缺少了艺术教育,学生的全面发展、和谐成长就成为聚沙之塔。然而,知易行难。如何使艺术教育作为素质教育的重要组成部分面向全体学生,成为得到落实的基本教育?我们的具体做法是开设丰富的艺术选修课程和组织多种艺术社团,使学生参加音乐、舞蹈、绘画、诗歌朗诵、陶艺、雕塑、书法、文学创作等多种艺术活动,从中受到熏陶感染,提升艺术素养。学校陆续开设几十门艺术类选修课,这不仅满足了学生的需要,也调动了教师的积极性。前面提到的王欣老师在初、高中分别开设了“电脑音乐制作”“音乐与创作”选修课,很受学生欢迎,有些分校的学生也来选修。他编辑《学生音乐创作作品集》近20册,还用自己的设备自建录音棚和音乐工作室。学校还组织小作协、朗诵社、电影节、文化节、歌舞嘉年华等几十种学生社团和校园文化活动,满足学生多样化的个性需求。

形体课是人大附中的校本课程,是初一、初二年级面向全体学生的必修课,它以舞蹈为手段,培养学生的形体美、气质美,也使男生有了与舞蹈亲密接触的机会。在人们的习惯思维中,跳舞是女孩的专利,男孩跳舞似乎是一件反常的事。有一次，我去听形体课，那节课上的学生全是男孩子，他们在跟着老师学跳蒙古舞。我惊讶地发现，他们跳得特别投入、特别有神、特别快乐！于是，我当场倡议，在初二年级十几个班里挑一些爱跳舞、跳得好、形象好的男生，组建一支男子舞蹈队，并让他们两个月后在大会上向全体教师展示。就这样，这群热爱舞蹈的男孩走上了舞台，给大家带来了太多的惊喜和震撼！他们表演的蒙古舞蹈《雁阵》将蒙古男子外刚内韧的特性表现得淋漓尽致。在观众的掌声和喝彩中，他们越跳越精彩、越跳越专业。这群从校本必修课上走出来的普普通通的男孩子，成为人大附中一道独特的风景——人大附中男子舞蹈队。在刚刚结束的第四届全国中小学生艺术展演的北京市选拔赛中，人大附中男子舞蹈队得到领导和专家的一致认可和高度评价，因为它突破了一个长久以来的禁区，证明普通的男孩子照样可以展示自己的舞蹈才华和独特魅力。

在人大附中素质教育的大舞台上，大幕已经展开，成百上千个孩子成为舞台上耀眼的明星，而人大附中全体教职员工就是为他们拉开大幕的人。我们用心血、汗水和生命实现着爱的诺言——培养全面发展、有突出特长、有创新精神且品格高尚的人。

（注：此文为2011年在北京市“金帆论坛”上的发言。）

关于课程改革的几点思考

学生以学为主,提高教学质量是学校的立身之本。这一点过去如此,现在如此,将来还是如此。不提高教学质量,学校的一切工作都无从谈起。

课程设置是教学过程的中心环节。教学思想、教学方法都要以课程设置为载体;教学效果也要通过课程来实现。课程改革是整个教学改革的"抓手",没有这个"抓手",教学改革就会有劲使不上,或者劲使的不是地方。

课程改革应该是新世纪教育改革的着眼点和着力点。

结合中国人民大学附属中学近几年的实践,我谈几点关于中学课程改革的想法。

一、我们提倡改革,但并不意味着全盘否定过去

一个成熟的改革家应该客观地对待过去、准确地把握现实、科学地预测未来,在变与不变、继承和改革中显示智慧。

过去,受应试教育的制约,我们的课程设置确实有许多弊端,非改不可,但我们在改革时不能把“洗澡水”跟“婴儿”一起倒掉了。“婴儿”起码有两个。一个是中国的中学课程设置特别重视基础知识。在中国读书的中学毕业生基础知识扎实,全世界公认。这个好传统一定要坚持。基础不牢,地动山摇。不管在任何时候,中学都是打基础的,课程改革不论怎么改,都要让学生基础知识学得充分、学得牢靠,这是一个基本原则。固守这个基本原则,就是对学生负责、对家长负责、对社会负责、对国家负责。放弃这个基本原则,就是放弃中国中学教育的强项,就是放弃中国中学教育在教育全球化进程中的竞争力。另一个是中国的中学教育特别重视“德育”。我们在搞素质教育,别的国家也在搞素质教育,那么,我们的素质教育特色何在？就在我们的德育。德育机制是实施个性发展的灵魂,良好的品德、理想、意志在人的个性发展中起着十分重要的作用,只有知识与品格、意志、价值取向等非智力因素相结合,才能促进智力的发展,学生才能成为社会的有用人才。尽管过去我们的德育有过分政治化、过分理想化的毛病,这些毛病应该改,但重视德育这个基本理念不能改。“化学成俗,基于学校;兴贤育德,责在师儒”。中学期间,是学生世界观、人生观的形成阶段,学校一定要把教书与育人结合起来,始终坚持把德育放在首位。在教给学生知识的同时,努力把学生培养成“爱国守法,明礼诚信,团结友善,勤俭自强,敬业奉献”的合格公民。否则,我们的教育工作就会偏离正确方向,就会丧失特色、丧失优势。

改革的目的是使短处变长、长处更长。因此,课程改革绝不能冲击基础知识课程,绝不能冲击德育课程,而只能通过改革使这两方面的课程得到更多的关注、得到更大的提高。在这一点上,我们的头脑必须十分清醒。“任尔东西南北风”,也要“咬定青山不放松”。

现在大家都在高呼改革,我说这些话,也许有点不合时宜。但作为一名中国的教育工作者,职业良知要求并促使我必须说,而且要经常说、反复说。

二、把中学的课程改革放在整个教育的大系统中思考

中学的课程改革,不能就中学论中学,而应该走出小圈子。换句话说,中学的课程改革一定要考虑与大学的课程改革更好地衔接。

最近,国内中学教育最热门的话题就是“研究性学习”“体验教育”。“研究性学习”“体验教育”的核心是什么?就是培养学生分析问题、解决问题的兴趣和能力,就是激发学生的创新精神,就是为了更好地与大学教育衔接。中学期间基础知识扎实,又有科学研究的兴趣和基本技能,大学期间才能出成果、出人才,这就是所谓水到渠成。

应该承认,这些年来,大学教学改革的力度比中学大,速度比中学快。中学的课程设置与大学脱节的问题似乎

比过去还要严重。随着高校年年扩招,随着高等教育逐步由“精英化”走向“大众化”,高校已成为社会关注教育的焦点。国家不会再像20世纪50年代那样向中学要人才了。国家向高校要人才,高校向中学要人才,中学的教学必须为高校的教学作铺垫,中学的课程设置必须与高校的课程设置相衔接。中学的课程设置如何与高校的课程设置相衔接,这应该成为中学课程改革的最前沿的研究课题。

三、中学的课程改革既要有质量提高的要求,也要有数量控制的要求

改革的结果只能是课程越来越精,越来越具有时代性,而不能是越来越多,旧的不去,新的又来,弄得学生负担不是减轻了,而是加重了。我们讲课程改革要以学生为本,“减负”就是以学生为本。“减负”的突破口就在课程改革。作为一名教育工作者,我们不得不面对这样的现实:学校的课程比以前多出许多。因此,中学的课程改革必须要有数量的控制。原则上应以改革现有课程为中心,挖掘潜力,提高效益。能不增加的课程最好不要增加;能搞成选修课的不要搞成必修课;增加课程最好采取“破立结合、新陈代谢、推陈出新”的办法;学校的课程总量要有明确限制,不能以新增多少课程作为衡量中学课程改革力度的标准。

课程改革是一个复杂的具有逻辑关联的系统工程,涉

及课程目标、教育内容、教材教法、评价考试制度、课程政策等一系列问题。目前,中国乃至世界,课程改革的呼声一浪高过一浪,很多专家学者以及在教育第一线的领导、教师都在理论或实践的不同层面上进行着改革的尝试。

就目前中学的课程改革现状来说,一方面各种以培养创新精神、实践能力为目的新型课程如雨后春笋般纷纷崛起;另一方面,传统的课程又未得到彻底的改造,教材内容庞杂,教学方法陈旧,仍然在占用着师生绝大部分的时间和精力,尤其是起着指挥作用的高考制度仍未得到根本性改革,应试的压力并没有得到缓解。这一切,使中学教育处于两难的境地。师生们既要关注和参与新课程的实施和发展,又要应付和承担高考的压力。实事求是地说,目前中学师生的负担确实很重。

任何改革必然是在破和立的矛盾斗争中前进的。我认为,出现当前这种状况的关键在于立得虽及时,但破得不够。21 世纪的教育与过去相比,具有质的不同,目前正是处于量的累积阶段,这是由量变到质变的必然过程。现在的问题是:我们如何去做,才能使中学界的师生尽快从这种重负下解脱出来?我想问题的关键就在于“破”字。

当然,“破”的很重要一个方面就在于高考制度的改革,中学的课程改革要有高考改革作保障,高考不改革,中学的课程改革就没有参照系,学生的负担就减轻不了。但由于这个问题牵涉面很大,不是中学界所能解决的问题。所以,这个问题暂且回避。在中学力所能及的范围内,我想“破”字应该这样实现。

第一，在课程内容上，对传统的课程内容进行删减和重新整合。删减那些陈旧过时、过于强调学科整体体系而严重脱离实际以及重复出现的内容，按照学生的学习规律重新安排教材的编排顺序，按照学生的接受能力将内容区分为必讲和阅读等不同部分。

第二，在课程门类设置上，运用统摄思想找到各类课程之间的结合点，通过集约化或集成化，以有限的课程门数，覆盖必需的知识领域和知识点。

第三，在课程结构上，减少必修课，增加选修课，逐步摸索规律，调整各种类型课的结构比例，实现课程结构的最佳组合，以达到“整体功能大于部分功能之和”的效益。

四、课程改革必须与教学方式改革相配套

课程是死的，人是活的，同样是桑叶，只有蚕吃了才能吐出精美的丝线。课程改革能不能成功，关键在于教师的积极性、能动性、创造性有没有充分发挥出来。课程改革，既要有只争朝夕的紧迫感，又要有长期作战的思想准备。课程改革必须与时俱进，常抓不懈，常改常新。

写文章有个写什么和怎么写的问题，讲课也有个讲什么和怎么讲的问题。同样的一个题材，不同的作家写出来大不一样；同样的一堂课，不同的教师讲出来也大不一样。因此，教师的素质至关重要，教学方式至关重要，课程改革必须与教学方式改革相配套，必须有优秀的教师作保证，

否则,再好的课程、再好的课本,也得不到落实,产生不了效益。合理的课程设置、出色的课本、优秀的教师,这就是提高教学质量的“三驾马车”。人大附中在近几年下大力气提高教师素质,为教师搭平台,创造条件鼓励他们学习、进修、创意、改革。

时代在不断发展,社会在不断进步,形势在不断变化,课程改革不可能一劳永逸,不应该只是个应急的话题,而应该是一个永久的话题。但教育有它的自身特点,教育需要一定的稳定性。课程课本一旦定下来,最快也要两三年才能更新一次,但现在科学技术日新月异,知识更新的节奏越来越快。课程课本的知识内容与实际的知识发展总有时间差。消除这个时间差,关键在教师。相对而言,在一段时间里,课程课本是呆板的,但教师的思想和接受能力却永远是鲜活的。学校必须重视教师的进修培训工作,教师必须加快知识更新的步伐。教师的进修培训和知识更新,从来没有像今天这样突出。在当今社会,照本宣科不是好教师,靠吃老本的教师一定会被时代所淘汰。

进入21世纪,科学技术在以指数形式而变化、发展着,课程课本的知识内容与实际知识发展的时间差更加明显。因此,教学的目的不仅是使学生掌握一定的知识,特别是具有基础性、恒常性和高度可迁移性的陈述性知识,更重要的是要通过陈述性知识的学习,使学生掌握认识的手段,掌握进一步探索未知、认识新知的能力。这一点与过去单纯以传授知识为目的的教学相比,具有质的区别。教学目的的根本变革必然导致教学理念、教学方法的改革。从教师中心论到以学生为本，从以教为主到以学为主等等变革，已成为时代的必然。因此，在课程改革中必须重视教学方法的改革，教师除了必须加快知识更新的步伐，更要顺应时代的要求，彻底更新教学理念和教学方法。没有教师教学理念和教学方法的改革，再好的课程、再好的教学手段也产生不了改革的效益。例如，同样使用计算机辅助教学，有些教师思想陈旧，设计出的教学软件，完全为灌输知识服务，把原本满堂的人灌变为更大强度的电灌，使学生不堪重负。而有些教师理念创新，设计出基于网络的教学软件，课内课外结合，调动所有学生参与整个教学过程，激发学生的学习兴趣，锻炼了学生获取信息、处理信息的能力。

五、基层出经验，民间多豪杰

课程改革，既要靠政府部门给政策，也要靠中学多探索，从而形成良性的上下互动。课程改革不能搞平衡、不能搞一刀切，教育发达地区可以先行一步，示范高中应真正起示范作用，一些相对落后的地区也可通过解放思想、改革课程设置实现跨越式发展。这才是我们追求的课程改革的生动活泼的局面。

这几年，北京、上海、江苏等教育发达地区创造了课程改革的许多好经验。一些重点中学在课程改革方面迈出了坚实的步伐，一些相对落后的中学通过解放思想、改革课程设置实现了跨越式发展。课程改革的开局是好的。

这次研讨会为大家提供交流的机会，非常难得，相信这次研讨会一定能对中学的课程改革产生积极而深远的影响。

附件一：

人大附中课程改革与设置简介

多年来，人大附中一贯坚持党的教育方针，全面实施素质教育。从1990年初就开始引进和开设一些新课程，逐步形成了校本课程（即人大附中的特色课），如发明创造课、汽车模拟驾驶课、科学实践课、社会实践课、现代少年课、心理导向课、形体课等；同时，在课程结构上也进行了改革，开设了选修课和必修课，其中选修课70多门，如英语数学、英语物理、数学建模、电子通信技术、文学鉴赏、天文观测、旅游地理、理化生的自主实验、自然辩证法、网页制作、日语、法语、德语、俄语、西班牙语、阿拉伯语、韩国语、交响乐欣赏等。学校还将课堂延伸至大学和国家科研机关的实验室，组织学生到北京大学、北京师范大学、中科院以及北京天文台兴隆观测站等实验室学习，选派优秀学生到中国科学院遗传所人类基因组中心实验室，参与破译人类基因图谱的实验。

附件二：

人大附中课程改革案例介绍

【案例1】科学实践课

1995年，学校创设了科学实践课。通过这门课，学生在科学实践活动中学习科学家的品质，学习从复杂的物质世界和社会生活中提出问题、解决问题的科学方法，学习如何在科学研究过程中自己去查阅资料，自己去调查，自己去做试验，自己去学习、研究、思考。在这门课程中，我们并不把选择什么问题或解决这些问题的结果看得很重要，而是要以这样一个课程为载体对学生进行全面的科学素质教育。

科学实践课的教学形式：教师介绍科学研究的基本过程和基本方法，指导学生选择科研课题，指导学生完成课题研究和论文写作，举行科学讨论会，进行论文答辩。

科学实践课论文的完成过程是学生接触社会、了解社会的过程，它需要学生以社会的主人的眼光观察社会、分析社会的问题，它也使学生在这种活动中意识到自己在社会中的位置以及对社会所应该承担的责任。

张阳同学就我国科技教育现状设计了调查问卷，向中科院京区院士进行调查。100 多位中科院院士回答了问卷。其问卷结果的统计数字引起了院士们的重视和记者们的兴趣，为此，1996 年 9 月 2 日《中国科学院》头版头条作了报道。

厂一同学通过对中外大量有关数据的分析，对教育与中国人口素质的关系提出自己的观点：解决中国人口问题的关键是大力发展教育。其论文在论文答辩会上受到专家的好评。这样的例子不胜枚举。学生的论文选题从天文、地理到文学、艺术，从军事武器到市场经济等，涉及各个学科，显示出他们敏锐的眼光和大胆思考、大胆探索的勇气，如《青少年自我意识研究》《世界性水资源问题》《图腾文化与当今世界》《论日、美、中卡通文化在中国之现状》《从美学的发展看现代人对美的追求》。

【案例2】创造发明

人大附中从20世纪90年代初将创造发明引入劳技教育，目的是想在现有劳动技术的基础上增大科技含量，通过学生动脑动手的实践，培养学生的创新精神和实践能力。

在创造发明课堂上，一方面是将创造发明的优秀作品引入课堂，通过发明作品的物化训练，了解创造发明的过程，寻找创造发明的关键点；另一方面学生根据日常生活中的观察，利用在课堂上所学的操作本领，自己设计，自己制作，发明出一些适应社会、面向未来的优秀作品。

近年来，人大附中学生获市级以上的发明奖100余项，其中国际金奖5项、全国金奖8项。学生的6项发明被国家专利局批准，授予专利权，并有4项被企业开发生产。

同时，我校编写出版了教材《发明创造》（高中版、初中版、小学版）三册，《学会发明——中国小发明实习手册》一册，《学会发明创造》（初一、初二）两册。研制出29套实习器材，这批创新器材在2000年获得波兰国际发明博览会的特等奖，并制作成教学录像带，供教师、学生参考使用。学校承担了为北京市以及全国的劳技教师进行培训的任务，先后举办了8次，共1080人次参加了学习和培训。

目前，人大附中已经形成了以创造发明为龙头，以金工、木工、电子为基础，以21世纪人们必备的技能为目标，面向全体学生，让学生学有所长的劳技创新教育的特色，开设了陶艺、发明创造、木工、电工、金工、制图、摄影、汽车模拟驾驶等课程。

人大附中将发明创造作为劳技教育的灵魂，全方位地发挥劳动技术教育的综合效应。人大附中成为北京市首批高中示范校、全国劳动技术教育先进校、全国现代技术教育示范校。刘彭芝校长被聘为全国青少年劳技教育与发明创造专业委员会主任。

【案例3】走进国家重点实验室，参与人类基因课题研究组计划

人大附中创设了开放式科学研究课程，组织优秀学生到大学和科研机构的实验室进行科研，如到中国科学院、北京大学、清华大学、北京师范大学等参与科学研究活动。例如，1999年10月，范克科老师在生物选修课上讲到人类基因组计划时，发现学生们很感兴趣，便带他们去听了人类基因组计划中国首席科学家杨焕明教授的相关报告，并到实验室进行了参观。当了解到杨教授对培养青少年学生很感兴趣时，学校领导班子先后两次去拜访杨教授，达成了培养学生的协议：12名学生到中国科学院遗传所人类基因组中心实验室，参与破译人类基因图谱的实验。

1999年11月19日到12月30日之间，学校每周六和每周日都派车送学生们去做实验，12月30日至2000年寒假结束（2月中旬），学生们除了春节休息了4天外，每天都与科学家们在一起工作。开学后，学生们又利用周六和周日进行实验研究。这项工作一直持续到5月份。经过半年多的努力，学生们集体完成了两个项目，这两个项目在全国创新大赛中分别获得了一等奖和二等奖。

【案例4】化学实验探索式教学

在化学自主实验课上，罗滨老师让学生以小组为单位，进行实验设计——CO_2（二氧化碳）与Na_2O_2（过氧化钠）的反应是否和水的存在有关？二氧化碳与过氧化钠的反应是教材中介绍过的，但很少有人去想这个反应是否与水有关。老师提前三天将问题发给每组学生，让他们设计方案、画出实验装置图。上课时，老师先让每个小组的代表介绍本组的设计思想、展示装置图，让其他学生质疑，指出不足并提出改进方案。接下来，每组学生在对方案进行改进的基础上动手实验。最后，各组报告实验结果，对实验结果进行分析、总结和评价。学生们在老师的引导下，在平等、和谐、开放的环境中完成了实验探索，获得了书本上没有明确答案的结果。

【案例5】语文研究性学习

语文教师凌晟非常喜欢鲁迅的作品，当她满怀激情地讲授初二语文中鲁迅单元的课文时，却发现学生不感兴趣，认为这些文章难懂、难记。根据这一情况，她果断地终止了原来的教学计划，转而将学生带到网络阅览室，让他们通过因特网自主查询鲁迅及其作品的有关资料，将自认为有用的资料下载并发到自己的邮箱里，回家后再进行阅读、研究，并要求学生将自己的感受和看法写成文章发给老师。通过网络学习，学生不但消除了误解，还对鲁迅及其作品产生了深深的热爱之情。后来，学生自己编辑印刷了在校园内广为流传的班级文集《走近鲁迅》。

【案例 6】现代教育技术与英语教学的整合

英语教师程岚 10 余年来一直致力于现代教育技术与英语教学的整合。她精心设计制作了许多英语教学课件。1999 年她用 PowerPoint 制作了课件《Abraham Lincoln》并举行了计算机辅助教学的公开课，获得了普遍好评。2000 年，她将该课件改成了网络版课件，超链接了很多与之相关的国外站点。在网络教学中，学生发现了教材中的一个错误，而这个错误是多年来都没有被师生发现的。此外，她还经常性地直接利用网上资源组织教学，培养学生的英语阅读能力。作为主讲教师之一，她还参与了学校对美国和北京市 10 个远郊区县的基于网络的英语远程教学。由于她在这些方面的出色探索与实践，北京市基础教研中心邀请她参加了课题“现代信息技术与课程整合研究”。她撰写的论文《网上发现式学习与学生信息素养的培养》，2001 年 7 月在《英语周报》（教师版）上发表。

【案例 7】数学课件《超越网上教学》

为了使每个学生都能真正参与教学活动，因材施教，实现自主学习，同时也提供师生之间、学生之间相互交流的渠道，并倡导研究性学习，培养学生的创新精神和实践能力，创设一个全交互式教学环境，我校数学教师——工学博士彭晓建立了一个数学网站"超越网上教学"。网站的核心部分是"数学课堂"，收集了彭晓老师制作的很多教学课件。这些课件以建构主义学习理论为指导，针对不同的教学内容，综合采用了不同的计算机辅助教学模式，课件交互性强，智能化程度高。在教育部举办的第三届CIETE全国教育软件大奖赛上，"超越网上教学"获得了基础组网络课件一等奖。

【案例8】远程教学

在远程教学方面，人大附中一直走在国内中学的前列。1998年，我校与加拿大渥太华里德高中实现了基于国际互联网方式的远程多媒体交互式教学；1999年与美国纽约州立大学实现了基于视频电话会议系统的远程多媒体交互式教学，目前正在实施第三期中美远程教学计划；2000年12月，人大附中作为中心站点率先对北京市10个远郊区县同时进行远程多媒体交互式教学；2001年10月，又开通了中日远程教学。

本期中日远程教学活动分三次进行：第一次（10月29日）主要由日本学生从解析几何的角度介绍数学斜投影法与绘画；第二次（10月31日）主要由中国学生从欧氏几何角度介绍数学远近法（即透视法）与绘画；第三次（11月28日）由中日两国学生交流学习体会。在整个教学过程中双方均使用英语。

这次远程教学不但是中日两国高中之间前所未有的重要合作项目，而且也是人大附中开展远程教育历史上的又一次重大突破。这种突破主要表现在以下两个方面。

一是授课主体的改变。以往的远程教学都以教师讲授为主，而这次为日本同学授课的"中方教师"是我们高二年级的学生。为了培养和锻炼学生的综合能力，老师们退到了幕后。

二是教学内容上的突破。以往的远程教学主要以英语教学为主，而这次进行的是用英语讲数学。由于教学内容不是现行高中数学教材中的内容，加上教学内容还涉及绘画知识，所以学生们的教学准备过程，实际上也是一个"研究性学习"的过程。

我校学生们的出色表现令日本的老师和学生们都非常惊讶，认为这次完全输给了中国学生。日本的学生在事后的感想中写道，日本学生的英语能力比中国学生差一截，简直没法儿比。日本的大学老师们认为，我校学生的聪明才智、综合素质和表达能力以及英文水平超过了日本高中生，甚至也不逊色于东京大学（日本的最高学府）的大学生。这次远程教学使日本师生受到了很大的震动，他们对我校教师的指导方法和学生的素质赞叹不已……

（原载《香港教育研讨会专家对谈》，2001 年 11 月）

高考应有利于学生各种才能的发展

这几年高考命题在能力考查方面有了不小的进步，如果说高考是指挥棒的话，那么现在的命题内容确实已在指挥着我们注重研究和探索各学科的教学怎样才能培养学生的能力。

当然，现行的高考对于发展学生多方面的潜能在一定程度上仍然是一种束缚。21 世纪的中国，需要各方面的顶尖人才，在实践中我们也确实发现学生身上的潜能是多种多样的。如果从青少年时期就注意培养，给他们充分的发展空间，他们很可能成为某方面的奇才。但是目前高考能测试出的学生的知识和能力就那么几种，在升学的压力下，许多学生不得不把自己高考内容以外的各种潜能压抑下去，将自己的全部精力纳入高考所要求的几门学科的范围，其实这无论是对个人还是对国家都是十分遗憾的。比如，一些学生出类拔萃的动手能力、创造能力、计算机方面的能力、组织能力、演讲能力、文学创作能力等,都是社会十分需要的,但又是现在高考所不能或不易测试的。目前国家对文艺、体育、科技特长生虽然也有一些政策,但门槛很高。我建议这方面的政策范围要放宽、力度要加大,不然我们培养的人才就难免是一个模子或基本一个模子出来的。

现行高考的另一个弊端是一次性评价。一次性评价造成的不确定,不仅有学生自身的偶然因素,有时还有出题的因素。我非常赞赏清华大学最近搞的网上过程性学习评价。人大附中现有二三十个学生参加,他们在网上跟清华大学的老师一起学习、一起讨论、一起做课题,经过一段时间的跟踪,学校就能比较确定地了解一个学生的能力。虽然这种办法目前还不能大面积推广,但不失为选择人才的好办法之一。

作为"现代科技示范校",今年上半年我们人大附中获得了派遣 12 名学生去参加国际人类基因课题研究的机会。据专家反映:他们在思维、动手能力等方面甚至比一些研究生还强。我认为:学生在中学阶段的这些经历和表现,在高考时都应该成为重要的参考。只有摆脱高考一次性评价的压力、形成一种宽松的环境,学生创新精神的培养、各种才能的自由发展才能成为普遍的现实。

所以,我对高考模式的建议是:高考+X。这个公式有两层含意:一是无论特长生、保送生一律要参加统一高考,以保证基本水准;二是把学生方方面面的才能即“X”作为高考成绩的组成部分。同时,给高校确定“X”部分在高考录取时所占成绩比例的自主权。

(原载《光明日报》,2000年9月20日第4版)

面向21世纪的素质教育必须坚持走科研兴校、科研兴教之路

再过两年,人大附中就将和整个人类社会一起跨入21世纪了。从现在起,我们就要思考以什么样的姿态跨入21世纪。根据形势发展的需要,关键是要积极推进素质教育、培养全面发展的一代新人。我认为,从人大附中的情况来看,面向21世纪的素质教育,必须坚持走科研兴校、科研兴教的道路。下面,我就此谈谈个人的几点看法。

一、素质教育的必然要求是科研与教学密切结合

无论什么样的学校,只重教学,不重科研,都不可能取得很好的效果。道理很简单:光有教学实践,而无理性思考,没有理论上的总结,没有从实践到理论的升华,这样的实践只能是盲目的实践,而这样的实践是不可能在理性指导下良性发展和健康运行的。因此,我们的中学教育也必

须坚持科研与教学密切结合。当然,根据人大附中的情况,特别要注意以下两个问题。

(一)转变观念,走出误区

需转变的观念之一:中学只是教书的地方,不是科研的地方;

需转变的观念之二:科研无用论;

需转变的观念之三:科研可有可无,有也只是点缀。

过去我们有不少教师认为,科学研究无疑是一种高层次的工作,但这种工作只适合于在高等院校和专门的研究机构进行,像中小学这样的教学单位是用不着去搞科学研究的。因此,便产生了"中学只是教书的地方,不是科研的地方""科研无用论""科研可有可无,有也只是点缀"等错误思想。事实上,中小学教育也需要进行理论上的概括和总结,也需要有理性的指导,否则就不可能取得事半功倍的效果。在由传统的应试教育向素质教育转变的过程中,更是如此。因此,面对形势的发展,我们必须转变观念,走出误区,牢固树立以科研为龙头、用科研促进并带动教学的思想。

(二)双向发展,比翼齐飞

过去只重视教学而轻视科研的做法,很明显是失之偏颇之举。用辩证和发展的眼光看,科研与教学如鸟之双翼、车之两轮、人之两腿,缺少了哪个都是不健全的。因此，真正的学校教育应该走教学与科研相结合之路，走二者互为条件、互相依存、互相促进、共同发展之路。只有这样，才能使学校教育双向发展、比翼齐飞，才能使素质教育稳中求进、不断攀升、不断突破，从而最终实现腾飞，对社会经济文化起到巨大的推动作用。

学校发展的程度取决于科学研究的水平。那么，衡量一所学校的发展程度如何，主要应该看什么呢？过去人们偏重于把教学质量的高低看成是一所学校发展程度的主要标尺。事实上，单纯地为了教学而教学，只注重教学实践和教学过程，不注重对教学经验的系统归纳和概括，忽视对教学实践和教学过程的理性思考、理论分析和科学研究，这样的教学质量，除了有点经验主义的味道外，还能提高到哪里去呢？我认为，一味只注重并强调教学实践和教学经验的教师或学校，如果称赞其教学质量有多高多好，那只能是欺人之谈。

以人大附中为例，这些年来，从学校领导的角度，我们除了一贯重视抓好教学实践和教学管理外，还特别强调并要求所有的教职工都应该紧密地结合自己的工作实际，加强科学研究工作。仅就超常教学研究而言，它是人大附中最有特点、成效较为显著的教育形式之一。多年来，我们对超常教育进行了多方位、有力度、有深度的研究。例如，德育方面，我们组织有关教研人员深入开展对超常儿童的德育工作研究，摸索出了如何鉴定超常儿童的标准和方法，开展对超常儿童的特征研究及超常儿童的非智力因素研究，承担了“正常与超常儿童逻辑推理与道德推理能力的比较研究”的项目，编写出版了适合超常儿童教学使用的《现代少年》教材等；智育方面，我们组织有关教研人员开展了超常儿童教育学科与教育方法的研究，开展了对超常教育的课程设置研究和超常教育的教材编写研究等；体育方面，我们组织有关教研人员开展了对超常儿童的身体素质研究和超常儿童体育与美育相结合的综合性训练研究，并组织学生赴黄山、泰山等处进行登山活动，归来写感想、体会，以陶冶他们的情操、增强他们的爱国主义情感、锻炼其意志和毅力等。此外，我们还组织教研人员开展对超常儿童的创造发明能力、创造性思维能力的培养研究以及对超常教育的师资培训的研究等。多年来，人大附中的超常教育采取“科研与教学并重，相互促进，共同深化与提高”的方针，鼓励教研人员积极参加各种学术研讨会，承担有关科研项目，编写各类国际性学术会议报告达到23人次，参加国内各种类型的学术会议达到220余次，承担各种科研项目7项，举办各类专题讲座6次，撰写各类科研论文100余篇，出版各种类型的教材及参考用书50余本。

对超常教育的研究如此，对常态儿童的教育研究我们同样很重视。除了发动全校教职工积极参加教育科学研究、在全校营造浓厚的科研氛围外，我们还通过行政和组织措施积极创办了《教科研园地》。该刊迄今已出刊6期，每期发表文章30篇左右，前后累计已发表了150余篇。还创办了《教科研通讯》,已办10期。这些举措既调动了教职工从事科学研究活动的积极性,又为他们科研成果的发表提供了机会和条件,更为重要的是,这些科研成果转化到教学实践中,有助于深化和加强素质教育,使整个教育趋于良性发展和健康运行,可谓一举多得。

可以说,人大附中在社会上之所以还有点名气,还能够为广大学生和家长所认同,这与我们常抓不懈的以科研为龙头,以教学为中心,坚持二者并重共进,共同深化与提高的指导思想及其相关举措是密不可分的。因此,我个人认为,学校今后发展的速度如何,在很大程度上将取决于学校整体科研素质、科研能力和科研水平如何。

二、科学研究是学校教育发展的动力

邓小平同志曾说过:科学技术是第一生产力。我认为,对于学校教育来说,科学研究也是其内在驱动力。很难想象,一个没有科研氛围和科研奖励机制的学校,会在学校教育的各个方面取得喜人的成绩。

实际上,科学研究是一只隐形的手,它在无形中推动着学校教育的发展。

有识者指出,当前影响中小学教育科研改革与发展的不良观念有:“教育科研神秘观”,即把教育科研神秘化,认为搞科研是专家学者的事,对于中小学教师是“高不可攀”;“教育科研恐惧观”,即怕影响升学率,怕影响教学质量,怕担风险,不敢开展教育科研;“教育科研名利观”,即认为中小学教师搞科研写文章是“不务正业”,或说是“个人图名图利”;“教育科研无用观”,即认为中小学教育科研“可有可无”,“搞不搞无关大局,照样办学教书”。这些影响科研的负面因素,与我前面提到的需转变的观念在提法上有颇多相似之处,可谓大同小异。如何解决这个问题,辜伟节同志提出了值得重视的意见。他说:“中小学校领导必须改变教师对教育科研的不良心态,引导教师力求弄清四个关系,树立四个新观念:一是明确教育科研与振兴教育的关系,树立‘科研兴教’的观念;二是明确教育科研与教育改革的关系,树立‘教育要改革,科研须先行’的观念;三是明确教育科研与提高教学质量的关系,树立‘向科研要质量’的观念;四是明确教育科研与教师的关系,树立‘教师是教育科研主力军’的观念。他还强调:“中小学领导和广大教师应真正形成共识:没有教育科研意识的领导,不是开拓创新的领导;仅仅会教几节课而不会搞教育科研的教师,不是新时期的合格教师。”辜伟节同志的这些话,对我们启发很大。的确,要确立科研在学校教育中的突出地位,除了要转变观念、走出误区外,关键是要领导重视、组织措施得力。从人大附中的情况看,我曾多次强调科研的重要性,而且在力所能及的情况下,我也带科研课题、制订科研规划、编写教材、撰写论文、参加各种学术研讨会,目的是希望大家能积极行动起来,使学校的科研工作不断出现新局面。在组织措施上,除了前面提到的我们已创办了《教科研园地》《教科研通讯》等刊物外，我们还将逐步制订科研奖励制度，为激励和完善学校的科研机制而努力。

我们之所以把完善科研工作看得这么重，是因为科研的确是学校教育的“助推器”，是学校教育不断完善发展的“内动力”。所以，今后我们要努力把这方面的工作做得更好。

三、结论：实施素质教育必须坚持走科研兴校、科研兴教之路

一个有远见的教育，不但要看到教育的过去和现在，还要预见教育的未来。

我在这里重申：我们一定要在重视抓好教育过程、教学环节、教学经验和教学管理的同时，切实加强教学科研工作，力争用科研来促教学、用教学来带动科研，并使科研与教学始终处于良性互动的运行机制中。只有这样，我们才有可能使科研与教学真正实现双向发展、比翼齐飞。

全校教职工、同志们，让我们携手并肩、同心协力，面向21世纪的素质教育，坚持走出一条科研兴校、科研兴教之路来！

（原载《教科研园地》，1998年5月）

以创新与新时代同频共振

党的十九大提出了新的三步走战略:2020 年全面建成小康社会,2035 年初步实现社会主义现代化,2050 年成为社会主义现代化强国。与此同时,党中央对创新型国家建设也有了时间表,即到 2020 年建成创新型国家,到 2030 年进入创新型国家前列,到 2049 年成为科技创新强国。从现在开始,到成为创新强国,只有 32 年,时间紧,任务重,我们一定要有紧迫感,以时不我待、只争朝夕的精神状态,把创新人才的培养工作抓紧做实。

说培养创新人才就是培养科技创新人才,这话没有大错,但很不全面很不准确。科技创新是重点,但不是全部。各个领域、各个门类都需要创新,都有创新的任务。创新有不同的程度,只要有所发明、有所发现、有所提高就好。创新的方法和途径各式各样,有跟进式创新,有蛙跳式创新,有容错式创新,只要是创新,都应该鼓励,都应该支持。我们倡导的创新,是人人创新,时时创新,处处创新。创新要成为一种文化、一种氛围、一种势能，推动着我们进步，推动着社会发展。

中国特色社会主义已进新时代，新时代、新征程，要有新作为、新气象。全面创新，是新时代的重要标志，是不是把培养创新人才摆在突出位置，是今天衡量教师是否优秀的重要标准，我们就要在这样的站位上，充分认识培养创新人才的极端重要性，不断增强创新人才的自觉性和坚定性，用创新拥抱新时代，以创新与新时代同频共振，在加快培养创新人才中，完成教育工作者的历史使命，实现教育事业的时代价值。

新时代是培养创新人才的黄金时代

党的十九大宣告中国进入新时代，新时代的主要社会矛盾，是人们日益增长的美好生活需要与发展不充分不平衡的矛盾。习近平总书记说，人民对美好生活的向往就是我们的奋斗目标。关于什么是美好生活，解释有各种各样，但不管怎样解释，核心都是人的自由而全面的发展。只有人人都自由而全面的发展，创新才能由金字塔尖上的极少数精英的活动变成大家的活动，才能真正建成创新型国家。推动实现的人的自由而全面发展的新时代，也是培养创新人才的黄金时代，身逢黄金时代，我们培养创新人才更应该大张旗鼓，也更能够大有作为。

培养创新人才要在主战场上打攻坚战

学校培养创新人才，主战场是课堂，我们要在主战场上打攻坚战。要转变教学观念，调整教学内容，改进教学方式，留足想象和发挥的空间。要不断拓展课堂的外延，把课堂办在兴趣班上、办在科研院所的实验室里、办在社会调查和社会实践活动中。教师是教育之母，培养创新人才，首先要有一支敢于创新善于创新的教师队伍。要把培养一支敢于创新善于创新的教师队伍，作为战略任务抓紧抓实抓好。

创新理念

突破能创新　变通能创新　融合能创新　反思能创新
压力能创新　理想能创新　目标能创新　需求能创新
激励能创新　实践能创新　执着能创新　追求能创新
卓越能创新　完美能创新　求真能创新　务实能创新
时时能创新　处处能创新　事事能创新　人人能创新

创新过程理念

不断地思考与寻找　不断地寻找与变通
在变通中寻求突破　在突破中形成决策

（原载《光明日报》2018 年 1 月 24 日第 13 版）

创新型人才培养应是教学改革的出发点

在推进素质教育、培养学生创新精神和创新能力的大环境下，人大附中一直在思考如何改革和创新课堂教学。思来想去，我觉得摆在第一位的，还是培养学生的自学能力。自学，既是自己学习，更是自主学习。自己学习好理解，自主学习是指在自己学习中有独立的思考。人的一生，从小学到博士，最长在校跟着老师学习的时间是二十二年，由此可见，人的学习，绝大部分时间是自学。今天，传统意义上的文盲已经消亡；今后，文盲这个词，或许指的就是那些离开学校后不能通过自学来更新知识的人。进一步讲，即使是听老师讲，也要加入自己的思考。因此，自学，才是学习的常态，才是学习的核心。有创新能力、出创新成果的人，肯定是自学能力强的人。中学培养创新人才，最重要的就是向内下功夫，激发学生自学的兴趣、增强学生自学的自觉、培养学生自学的习惯、提高学生自学的能力。这一点，过去很多人认识不够，现在应该大加强调、反复强调。

问题意识与创新思维

提高教学质量，必须注重培养学生的问题意识。问题是时代的声音。学问学问，学必须与问连在一起，而且“问”是学问的发动机。人类社会就是在不断地发现问题、回答问题、解决问题中进步的。创新人才，首先是善于发现问题的人才，而且是善于在众多问题中发现核心问题的人才。阿基米德在浴缸里想出“阿基米德定律”、牛顿在苹果树下悟到“万有引力”，他们都是发现问题、思考问题、解答问题的高手。自然科学如此，社会科学也不例外。马克思、恩格斯对全人类的不朽贡献，就是发现了资本主义的根本问题，并为解决这个根本问题找到了正确答案。因此，所有创新人才都是“问题中人”，没有问题，就没有创新。发现并解决了小问题，便成就了小创新；发现并解决了大问题，便成就了大创新。中学培养创新人才，一定要鼓励学生善于发现问题、敢于提出问题，一定要培养学生在回答问题、解决问题过程中的专心致志、锲而不舍。问题意识，是创新人才培养的一把“金钥匙”。“人生为一大事来”，这一大事，或许就是发现并解决一个问题吧。

独立精神与协同精神

教育在鼓励学生独立思考的同时，要高度重视培养学生的协同精神。人类社会发展到今天,越来越重视系统性和协调性。为适应这种变化,科学研究和各种创新也越来越体现出协同性。今天,无论国内外,几乎每一项大的创新都不可能是一个人的单打独斗,而是一个团队在联合攻关。阿波罗计划可以说是国家团队在攻关,人类基因组计划已是国际团队在攻关了。最近,美国白宫宣布启动“推进创新神经技术脑研究计划”。奥巴马在 2013 年初的国情咨文中表示,这项计划将让科学达到一个从未有过的高度。这项计划又是一个国际团队联合攻关的大计划。协同创新已成为当代创新的主要形式,也是创新能最终成功、产生巨大效益的根本保证。中学培养创新人才,必须认清这种趋势,顺应这种趋势,从娃娃抓起,培养学生的团队精神。对中国的创新人才教育来说,培养学生的团队精神还有其特殊意义。现在的中学生基本上都是独生子女,团队精神先天不足,更需要后天培养。有没有团队精神,愿不愿意、善不善于协同创新,将在很大程度上影响我国创新人才培养的质量。

动脑能力与动手能力

教育要提倡培养学生的动手习惯。七十年前,著名教育家陶行知先生大力倡导动脑与动手并重;十年前,人大附中开设了许多让学生动手的劳技课,取得了很好的教学效果。这两年,这个问题讲得少了,所以今天我要重新提出来。动手,首先是劳动,劳动光荣是我们最基本的价值观。

学校里的动手类选修课,作为一种理论联系实际,作为一种知识运用,也是一切创造创新的活水源头。动手类选修课,还有利于培养学生的团队精神和协同能力。动手类选修课,也是让学生放松身心、增加学习趣味的重要途径。现在的独生子女,容易出现坐而论道、眼高手低的毛病,让他们参加动手类的选修课,也算是对症下药。总之,培养学生的动手习惯,具有多方面的综合效应,我们绝不能等闲视之。

快乐学习才能回归教育本原

在今年的全国“两会”上,中小学生的减负再一次成为热门话题,人大代表、政协委员要求给学生减负的呼声很高。作为一线校长,我十分赞成减负,人大附中这几年也一直在做减负努力,只有减负,让学生快乐地学习,才能回归教育本原,真正按教育规律办学。作为创新人才教育研究会的会长,我更是真切地懂得,培养创新型人才,必须与减负同步;不减负,难以培养出创新型人才。我甚至认为,何止是学生要减负,校长要减负,教师也要减负。现在的问题是,学校、校长、教师、学生的负担都很重,压力都很大,大家捆绑在一起,白天黑夜连轴转,都很苦。减负问题是典型的知易行难,减负绝不仅仅是学校的事,只要高考的指挥棒还在,只要社会心理对教育的预期居高不下,减负很难有大的进展,现状也很难有大的改观。这样说,绝没有推卸责任的意思。恰恰相反,作为一线教育工作者,作为一所优质示范学校,我们应该知难而上、迎难而上,从我做起,从现在做起,从具体的事情做起,争取有所作为、有大的作为。

目前,我们在减负上最能有所作为的空间就是在教学内容、教学方式上不断有所改进、有所创新,通过改进和创新提高教学质量、提高教学效率。过去两堂课讲完的,用新的教育方式一堂课就讲完了,过去两小时学会的东西,用新的学习方式一小时就学会了,负担自然就减轻许多。因此,就学校而言,就现实条件而言,目前减负的根本出路就在于教学内容、教学方式的改革创新。负担减轻了,身体才会放松,心境才会空灵,工作才会从容。身体放松了,心境空灵了,工作从容了,我们才会有时间读书学习、加油充电,深入思考一些大问题;身体放松了、心境空灵了、工作从容了,我们才会生发出更多更大的想象力和创造力。在宽松的环境从容工作,这是我的教育理想,相信也是大家的教育理想。

(注:2013年7月中旬,中国基础教育卓越校长卓越教师培养基地第二期校长班培训大会在人大附中召开。此次培训主题为"熔铸中外教育精华,坚持教育综合改革,创办具有中国特色的未来教育"。《中国教育报》(2013年9月4日第5版)以《三位名校长把脉中学教育改革》为题,刊登了三位校长在会议上的精彩发言。此文是刘彭芝的发言选编。)

创新人才早期培养是重大的时代课题

在第十二届全国人民代表大会第一次会议上，习近平总书记强调，实现“中国梦”，必须走中国道路，必须弘扬中国精神，必须凝聚中国力量。这为所有中华儿女怀想和实践“中国梦”指明了方向。

什么是中国精神？中国精神就是以爱国主义为核心的民族精神和以改革创新为核心的时代精神。

一个时代有一个时代的特征，我们所处的这个时代，最大最鲜明的特征就是改革创新。中国特色社会主义之所以能够取得令人惊叹的伟大成就，中国的经济总量能够跃居世界第二，最大的红利是改革红利，最根本的驱动是创新驱动。今后，我们要实现可持续发展，还是要靠改革创新。改革创新是我们时代的主旋律，走中国道路，在很大程度上，就是走改革创新道路；弘扬中国精神，在很大程度上，就是弘扬改革创新精神；凝聚中国力量，在很大程度上,就是凝聚改革创新力量。对于改革创新,无论怎么重视,都不过分。

下面,围绕创新人才早期培养这个时代课题,我谈四点体会。一是培养创新人才应该把顶层设计与摸着石头过河结合起来,形成上下良性互动;二是培养创新人才既要全面推进,又要重点突破,做到点面结合;三是培养创新人才,教学内容和学校生活应该有减有增,减增适宜;四是培养创新人才应该坚持内圣外王、道器兼备。概而言之,这四点体会可以归纳为十六个字:上下互动、点面结合、减增适宜、内外兼修。

一、培养创新人才应该把顶层设计与摸着石头过河结合起来,形成上下良性互动

解答好创新人才早期培养这个重大的时代课题,首先要确立广大中小学教育工作者的主体地位,积极调动一线教育工作者的主动性,充分发挥一线教育工作者的首创精神。

中国的改革,是从安徽凤阳小岗村农民包产到户发轫的,中国的开放,是从深圳蛇口工业区开端的。中国改革开放在国际社会中一枝独秀,取得伟大成就,一条最大的经验,就是摸着石头过河,坚持实践第一。

今天,我们的教育工作要实现由应试教育向素质教育的战略转移,大力培养创新人才,同样要摸着石头过河,坚持实践第一。培养创新人才,学校是主战场,校长和教师

是主力军。这两个“主”是关键所在。主力军打得好,主战场打得赢,就一定能胜券在握。因此,培养创新人才,着力点一定要放在中小学上,着眼点一定要放在一线校长和教师上,这是基础,基础不牢,地动山摇。培养创新人才,要鼓励校长和教师大胆尝试,要支持校长和教师积极探索,尽快形成百舸争流、千岩竞秀的生动局面,尽快形成春兰秋菊、各擅胜场的繁荣景象。

党的十八大闭幕后,习近平总书记第一次外出考察调研,选择的地区是改革开放的前沿广东省。在广东,习近平总书记就深化改革开放发表重要讲话,他强调,我国的改革已进入攻坚期和深水区,我们要尊重人民的首创精神,在深入调查研究的基础上提出全面深化改革的顶层设计和总体规划,增强改革的系统性、整体性和协同性。

习近平总书记关于深化改革要把尊重人民首创精神和顶层设计结合起来的讲话,是新时期中国改革开放的政治宣言和行动纲领,也是我们教育领域培养创新人才应遵循的基本准则。

我国的教育改革也进行了三十多年,以培养创新人才为主要标志的素质教育改革,就是中国教育改革的深水区和攻坚期。趟过深水区,打赢攻坚战,少走弯路,节约成本,事半功倍,也迫切需要顶层设计。培养创新人才,应该有新的教学评价体系;培养创新人才,应该打破现有高考制度这个瓶颈制约;培养创新人才,应该尽快将大中小学连贯起来;培养创新人才,应该将一些学校的成功经验在全国推广。这些都离不开顶层设计。教育领域的改革不同于其他领域的改革,有更大的特殊性和敏感性。教育是培养人的,轻易不允许试错;教育涉及千家万户,牵一发而动全身。因此,教育改革更需要科学的顶层设计。科学的顶层设计已经成为培养创新型人才的命脉。

由此可见,解答创新人才早期培养这个重大时代课题,一定要把尊重人民首创精神与顶层设计结合起来,形成上下良性互动。上面有科学的顶层设计,下面有一线校长的尝试和探索,创新人才早期培养工作才能像老虎长了翅膀一样。

二、培养创新人才既要全面推进,又要重点突破,做到点面结合

对创新人才早期培养的理解,有广义和狭义之分。

广义的创新人才早期培养,涉及所有学生,个个都身在其中,人人都不是旁观者。素质教育的要义是提高学生的综合素质,重点是培养学生的创新精神和实践能力。因此,抓创新人才早期培养,就是抓素质教育;培养创新人才,必须面向所有学生。创新人才绝不仅仅在科技方面,也绝不仅仅在文艺方面,各个领域、各种岗位都应该有创新人才。只要想到了别人没想到的地方,只要在前人的基础上有所提高、有所进步,就是有创新精神和创新能力的体现。从这个意义上讲,人人能创新,时时能创新,处处能创新。创新人才早期培养,在中小学必须全面推进,我们

就是要通过培养孩子们的创新精神和创新能力,让每个中国孩子都能像习近平总书记说的那样,“共同享有人生出彩的机会,共同享有梦想成真的机会,共同享有同祖国和时代一起成长与进步的机会”。

狭义的创新人才早期培养,专指超常儿童、天才少年及在某一方面有特长的学生的早期培养。人的禀赋资质各有不同,世界上的确有天才儿童,这是客观事实,我们必须承认这个事实,尊重这个事实,顺应这个事实。超常儿童、天才少年和特长学生如果没有被发现,那是教育工作者最大的失职,如果没有得到早期培养,那是人才资源最大的浪费。我们建设创新型国家,既需要有创新精神和创新能力的高素质劳动者大军,也需要一批在各领域特别是核心领域的自主创新领军人物。当前,我国教育最受社会舆论诘难的,就是还培养不出大师级的创新人才,著名的“钱学森之问”,质问的就是这个问题。万丈高楼平地起,拔尖创新人才必须从早期培养。在这方面,我们都应该向邓小平同志学习,近三十年前,小平同志站高望远,说计算机教育要从娃娃抓起。一个伟大的决策,让中国的计算机教育后来居上,用二三十年时间走了别的国家五六十年的路。同样的道理,拔尖创新人才从娃娃抓起,二三十年后,我们也一定会有满意的收获。在这方面,我们也要借鉴发达国家的经验,无论是美国、英国等老牌发达国家,韩国、新加坡等新兴发达国家,还是俄罗斯、印度等金砖国家,都从战略的高度,为天才儿童的教育专门立法。美国教育战略最核心的一句话，就是把最具创新能力的5%的人牢牢抓在手里。我国要从教育大国迈向教育强国，也必须从战略的高度重视天才儿童的发现和培养，加快立法进程，在有条件的地区和学校，建设拔尖创新人才早期培养基地，为拔尖创新人才的升学开辟绿色通道，为拔尖创新人才的早期培养提供宽松的社会舆论环境。当前，中小学培养创新人才，超常儿童、天才少年、特长学生的发现和培养，无疑是重点突破口。

中小学培养创新人才，既要全面推进，又要重点突破，做到点面结合，让每个孩子都得到最适合他的教育，亮点都能呈现出来，潜能都能发掘出来，这才是按教育规律办事、按人才成长规律办事，这才是深得“有教无类、因材施教”的真谛，这才是最大的教育公平、最大的教育效率、最大的公平和效益兼顾。什么时候中小学培养创新人才全面推进和重点突破结合的局面形成了，我国由人力资源大国转变为人力资源强国的宏伟蓝图也就触手可及了。

三、培养创新人才，教学内容和学校生活应该有减有增，减增适宜

中小学培养创新人才，面临的最现实的问题就是教学内容、学校生活的减与增。

在今年的全国“两会”上，中小学生的“减负”再一次成为热门话题，人大代表、政协委员要求给孩子“减负”的呼声很高。作为一线校长，我十分赞成“减负”，我供职的

人大附中这几年也一直在做“减负”的努力。作为创新人才教育研究会的会长，我更是真切地懂得，培养创新人才必须与“减负”同步；不“减负”，难以培养出创新人才。

为什么培养创新人才必须与“减负”同步？因为对于青少年来说，负担减轻了，身体才会放松，心境才会空灵。身体放松了，心境空灵了，好奇心、想象力才能长出翅膀，自由飞翔。而好奇心、想象力是一切创新的基础。好奇心、想象力萎缩了，创新也就枯竭了。阿基米德在浴缸里想出“阿基米德定律”、牛顿在苹果树下悟到“万有引力定律”，他们如果整天埋头于作业和考试，情况绝不会这样。“减负”，可以更好地激发青少年的好奇心、解放其想象力，正是在好奇心、想象力这个关节点上，我们把“减负”与培养创新人才联系起来。

现在的问题是负担如何减。在高考的内容和形式没有大的改革的情况下，我们只能向改革教学方法要效率和效益，以前两堂课讲完的内容，现在要一堂课讲完，以前一小时学会的东西，现在要半小时学会。高考改革是教育部的事，作为一线教育工作者，我们自己能做的就是具体的课堂教学改革，向改革要时间要空间。“减负”的目的不是“放羊”，“减负”的目的是为了孩子更好的成长。我们应该从这样的角度来看待“减负”。中小学生的课业负担减轻了，时间怎么打发，精力如何释放，同样是个大问题，这个问题解决得好不好，同样影响到创新人才的培养。

因此，“减负”的同时还要“增趣”。人大附中的做法是,学生的负担减轻后,学校开了上百门选修课,成立了各种各样的学生社团、课题小组、项目小组、兴趣小组,让孩子快快乐乐地动手动脑,高高兴兴地做事做人,每个学生在自主参加这些活动中找到了自己的爱好,老师在指导这些活动中发现了每个学生的亮点。爱好找到了,亮点发现了,创新人才培养也就有了载体和抓手。

实践证明,“减负”与“增趣”同步,有减有增、减增适宜,是培养创新人才的有效途径,这中间的关键是真正让中小学生自主地学习、快乐地学习,真正让中小学生把时间和精力投放在应该投放的地方。

四、培养创新人才应该坚持内圣外王、道器兼备

中国人的人生观和价值观,或者说中国人的实践伦理,如果用一句话来概括的话,我选择“内圣外王”四个字。

“内圣”,是指有很高的道德修养,追求圣贤的境界;“外王”,是说有很强的工作能力,实现事功的目标。“内圣外王”,才是做人做事的完美结合。

与“内圣外王”相类似,还有四个字也值得大力提倡,那就是“道器兼备”。

道,指的是高水平的见地;器,指的是具体的办事方法。“道器兼备”,就是把做正确的事与正确地做事贯通起来。

在相当长的时间内,中国的教育,着眼点和着力点,侧

重在“内圣”和形而上的“道”上，对“外王”和形而下的“器”则相对忽略，因此，培养出来的学生实践意识就弱一些、动手能力就差一些，这是传统教育的不足之处。

而现在的问题是，在培养人才上，“内圣”讲得少，“外王”讲得多；形而上的“道”讲得少，形而下的“器”讲得多。大家到书店看看那些“成功学”“职场学”，甚至所谓的“励志书”，内容几乎都是在“外王”和“器”上打转转，做的都是向外向下的功夫，这种状况同样令人担忧。

我们培养创新人才，理想的境界应该是内圣外王、道器兼备的人才。针对当前突出的问题，首先要在向内向上方面下功夫。

我从事超常儿童的研究和培养工作近三十年，在与他们朝夕相处的日子里，在跟踪他们成长的过程中，我深深体会到，“内圣”和“明道”对创新人才的事业成就至关重要。一个人有理想、有见地，才能真正有力量、有办法、有韧劲、有激情，才能不为任何艰险所惧，不为任何干扰所惑，沿着正确的方向，把事情一直做下去、做到极致。还有一点需要强调，科学技术发展到今天，大家发现，任何一项重要的发明创造，都不是一个人单打独斗的结果，团体作战、协同创新，几乎已经成为现在科技创新的不二法门。团体作战、协同创新，对参与者的人格修养要求更高。现代的创新人才，特别是创新领军人才，必须是“内圣”的人，必须是“明道”的人。

我们所要培养的创新人才，既要修德，又要事功，从而

“内圣外王”；既要有高明的见识，又要有高超的技能，从而“道器兼备”。“内圣外王”“道器兼备”才是一种大情怀、大手笔，我们要以这种大情怀做大事情，以这种大手笔写大文章，最后成就大格局、大气象。

面对创新人才早期培养这个重大的时代课题，我们一定要不断增强使命感和责任感，不断提高自觉性和坚定性，以时不我待、只争朝夕的精神，从我做起，从现在做起，从具体事情做起。通过培养创新人才，加快应试教育向素质教育的转变，全面开创中国基础教育的新局面，为实现“中国梦”输送源源不绝的中国力量。

（原载《创新人才教育》，2013 年第 1 期）

创新是学校发展的不竭动力

——人大附中的办学理念与追求

当今时代,学校应该怎样进行教育?我们办教育到底是为了什么?对这个问题,不同的人可能有不同的解答。但删繁就简、归根结底,教育应该让每个孩子都能健康快乐地成长,使他们适应未来的生存环境,过上和谐、幸福、有价值、有意义的生活,这是时代赋予所有教育工作者的使命和责任,而履行并完成这一使命的唯一途径就是教育创新。

一、爱是教育的最高境界

我在中学工作已经40多年,做过多年教师,当副校长和校长20多年。几十年的教育生涯中,我最深切的感悟就是:爱是教育的最高境界,爱是自然流溢的奉献;尊重是教育的真谛,尊重是创造的源泉。爱与尊重是教育的内核,是学生健康快乐成长的基础,没有这个内核和基础,教育只能是无本之木、沙聚之塔。孩子的个性千差万别，学习能力有高有低，但每个人都是一个鲜活而独特的生命，自由幸福地发展是他们的需要。对待学生，不能厚此薄彼，更不能把他们分为三六九等；不仅要关注学生学业的进步，更要关注学生情感品质的提升，走进学生的心灵，满足学生个性化、多样化的需求，为所有学生搭建起放飞人生梦想的舞台。有了这样的爱与尊重，我们才能正确处理好学生成长、学校发展中出现的各种问题；才能顶住压力，持久创新，执著追求。

人大附中2008届有个毕业生，小时患过心肌炎，身体比较弱，还病休过一年，学习基础一直比较差。他父母的学历只是高中，非常希望他能考上好大学，所以，他在心理上、学习上压力很大。他非常喜欢音乐，高二时想参加社会上流行的“超男”比赛，但父母担心他考不上大学，不让参加。孩子就和家里发生了矛盾，他父母没办法，最后找到我。我把这个孩子叫到办公室，他连着给我唱了好几首歌，唱得非常好。我对他父母说：这个孩子在音乐方面有天赋，让他参加比赛试试吧。到了高三，他父母坚持让他学中文，他自己想搞音乐编导，又与父母发生了争执，学习成绩始终上不去。他的父母很着急，又向我求助。我对他们说：“要尊重孩子的意见，不要一厢情愿地给孩子设计，他喜欢学什么就应该支持他。”我还找了一个搞音乐的家长帮他辅导专业课。这样，孩子有了动力，非常刻苦地学习文化课，最终以很高的专业分考上了自己理想的大学。

毕业一年后，这个孩子为人大附中创作了两首校歌和20多首歌曲，充分显示了自己的音乐才华。每次听到他创作的校歌，我心里都很激动。如果我们不尊重他的兴趣和选择，非按家长指令去选，可能他连大学都考不上，但现在他成了一个有感恩之心、有专业追求的人，这就是尊重与爱的结果。

几年前，人大附中高三还有个学生突然出现严重的精神问题，休学无法参加高考。我们发现他的理想是学文科，但父母坚持让他选择理科。了解情况后，我一方面让心理老师为他做咨询，一方面和他父母沟通，复学后做通父母工作，让该学生改读文科。一年后，这个学生以优异的成绩进入北京大学，现在美国留学，身体和精神都很健康。

人大附中有一部分这样的学生，他们在艺术、体育或其他方面有天分、有特长，但学业不一定出众，有的甚至分数很低；也有些学生有这样、那样的心理问题或性格缺陷。对这样的学生，怎么尊重他们、怎样培养他们是我们必须认真思考和对待的。有人说，人大附中是个创造奇迹的地方。为什么能出奇迹？我想，是因为爱与尊重，因为我们办学理念的核心是“尊重个性，挖掘潜力，一切为了学生的发展”。

二、创造适合每个学生发展的教育

人的天赋才能各有不同。基础教育既要在教育的起点对每个学生"求平等",又要在教育的过程中为他们个性潜能的充分发展"谋自由",让优秀学生脱颖而出,成长为未来各个领域的拔尖创新人才。60 年来,我国在各个领域没有培养出顶级人才,怎样才能解决这个问题?从教育角度讲,我认为首先要从小抓起,创新人才要早期培养;其次就是要改革创新,要学习先进经验,研究教育规律,要允许实践者创新。

《国家中长期教育改革和发展规划纲要(2010—2020年)》中有 8 处提到了"创新人才",明确提出:要建立拔尖创新人才培养改革试点,探索贯穿各级各类教育的创新人才培养途径;支持有条件的高中与大学、科研院所合作开展创新人才培养研究和试验,建立创新人才培养基地。在这样的契机与挑战面前,教育工作者应该有紧迫感和责任感,应该以"忧国忧民忧教育"的情怀携起手来,认认真真地为我们的教育做实事。

创造适合每个学生发展的教育,培养拔尖创新人才,必然会在教育理念、课程内容、教学方式、评价体系等方面遭遇与之不适的阻力,只有通过综合创新才能解决这些矛盾。回顾人大附中创新发展的探索历程,我最深切的感受是:要创新就要有突破。我常说:追求能创新,反思能创新,变通能创新,融合能创新,压力能创新,激励能创新,求真能创新,务实能创新,时时能创新,处处能创新,事事能创新,人人能创新。

说到"突破",我认为学校教育的"突破"首先应该体现在课程改革上。传统课程以教材、课堂为中心,以教师为主体,以传承知识为重点,不利于培养学生独立思考、自主学习的能力,而这种能力恰恰是拔尖创新人才最基本的素质。多年来,我们坚持以学生发展为本,持续整合课程资源,创设校本课,改革必修课,开发选修课,形成了面向全体学生的多元开放的课程体系。为了充分发掘学生潜能、培养他们的创新意识和实践能力,我们依托“创造发明”课、“研究性学习”“青少年科技俱乐部”“少年科学院”,形成了面向全体学生、以“普及+提高”为宗旨的创新能力培养体系。学校建立了虚拟科学实验,平面技术设计、陶艺制作等科技制作教室,150 多门选修课中有几十门课程都与科技创新教育相关。

2010 年 12 月,美国教育部常务副部长安东尼·瓦尔德·米勒一行访问人大附中时,在平面技术课上听学生讲述了如何使用电脑软件设计纸质建筑模型和纸质家居用品;在远程教室看到美籍外教的英语数学校本选修课与贵州、河南、新疆、四川、宁夏等学校进行的同步教学;在“中美学生科技教育项目”研究课上看到人大附中学生与美国托马斯·杰弗逊中学学生进行的提高风能发电效率的合作研究。参观结束,米勒先生说:“人大附中让我们有幸在今天就看到了未来的教育是什么样的。”

创造适合每个学生发展的教育,体现在教育过程中就是发现与培养。有了发现,才能培养,才能给他们搭平台。2011 年,人大附中的学生有三项项目获得世界冠军。社会上有人说,好孩子都被你们挖来了。其实,好孩子很多,只要我们能发现孩子的特长、挖掘出他们的潜能,个个都会出类拔萃。

美国一年一度的英特尔国际科学与工程大奖赛,被称为“中学的小诺贝尔奖”。人大附中学生施铁萌 2011 年获得了大赛一等奖和四个专项一等奖,我听到这个消息感到很震撼,因为她入学时并没有显得特别出色,当时她父母带着她找到学校,说孩子从小特别喜欢观察昆虫,喜欢自己动手做实验,希望在人大附中能发展这方面的特长。我看这孩子个子不高,非常安静、很有灵气和潜质,就同意了。三年后,她的中考分不够学校的分数线,她父母又找到我,说因为孩子参加了北京市“翱翔计划”,搞科研课题,影响了中考成绩,差了十几分。考虑到孩子有潜质、有追求、有自己的课题,我们破例作为择校生招收了她,还创造条件让她去大学实验室做实验。高三时,她入选参加英特尔大赛,但她本人和父母都不想去参赛,因为她没有获得保送资格,5 月份参赛肯定会影响高考。主管老师找我说明情况后,我想,我们国家缺的就是这样的好苗子,一定要想办法免除她的后顾之忧。最终,我向一个重点大学的校长推荐了她,她才全身心投入实验并获得了大奖。可以说,施铁萌是人大附中众多在国内外各类比赛中获得优异成绩的学生代表。

要为每个学生的个性发展搭建平台,必须创设丰富的、个性化的、可供选择的课程。目前,人大附中已开设了几十门校本课程,涉及自然科学、社会科学、综合实践、体育与艺术 4 个领域的选修课 150 多门,法、德、西班牙、阿拉伯、日、韩、俄等 10 门第二外语选修课以及英语物理、英语戏剧等 18 门外教学科英语。这些课程很多与高考无直接关系,但只要学生愿意学,学校就开设。

例如,学校在 2003 年引进了 JA 课程,开始在一个班小规模实验,很受学生欢迎。2005 年,为了满足学生对经济学的兴趣,JA 课程正式纳入校本选修课;后来,青年政治教师李虎、张帅又与“JA-CHINA 国家青年成就”合作,陆续引进“学生公司”“JA 经济学”“国际市场”等系列商业性课程。学生不仅可以实地开公司,经历真实的创业体验,还可以通过软件平台模拟商业经营、作出商业决策。最有意思的是,这个项目到今天也没有真正的教师,而是由教师组织在学习中有心得的学生来讲,毕业的校友利用课余时间回来讲,老同学给新选课的同学讲,师生都讲不了的就一起在网上学,形成了很有特色的“师生互动”“传帮带”。“JA 全球商业挑战赛”这个赛事,也是学生在网上学习时发现的,他们提出要参加比赛,学校当然大力支持。这些学生从北京市到全国,再到世界,最终他们获得了世界冠军。2011 年,冯路、郭弘烨两名学生参加“JA 全球商业挑战赛”,从全世界几十个国家的 531 支参赛队伍中脱颖而出,这也是中国参加该项赛事以来的第一个世界冠军。在这项全世界 16—22 岁的中学生、大学生的比赛里,我们的学生拿到了总冠军,真是很了不起。为什么这两个学生能取得这么好的成绩？是因为他们喜欢，是因为学校尊重个性、挖掘潜力、创造辉煌，展示了他们的才华，他们愿意学、愿意研究。

三、创造适合每个教职员工发展的教育

学校的教职员工是实现教育创新的主体，如果没有他们主动自觉地参与富有创造性的工作，校长的创新理念再先进，学校发展目标再宏伟，也不过是空中楼阁、一纸空文。学校工作的着眼点是学生，着力点在教师，我们不仅要创造适合每个学生发展的教育，还要创造适合每个教职员工发展的教育。

如何激发每个教职员工创新的激情和潜能？这需要解决创新的动力机制问题。我认为关键是尊重，尊重是创造的源泉。你只有尊重校园里的每一个人，尊重他的个性，尊重他的发展诉求，才能发现他的亮点，才能千方百计地为他搭建平台，激励他们在平凡的岗位上建功立业，这个学校才会涌动着不竭的创造活力、才会出现教育奇迹。

我校物理教师胡继超原在外地一所中学任教，看到网络媒体对人大附中办学成果的种种报道，既感到很震撼，同时也有一些质疑。爱较真的他决定“潜伏”到人大附中，看看这所学校到底怎么回事，同事们戏称他为“卧底”。胡继超十分喜爱桥牌，上大学时曾获得全国青年赛的冠军。他知道人大附中开设了桥牌选修课，就想成立一个桥牌队，但没有几个学生报名，他就向我寻求帮助。我

当过多年班主任，知道很多孩子特别是有数理天赋的孩子都喜欢玩牌，我们应该尊重孩子们的兴趣，为他们搭建发展的平台。于是，我就安排胡继超在升旗仪式上发言，对全校师生讲讲学桥牌到底有什么好处，还给他做了主持。这以后，在课程、比赛等一系列问题上都开绿灯支持。校长的尊重与支持极大地激发出胡老师及同伴们的创造能量，桥牌活动在人大附中开展得风生水起，奇迹一个接一个出现，桥牌课成为学生最喜欢的选修课之一。目前，学校开设了四个层次九个班级的桥牌课程，每学期有近 400 人次选修，甚至沉迷于网络游戏的学生也因桥牌有了改变。桥牌不仅融入学校生活，还发展为一种校园文化，学生创作了以桥牌为题材的短篇小说《桥牌少年》，还改编成电影在校内公映。学校桥牌队成立以来，多次在全国中学生桥牌锦标赛中摘得冠军，6 名学生入选国家队，出国参赛。2011 年 12 月，世界桥牌联合会主席等一行访问人大附中，对学校桥牌活动及成果给予了很高评价。

这样的经历也改变了胡继超。他说：“只要学生有兴趣，学校就会帮你搭平台；只要老师想做事，校长就全力支持你。这种尊重与信任让我在人大附中扎下了根。”胡老师不仅投入，胆子也大，一次全国性的桥牌比赛他都敢接过来，但人大附中确实没有能力承办赛事。为了保护他的积极性，我便帮助他联系了有条件的单位。除了担任学校桥牌队的总教练外，胡老师还担任高三两个理科班的物理教学，还是班主任。年级担心他精力分散，影响高三，想让他卸掉一头。他又找到我,表示自己两件事都能干好,我同意了他的请求,因为我深知当一个人的创造性被激发出来的时候,他的能量是不可估量的。

胡继超是人大附中众多教师的一个代表。分析他的案例,可以使我们弄清为什么尊重是创造的源泉。其实,尊重与创新之间有一个传导环节,那就是“需求驱动”。学校尊重了学生和教师的内在需求,并创造条件帮助他们实现这种需求,他们就会充分发掘自身潜能,这种具有生发力的个体行为就汇聚成了学校整体的创新源泉,学校的发展就有了不竭的动力。可以说,人大附中每一个创新成果都是尊重和满足学生及教职员工发展诉求的结果。

创造适合每个教职员工发展的教育有一个关键词——“每个”。任何一所学校都会有一些出类拔萃的好教师,但并不能决定这所学校的办学品质。有时候,一个不合格教师“毁人”的作用往往更大,所以必须提升教师团队整体的素养。教育家杜威曾经说过:“教师中的天才像其他职业者一样,不可多得,教育目前是,并且将来也是托付于平凡人的手上。”把平凡的人激励起来,形成一流的团队,创造一流的教育,这是人大附中创造适合每个教职员工发展的教育的核心内涵。而要实现这一目标,就必须建设以创新为特征的学校文化,形成一种机制、一种氛围,也就是人大附中人常说的一个词——“气场”。它会不知不觉地影响、改变、提升着每一个人。多年来,我们下大力气优化校园环境,营造创新氛围,在这方面做足了文章、收到了效果。

人大附中信息技术教研组一共有9名教师，现已开出14门校本选修课，每人都参与学生兴趣小组辅导工作，培养出包括信息奥赛的世界冠军、机器人比赛亚太地区冠军以及众多的全国、北京市金牌获得者。他们组的指导思想是“上好课是根本，发挥特长出精彩”。

当这些计算机专业的高手走进校门时，经历了不务正业的迷茫阶段，有的想跳槽到公司兼职，有的考雅思申请移民，有的开起了茶馆。后来，他们怎么就走上正道了呢？教研组长袁中果说：“一是刘校长善于‘洗脑’。她讲话实在，能让迷茫的人看到方向。所以每次开完会，大家都像打了鸡血似的兴奋一阵子，开一次会洗一次脑，让你感觉在人大附中还有戏；二是环境熏陶，也就是人大附中精神的感染。所以在人大附中，你想不改变，很难。”曾经开过茶馆的叶金毅开了“程序设计选修课”，学生感兴趣，他也特别投入。学生越学越高级，就想去参加信息学奥赛。先是北京市一等奖，然后又有了全国一等奖，入选信息学奥赛国家队，拿了世界金牌。就这样，没有刻意去追求，竞赛成绩就出来了。叶金毅和他的学生一起成长，在中学信息领域逐渐有了影响，成为培养出世界冠军的名师，找到了自己人生的方向与价值。周边有培训机构瞄上了他，想出高价买断他一年的使用权，被他拒绝了，组内同事称他是被彻底“洗脑”了。

在人大附中，像叶金毅这样实现自己人生价值的教师还有很多。化学实验员开设了“西方经济学”选修课;音乐老师把自家的录音设备搬到学校,建成了人大附中“录音棚”;来自河南农村的临时工成为全国烹饪大赛金奖获得者,还开了选修课;来自陕北的农民工成长为学校电教中心副主任、中国摄影家协会会员;食堂员工组建农民工舞蹈队,走上了中央电视台的舞台……他们的创造潜力被淋漓尽致地发挥了出来。

我常说:一个学校绝对不能藏龙卧虎,是龙就得让它腾,是虎就得让它跃。人大附中是个大舞台,校长就是搭台子、拉大幕的人。如果说人大附中真有什么魔力,就是她能点燃每个员工心中的梦想,让他们活得有追求,有尊严,有价值。

四、让更多的孩子享受优质教育

《国家中长期教育改革和发展规划纲要(2010—2020年)》提出了“优先发展,育人为本,改革创新,促进公平,提高质量”的20字工作方针。“促进公平”和“提高质量”为我国基础教育指明了发展方向:要大力促进教育公平,改变教育资源分布不均衡的局面;同时强调这种公平是建立在提高教育质量基础之上的,而不是削峰填谷,在低水平上人为拉平。因此,优质学校肩负着帮扶薄弱校、促进教育均衡发展的社会责任。优质学校的校长应该具有忧国忧民忧教育的情怀,变“独善其身”为“兼济天下”。我曾经在全校的科研年会上说过:“人的生命有大小之分,小生命,蕴含在自己的身体内;大生命,则体现在人群和社会中。一所学校的生命也有大小之分。小生命,蕴含在自己的校园内,大生命,则体现在整个教育事业中。”

人大附中的力量虽然有限,但我们还是尽一切努力,尝试多种模式,让更多的孩子享受优质教育。从2002年开始,我们先后与中西部7个省份12个地区的中学“手拉手”联合办学。为了使北京山里的孩子在家门口就能上好学,我们与延庆永宁中学结为手拉手学校,2007年选派了11名骨干教师到延庆支教。他们的课堂向延庆所有教师开放,仅一个学期听课的教师就达1800多人次。2010年,这届学生参加高考,70名学生中有56名学生超过了本科线。近年来,我们陆续接纳了来自中西部地区和北京周边薄弱校的数百名学生到人大附中短期“留学”。来自新疆帕米尔高原的塔吉克族少年凯萨尔,是新疆“五彩喀什噶尔儿童艺术团”的小演员。2008年9月,我们破例招收他和另外两位少数民族孩子到初一年级就读。现在,凯萨尔已经是高一的学生了,不仅适应了人大附中的生活,还参加了学校男子舞蹈团,他的艺术天赋得到了舞蹈教练及同学们的夸奖,他成长得很快乐、很健康。

2008年,“中西部中小学体育教师培训营”在人大附中“三高”体育训练基地正式启动,来自青海、新疆、西藏等12个省份的100名乡村中小学体育教师分四批进行足球职业培训。新疆的一个学员来时背了一大口袋馕,因为他第一次来北京,以为要走很多天。走时,他带走的是满满的梦想和希望——回去成立足球队,让边疆农村的孩子也享受足球的快乐。

如何利用网络整合优质资源,实现更大范围的共建与共享,也是我们长期探索、不断完善的重要课题。2005年,我发起成立“国家基础教育资源共建共享联盟”,联合全国的优质中学,探索建立优质教育资源数字化开发、集成与共享机制,支援教育欠发达地区。迄今,“联盟”已辐射全国32个省份,直接惠及60多万师生,发挥了巨大的社会效益。一位老师感慨道:“联盟使课堂跨越了时空,让山里娃和城里孩子站在了同一起跑线上。”

长期的“帮扶”实践证明,优质学校实现社会责任最大化的最好方式是培养大批优秀校长和优秀教师。授之以鱼不如授之以渔,更不如给人派一个组织打鱼的领头人。近年来,我们向北京周边学校输送了几十名优秀干部,把学校先进的教育理念、经验传播开来。在市、区教委的支持下,我们先后合并了海淀区西颐实验学校,深度共建北航附中,托管蓝靛厂中学,与农大附中、翠微中学“手拉手”,创建人大附中西山学校、朝阳学校,一批深受学生家长认可的优质学校已经形成,开创了区域内优势互补、特色发展的联合办学机制。

2009年4月,“上海市普教系统名校长名师培养工程刘彭芝卓越校长培养基地”和“北京市普教系统先锋校长培养基地”在人大附中成立,来自云南、宁夏、四川、新疆、武汉、浙江、深圳等省市的1000多人次校长教师参加了培训。“双卓基地”成立以来，举办了“国际名校长论坛”，学员们与50多位国外名校校长以及国内500多位校长共同研讨教育创新专题；带领30多个省份的78位中学校长赴美考察15天，近距离接触美国中学教育；在哈佛大学举办“中美基础教育高峰论坛”，这些活动为培养卓越校长和卓越教师搭建了高层次的平台。

人大附中还作为全国唯一的一所中学，两次承办了“国培计划——中小学骨干教师研修项目高中数学班”。我担任项目首席专家，30多位教育专家、10多位数学特级教师等组成“豪华阵容”，为全国高中数学教育界培养“种子教师”。目前，“国培计划”已在人大附中开展两次，培训学员150名，学员满意度为100%。

回首过去，我最深切的感受是我们仍然站在创新之路的起点。这些年来，人大附中的步子迈得很大，走得非常快，作为校长，我承受的压力是很大的，但我们从未放弃过对教育理想的追求。今后，我们还将沿着这条创新之路坚定不移地走下去。

（原载《中国教育报》，2012年4月24日第5版；
《心事·教育策划与管理》，2012年第12期）

融合中外教育精华
培养国际化创新人才

——中国人民大学附属中学提高教育国际化水平的实践与思考

进入 21 世纪，在全球经济一体化的大背景下，人才竞争已成为国际竞争的核心，世界各国都在积极推进教育改革，力求提升教育水平，谋求如何培养更多具有国际竞争力的高素质人才。同时，各国对教育的功能与作用的认识也越来越趋同，教育活动的交往越来越密切，教育资源的共享日渐增多，教育国际化已成为不可逆转的趋势。

2011 年，美国总统奥巴马在国情咨文中说道："如果我们想拥抱未来，如果我们想让创新在美国而不是海外创造就业岗位，那么我们必须赢得教育我们孩子的竞赛。"他在演讲中也多次提及中国，认为美国正面临激烈的国际竞争，因为"从中国到印度，再到欧洲"，这些国家和地区都认识到加强人才培养的重要性，并加大了在数学和科学领域的投资。奥巴马这样说的目的，是要唤起美国人的危机感，以在未来的国际竞争中继续保持自己国家的领先地位。

基础教育在培养拔尖创新人才方面起着奠基作用。对此，每一个基础教育工作者，特别是中小学校长，都应该承担起这份使命与责任，融合中外教育精华，转变办学理念、育人理念，用世界的眼光办好面向未来的教育。

一、认清中国基础教育的优势和劣势

我曾经多次说过：一个有远见的教育家，不仅要有历史的眼光，而且要有世界的眼光、未来的眼光。没有这样的眼光就不可能有一流的教育，就不可能培养出一流的人才。作为一个校长，关起门来办学校、搞教育的时代已经过去了，只有知己知彼，搞清楚世界教育发展到了什么水平，中国的基础教育又发展到了什么水平，才能知道自己学校的改革朝哪儿走、该怎么走。

人大附中近年来与美国、英国、芬兰、瑞典、日本、澳大利亚、韩国、新加坡等国家的著名中学、教育同仁有很多友好往来、师生互访，我也和一些世界顶尖中学的校长有过深度交流，比如参加世界著名中学校长 G20 峰会，共同探讨基础教育面临的问题与对策。在交流过程中我越来越感到，和国外相比，中国基础教育的优势是明显的：我们的教育长于传授，学生基础知识、基本技能扎实，善于归纳所学知识；但我们也有明显的劣势，即在调动学生学习的自主性，培养他们的发散思维、质疑精神、创新意识和实践能力等方面较为欠缺。我们一方面要引进真正国际一流和先进高效的东西，学习那些“人长我短”“人有我无”的现代教育观念、教育教学技术和管理经验；另一方面要在吸取外来经验的基础上，进行“加工改造”，使之更趋完善，更适合中国的国情，有利于我们的教育发展。中国教育的国际化，不是西方化、国外化，而应该是立足于本土的国际化。我们既不能妄自菲薄，也不能盲目自大，不仅自己的好东西不能丢，而且应该把国外的好东西拿来，这样才能取长补短、优势互补。

二、如何实现中外教育的优势互补、融合借鉴

2010 年 12 月，美国联邦教育部常务副部长安东尼·瓦尔德·米勒率领代表团到人大附中参观，走进了人大附中的课堂。在通用技术课上，学生们展示了如何使用电脑软件设计纸质建筑模型和纸质家居用品；在外语课上，美籍教师讲授了英语和数学校本选修课；在远程教室，师生通过现代信息技术与贵州、宁夏等国内教育资源共建共享学校同上一节课。课后，米勒先生说：“这堂课给了我很多的启发，我在今天就目睹了未来的教育是怎样的。”在艺术宫，他听学生们用英文合唱了《让世界充满和平》(Let There Be Peace on Earth)，看过舞蹈队学生的表演。米勒先生说：“看到学科教育和艺术教育如此完美的结合，促成了学生全面发展的素质教育景象，我非常高兴。”

人大附中多年来一直把融合中外精华、坚持综合创新作为开放办学、提升教育国际化水平的实施战略,取得了显著成效。我们主要采取了以下几点做法。

(一)通过合作项目突破创新能力培养的瓶颈

去年底,美国联邦教育部常务副部长米勒一行访问人大附中时,观摩了“中美中学生科技教育项目”展示课:借助远程同步技术,人大附中的学生与美国两所顶尖的科技高中——托马斯·杰弗逊科技高中和伊利诺伊理科高中的学生一起,就“如何提高风能发电效率”展开合作研究。看到两国的高中生跨越千山万水的阻隔,面对面的交流,共同做研究课题,部长很激动也很震撼,他说:“人大附中与美国学校成为合作伙伴,我想那真的让我看到了教育的未来。”

“中美中学生科技教育项目”源于 2010 年 8 月人大附中在 60 年校庆之际主办的国际名校长论坛。论坛吸引了美国、英国、德国、芬兰、韩国、新加坡等国家的数十名知名中学校长参加。论坛期间,我和美国托马斯·杰弗逊科技高中的伊万校长、美国伊利诺伊理科高中的麦克校长共同商讨了“中美中学生合作科学研究项目”的初步计划。随后,经三校校长及物理、化学、生物、通用技术等学科教师多次研讨,确定了“风力发电技术研究”“将芒草转化为生物燃料”两个研究课题。目前,合作课题进展顺利,参与研究的中美三校学生根据分工进行设计与实验,通过远程视频多次交流，现在已经取得了中期研究成果。

中美两国中学生的合作研究，带给人大附中教师的是对两国教育理念和教学方式差异的反思。以下是参与“风力发电技术研究”的物理教师宓奇的感受。第一，两校的学生都很勤奋，每天用于学习的时间都很长，但是学习的内容和形式不相同。美方学生花费大量时间查找与学科知识相关的文献资料，进行实验设计，分析调研实验的结果，归纳研究结论并撰写学科论文。而我校学生的课后时间大部分用来完成课上所学知识的练习题。在我看来，这两类任务培养的是学生不同方面的能力，美方的任务可能较为综合、全面、自主，更贴近真实社会和生活情境；我校的作业可能较为关注小的知识点的演练，更关注抽象的、细节的问题，对知识结构的完备性要求较高。第二，美方学生动手能力十分突出，对机械装配和实验环境的搭建能力比较强；而我校师生更习惯于先研究理论基础再逐步考虑实物实验，技术理论的推演能力较强。第三，美方教师不是以讲授的方式管理学生的研究活动，他们给予学生更大的自由度，但在专业指导方面善于组织高效的有针对性的讨论。

“中美中学生科技教育项目”对于人大附中的意义是什么呢？我认为，培养学生的创新意识和动手能力，一直是中国基础教育的弱项和短板，其原因在于我们的教学不能调动学生学习的自主性，不能激发他们的探究意识和独立解决问题的能力。和美国顶尖科技高中进行合作研究，是深入到学生、教师、教学层面的深度交流,促使我们在教育教学实践中进行深刻反思,转变我们的教育理念和教学方式;同时以研究项目的方式进行合作,使我们能够清楚地看到在培养学生创新意识和动手能力方面美国教育的长处,有助于我们取长补短、突破人才培养的瓶颈。

"中美中学生科技教育项目"还仅仅是开始,这种通过切身体验得出的结论,给我们的教学改革带来新的思路,带来了教师群体改变教学方式的自觉。我们将把它作为一个突破口,摸索一套适合中国国情的培养学生创新能力和动手能力的办法。

(二)以多元开放的课程培养学生的国际视野和交往能力

从20世纪80年代起,美、英、日等发达国家率先起步,世界各国都开始积极推进新一轮课程改革,把培养学生成为具有国际竞争力的公民作为教育的目标。面对世界教育的变革与发展,中国的基础教育必须在课程设置、课程结构和内容上进行变革,迎接时代的挑战。

人大附中从20世纪80年代中期开始课程改革的尝试。我们开发了"发明创造"必修课,相继开设了"现代少年""科学实践""社会实践"等校本课程。在改革过程中,我多次带领学校领导及骨干教师到已有成功课改经验的美国、瑞典、芬兰、英国、新加坡等国家学习、考察。比如,带领全校教研组长到芬兰考察,了解他们的"跑班"和课程设置情况。历经20多年探索实践,人大附中已构建起涉及自然科学、社会科学、综合实践、体育与艺术等4个领域的150多门校本课、特色课，形成了多元开放的课程体系。

外语课程的设置，是我们提升办学水平、实现教育国际化的一个着力点。外语是国际交流的重要工具，掌握好外语是具有国际竞争力的高素质人才必备的能力。早在20世纪90年代末，我曾对全校教职工提出：“人大附中会越来越开放，与世界名校的交流会越来越广泛，这一切都离不开外语。没有语言的交流，就没有教育的交流。”经过与有关专家反复论证，我们确定开设了日、法、德、韩、阿拉伯、西班牙、俄、意、荷兰、芬兰等10门第二外语课程，聘请了外籍教师，开设了英语物理、英语地理、英语戏剧等18门外教学科英语课程。这些课程不仅丰富了学生外语学习的内容、提高了他们的外语应用能力，还开阔了学生的文化视野、培养了学生的国际意识。除此之外，学校一年一度的英语剧、英语电影节以及众多有学生参与的对外交流活动，也为学生搭建了广阔的学习和运用外语的平台。

一所中学为什么要开这么多种外语课？我们的回答是：“要让世界成为孩子们的教科书，我希望我们的学生与世界交流无障碍！”2005届毕业生由宓，在高考前夕参加了北京财富论坛。作为到会的唯一一名中学生，她在会议期间以纯熟的英语进行演讲，并回答了众多国际财富领域精英、外国媒体的提问。由宓说：“人大附中丰富的英语学习活动令我目不暇接,学校里有一种开放的气氛鼓励着学生去想、去尝试。”“在高中,我的灵感处于激发状态而且有了展示的机会。”

(三)为师生搭建广阔的国际交流平台

1. 开展国际理解教育

国际理解教育是当代世界教育发展的新课题。我们的教育应该让学生更多地了解其他国家、民族,了解人类文化的多样性和多元性,从而采取包容、理解的心态,为他们未来在国际舞台上的交流、合作和参与竞争奠定基础。培养具有国际意识的公民,是素质教育的重要组成部分,需要从基础教育抓起。

人大附中非常重视国际理解教育。几年前,学校曾派老师先后赴日本、韩国参与国际理解教育相关国际课题,并在学生社团中开展国际理解教育的相关活动。比如,杨杰川、杨金平老师专门组织了一个国际理解教育项目组,并开设有国际理解教育选修课。每年,人大附中的部分学生会在老师的带领下参加国际青年领袖训练营项目“模拟联合国”活动,这是世界各国官方和民间团体特意为青年人组织的。青年学生们扮演各个国家的外交官,以联合国会议的形式,通过阐述观点、政策辩论、投票表决、作出决议等亲身经历,熟悉联合国的运作方式,了解世界发生的大事对未来的影响,了解自身在未来可以发挥的作用。

2. 重视国际交流

实现教育国际化要有具体的交流途径，有交流才能有碰撞，才谈得上融合、借鉴。人大附中十分重视与其他国家和地区的教育交流，我们常用的交流方式主要有以下三种。

一是建立校际友好关系。从 20 世纪 90 年代中后期开始，人大附中与新加坡莱佛士书院、日本五藏中学、美国菲利普斯·安多福中学、英国伊顿公学等 40 多所世界名校结为友好学校，在交流中互相学习、取长补短。

二是定期开展师生互访，考察进修。每年都有十几个国家的几十个师生代表团与我校开展互访活动，增进相互了解。其中，美国前总统布什的母校曾派出 80 多人的访问团来我校访问交流；另外，我校还与美国麻州大学合作进修项目，与一些友好学校开展学生交换活动。

三是承办国际会议。2005 年以来，我校承办或协办了中国和芬兰知名校长课程改革研讨会、中英名校论坛、国际名校长论坛等基础教育高端国际交流会议，发起主办了国际中学生足球比赛，促进了世界教育的交流与融合。

东西方基础教育各具优势，把中国教育的优良传统与西方教育的先进经验有机融合，实现优势互补，我们就能办好人民满意的学校、培养出国家需要的人才，与世界各国教育同行一起共创教育的美好未来。

（原载《世界教育信息》，2011 年 4 月刊）

熔铸中外精华　坚持综合创新

——在“中英名校论坛”上的讲话

各位来宾、各位同事：

今天，我们欢聚北京人民大会堂，共同举行“中英名校论坛”，研讨传统教育和现代教育的对接问题，研讨本国教育与外国教育的交流问题，研讨世界各国教育同行共同面对和关心的问题。我们正在一个庄严的地方做着一件有意义的事情！

教育，属于广义的文化范畴。文化问题，说到底就是“古今中外”的问题。古今，就是传统和现代的关系，中外，就是本国和外国的关系。对一个国家、一个民族来说，处理好了“古今中外”的关系，她的文化就充满生机活力，就发展顺利，中国如此，英国如此，别的国家也如此；过去如此，现在如此，将来也如此。本次“中英名校论坛”的话题，抓住了教育事业发展的核心所在。

中国的圣贤有两句至理名言：一句是“周虽旧邦，其命维新”，意思是说，中国虽然是个古老的国家，但她日新其德，与时俱进；另一句是“极高明而道中庸”，意思是说，面对任何一个问题，处理任何一件事情，都不能走极端，要把各种观念、各种方案放在一起综合考虑，从中选出一个最佳思路。正是因为“周虽旧邦，其命维新”，正是因为“极高明而道中庸”，在世界四大文明古国中，只有中国文化延续五千年而一脉未坠，成为世界文明史上的奇迹。我要借本次论坛的机会，把我信服的这两句至理名言献给各位同事，让我们以此共勉，用“周虽旧邦，其命维新”的精神，处理好传统与现代的关系；用“极高明而道中庸”的思维方式，大胆吸收世界各国的优秀文明成果，处理好本土化和国际化的关系，努力推动教育事业更好地发展。

各位来宾、各位同事！

虽然我们来自不同的国家、有着不同的文化背景，但当我们坐在一起时，很快就会发现，我们的心灵竟是如此相近，我们的话题竟是如此相同。天下教育工作者是一家。

在全球化的大趋势下，和平、合作、发展，已成为世界舆论的主旋律；“双赢”也成为各国人民都喜欢的词汇。关起国门谋发展的时代过去了，孤芳自赏的心态落伍了。

我们就要站在这样的高度看教育。各个国家的教育工作者不仅职业相同，而且目标也日趋一致，大家都要努力培养有科学精神、人文关怀和实践能力的人，都要努力培养既热爱自己的国家又热爱世界和平的人。西方有一句谚语,“条条大路通罗马”,中国也有类似的格言,“一致而百虑,殊途而同归”。在教书育人方面,各国的教育工作者都有许多好办法、好经验,这些好办法、好经验应该成为全世界教育工作者的共同财富。各国教育工作者应该加强对话、增进了解,相互学习、共同发展。

这里,我借用中国一位文化老人的话,向中外同事表达一个愿景:各美其美,美人之美,美美与共,天下大同。意思就是说,一个国家一个民族,既要珍视和弘扬自己的文化,也要欣赏和借鉴别的国家和民族的文化,各国各民族的文化互通有无、共生共荣,地球才是全人类的美好家园。“各美其美,美人之美,美美与共,天下大同”,这十六个字何其好啊!教育工作者要培养出有这等胸怀和眼界的人,自己首先就要有这等胸怀和眼界。

各位来宾、各位同事!

中国人民大学附属中学创办于1950年,是当时中国唯一直属国家教育部领导的中学,毛泽东、刘少奇、周恩来等中央主要领导人对这所中学的创办和发展倾注了心血。这种高起点为中国人民大学附属中学的发展奠定了坚实的基础。

中国人民大学附属中学伴随着新中国成长,她的历史,就是一部浓缩了的新中国教育史。改革开放以来,新中国和平崛起,综合国力空前增强,中国人民大学附属中学也进入快速发展的新阶段。21世纪的中国人民大学附属中学,正在以先进的教育理念、优秀的教师队伍、过硬的教学设施和优美的校园环境，建设“国内领先、国际一流”的学校。

“国内领先”，要求我们具备历史的眼光，对中国的教育传统，对中国的教育现状有精深的了解；“国际一流”，要求我们具备世界的眼光，及时掌握别的国家最新的教育思想和教学方法。建设“国内领先、国际一流”的学校，要求我们熔铸中外精华，坚持综合创新。中国人民大学附属中学近年来走过的道路，就是一条熔铸中外精华、坚持综合创新之路。

在“熔铸中外精华、坚持综合创新”中，中国人民大学附属中学将着眼点和着力点主要放在“五个打通”上。

第一，打通科学精神和人文精神、现实关怀和终极关怀之间的关节。中国的传统教育重人文而轻科技，教育的内容以道德修养为主，教育的目的是培养君子而不是培养专门人才。什么样的人才称得上“君子”？宋代大诗人苏东坡的话最有代表性，他说君子最典型的标志是“轻外物而自重”。“轻外物”的思想发展到极致，就是凡事都只求心之所安而不计功利。相比之下，西方国家进入近代后，重科技、求功利，与中国的传统教育迥异其趣。我们没有必要去比较中国传统教育和西方近代教育的优劣高下，但我们必须正视一个现实，那就是在以经济发展为中心、商业气味越来越浓的当今世界，人文精神正在缺损，人们都在呼吁“寻找精神家园”。在这样的时代办教育，我们应该有新思维。中国人民大学附属中学的新思维，就是吸收中国传统教育和西方近代教育的优秀成分，打通科学精神和人文精神、现实关怀和终极关怀之间的关节，培养学生既具备科学精神又具备人文精神，既立足现实又有远大理想，既讲求功利又能超越功利，既是君子又是专门人才，达到“正其义而谋其利，明其道而计其功”的人生境界。为此，我们不断加大哲学社会科学和人文科学的教学内容，让人文精神的教育贯穿于教学的全过程和方方面面。为此，我们不断加大美育的力度、深度和广度，让文学艺术净化学生的心灵，升华学生的思想。我们要通过打通科学精神和人文精神、现实关怀和终极关怀之间的关节，把中国人民大学附属中学办成科学和人文的殿堂、现实和未来的桥梁。

第二，打通信息、知识、智慧、能力之间的关节。信息、知识、智慧、能力是教学内容的四个关键词，相对而言，中国的传统教育重视中间的两个环节，西方教育重视一头一尾的两个环节。虽然中国明代的东林书院有“风声雨声读书声声声入耳，家事国事天下事事事关心”的对联，但这不是中国传统教育的主流，主流是“两耳不闻窗外事，一心只读圣贤书”。不重视新信息，是中国传统教育的一个短项。中国人有知识、有智慧，所以能有影响世界的“四大发明”。但指南针是被西方人应用于航海的，火药是被西方人应用于武器制造的，世界历史因为这种应用发生了巨大的变化。不重视应用能力，是中国传统教育的又一个短项。我们今天办教育，就是要进一步发挥中国传统教育重知识、重智慧的优势，同时，借鉴西方近代教育重信息、重能力的长处，在打通信息、知识、智慧、能力之间的关节上下功夫，让学生尽可能广泛地接收信息，然后将信息整合为知识，将知识升华为智慧，将智慧转化为能力。中国人民大学附属中学的教学模式，实际上就是将信息、知识、智慧、能力组成一个环环相扣、生生不已的"太极链"，在这个"太极链"中循环过的学生才是优秀的学生。中国人民大学附属中学的学生对世界的了解，不比任何一所世界名校的学生差，中国人民大学附属中学的学生在世界中学生创造发明比赛中的获奖数，不比任何一所世界名校的学生少，在哈佛、耶鲁、剑桥、牛津等世界一流大学里，都有中国人民大学附属中学的毕业生，他们在那里都是优秀学生。我这些年访问过几乎所有的世界著名中学，在学到许多经验的同时，我也充满自豪感。这种自豪感就来自于我们的信息、知识、智慧、能力"太极链"。

第三，打通严格考试与素质教育之间的关节。中国是考试制度的故乡，也是世界上考试制度最严密的国家。指南针、造纸术、火药、印刷术，是中国古代的"四大发明"。但有人说"四大发明"应该改为"五大发明"，这第五大发明就是科举制，科举制对世界文明的发展影响同样巨大。美国人推选对人类文明发展有重大影响的古代政治家，中国的隋文帝榜上有名，因为隋文帝发明了科举制度，许多国家的文官考试制度都是受科举制的影响、由科举制演化而来的。重视考试，是中国传统教育的一大特色。重视考试是应该的,因为到目前为止,人们还没有找到一种比考试更公平公正的人才选拔方式。但重视考试走到极端,变成“应试教育”,那就不好了。因为“应试教育”束缚人的个性,影响人的全面发展。我们今天推行“素质教育”,就是为了消除“应试教育”的弊端。目前,一方面要搞素质教育,一方面各种考试还要继续存在,这是我们面临的最严峻的课题。中国人民大学附属中学的态度是,重视考试的传统要坚持,素质教育也要坚持,我们要做的工作就是打通严格考试与素质教育之间的关节。有教育就有考试,如果说教育是一只“鸟”的话,那么考试就是“笼子”,笼子当然限制鸟的自由,笼子打开,鸟是自由了,但也不属于你了。我们应该做的和能够做的事,就是把笼子做得大些再大些。经济学家讲经济发展,喜欢用的一句话是“把蛋糕做大”,教育学家谈考试,聚焦点应该是“把笼子做大”。我们要学习国外一些学校考试内容设置和考试形式比较灵活的优点,不断改革考试内容,不断更新考试形式,不断提高教学效率,让学生不怕考试,让学生备考的时间越来越少。中国人民大学附属中学的实践证明,严格考试与素质教育之间的关节是能够打通的,我们的学生考上北京大学、清华大学等一流大学的人数连续几年在全国的中学中名列第一,我们的各类体育团队在国际中学生运动会上多次获得冠亚军,我们的学生在国际中学生奥林匹克学科竞赛中屡获大奖,我们的学生艺术团队在许多国家的舞台上展示风采。我们的学生还参加各种社会公益活动,我们的学生不仅考试成绩好，而且个性张扬，全面发展。

第四，打通规定动作与自选动作之间的关节。对于中学教育，国家有教学大纲，有评估标准，对此，我们要不折不扣地执行。不过，国家的教学大纲和评估标准只是基本要求，实际上留给中学自由发挥的空间非常大，对此，我们要充分利用。如果说执行国家的教学大纲和评估标准是“规定动作”的话，那么，充分利用自由发挥的空间，就是“自选动作”。于是，打通规定动作与自选动作之间的关节，是中学教育面临的又一个重要课题。在过去相当长的时期内，中国的中学“规定动作”多，西方的中学“自选动作”多。现在，这种状况有了很大的改变。目前，中国人民大学附属中学在完成好“规定动作”的基础上，已在很大程度上将办学重点放在做好“自选动作”上，我们的自编教材占到所有教材的三分之一左右，我们为学生开的选修课有 120 多门，其中光外语课就有 9 个语种。在所有的体育比赛中，我最喜欢看跳水比赛，因为跳水比赛既有规定动作，也有自选动作，是规定动作和自选动作的完美结合。在现代诗和古典诗中，我喜欢古典诗，因为古典诗有严格的格律，诗人在严格的格律中施展自己的才华、体现自己的风格。一个优秀的跳水运动员肯定是规定动作和自选动作都做得好的运动员；一个优秀的诗人，肯定是“纵心所欲不逾矩”的诗人。同样的道理，一所优秀的学校，也肯定是把规定动作和自选动作之间的关节打通的学校。中国人民大学附属中学的实践证明，规定动作和自选动作之间的关节是完全可以打通的，而且一旦打通，规定动作和自选动作必然相互促进、相得益彰。

第五，打通感情凝聚和制度管理之间的关节。中国古代是个宗法制社会，讲伦理，重感情，这种文化色彩渗透在教育之中。在中国古代，学生称老师为师父，称老师的夫人为师母，称同学为师兄师弟，学堂很像家庭，温情脉脉。中国的文化人写回忆文章，写得最多的是两个人，一个是母亲，一个是老师；写得最动人的地方是两个，一个是家庭，一个是学校。这些都是中国的传统教育重感情、讲伦理的表现。1905 年，中国废除科举制，开始兴办新式学校，并从西方引进新式的学校管理制度，这当然是一种进步。但我们在学习西方的现代学校管理制度时，决不能丢掉重感情、讲伦理的中国教育传统，因为学校是教书育人的地方，而人是有感情的。我们带教职工队伍，既要靠制度管理队伍，靠事业激励队伍，还要靠感情凝聚队伍。我们要让教职工对学校有认同感、归宿感、责任感，进而让认同感、归宿感、责任感上升为热爱之情。一个人只有对一种事业有热爱之情，才能把这项事业做到最好；一所学校，只有让教职工对她有热爱之情，才能办成最好的学校。我们培养学生，既要培养他们的智商，也要培养他们的情商，对当代人来说，对中国的独生子女来说，情商比智商还要重要。因此，中国人民大学附属中学在管理学校时，十分重视打通感情凝聚和制度管理之间的关节。怎么打通？就是让我们的各项管理制度人性化，就是让我们的各项管理制度以人为本。正因为打通了感情凝聚和制度管理之间的关节，中国人民大学附属中学是一所和谐学校。“内睦则家道昌，外睦则人事济”，我们的学校这些年之所以发展很快，基础就是和谐团结、动力就是和谐团结。

各位来宾、各位同事！

在“熔铸中外精华、坚持综合创新”中，中国人民大学附属中学始终坚持这样的原则：有容乃大，以我为主，中学为体，西学为用。

大海接收天上的雨水，接收地上的大河小河之水，这就是“有容乃大”。不管是天上的雨水还是地上的大河小河之水，到了大海之中后，味道都要变咸，这就是“以我为主”。

中国有一条长江，美国有一条密西西比河。我们不可能把长江搬到美国，也不可能把密西西比河搬到中国，但我们可以借鉴美国人管理密西西比河的一些好经验、好做法，把我们的长江保护、利用得更好，这就是“中学为体，西学为用”。

中国人民大学附属中学熔铸中外精华，坚持综合创新，最终目标是探索一条民族的、科学的、大众的、面向现代化、面向世界、面向未来的中国特色社会主义教育之路。

这次“中英名校论坛”，就是两国教育工作者加强交流、携手合作的表现。我们希望这样的交流和合作今后能越来越多。

我们相聚在金秋的北京。秋天是北京最美的季节,秋天是收获的季节。祝大家在今后的工作中收获更大更多的成绩。

谢谢各位。

(2005 年 10 月 27 日)

高起点　抓重点　有特点

——中学开展科技创新教育的基本思路和主要做法

一、在世纪之交的历史时期，随着全国技术创新工作会议和第三次全国教育工作会议的召开，随着中国即将加入世贸组织，随着揭批“法轮功”运动的深入，我们应该把开展科技教育、培养学生创新精神和实践能力的认识提高到一个新的水平，以新的认识促进中小学科技创新教育工作，抓住新机遇、迎接新挑战、迈上新台阶

（一）要在第三次全国教育工作会议的精神上统一思想、找准位置、自加压力、有所作为

21 世纪是知识经济的世纪，创新是知识经济的核心。虽然各国的技术创新政策中，一般都只谈高等教育，最多涉及几句职业教育，但技术创新的背后是创新精神和创新能力。小到一个人，大到一个民族，创新精神是要靠激发的，创新能力是要靠培养的，而激发创新精神，培养创新能

力,从根本上讲,要从孩子抓起。一个国家有没有足够的科学储备,有没有持久的创新能力,关键在基础教育。中小学的创新教育搞不好,向大学要新技术就是缘木求鱼。因此,培养创新精神和创新人才,是对所有教育工作者的要求,基础教育工作者应该统一思想、找准位置、自加压力、有所作为。

(二)加强科技教育、培养创新精神和实践能力是素质教育能否取得突破性进展的关键所在

目前,我国的素质教育工程已进入攻坚阶段。素质教育的优越性主要体现在三个方面:一是面向全体学生;二是德智体美全面发展;三是充分发挥学生的创造性。因此,通过开展科技教育,培养学生的创新精神和实践能力,不仅本来就是素质教育的内涵中应有之义,而且是素质教育工程能否取得突破性进展的关键所在。在即将到来的知识经济时代,创新精神和实践能力是一个人最重要的素质。中国在搞素质教育,别的国家也在搞素质教育,世界各国的素质教育,最终就在学生的创新精神和实践能力上见高低!就在上个星期,中美就中国加入世界贸易组织的谈判圆满成功,中国有可能在今年年内最迟在明年年初成为世贸组织的正式成员。中国经济正式进入国际大舞台后,优胜劣汰,竞争将日趋激烈。经济竞争,说到底就是劳动者素质的竞争,而全面提高劳动者素质的重任,只能落在广大教育工作者身上,不加强科技教育,不培养学生的创新精神和实践能力,我们就不能完成历史赋予我们的

重任。

（三）只有开展科技教育，培养创新精神和实践能力，才能使教育事业永远面向现代化、面向世界、面向未来

面向现代化、面向世界、面向未来，这是邓小平同志对我国教育事业的期望，也是发展我国教育事业的根本方针。什么叫面向现代化？现代化的关键是科学技术现代化，而科学技术的生命力就是它的不断创新。正是在这个意义上，一些专家学者把知识经济称作第二次现代化，而国家创新系统就是第二次现代化的发动机。什么叫面向世界？世界的潮流是和平与发展，发展是硬道理，而发展的动力是技术创新、科学创新、知识创新。什么叫面向未来？未来是知识经济时代，而知识经济的内核是知识创新。因此，三个面向的核心是“创新”；只有培养学生的创新精神和实践能力，才能使教育事业永远面向现代化、面向世界、面向未来。

（四）加强科技教育、培养科学精神是青少年世界观、人生观教育的重要内容，是关系国家长治久安的大事

今年下半年，全国开展了深入揭批“法轮功”的斗争。从已公布的资料看，中学生中还没有人修炼“法轮功”，但“法轮功”事件仍给广大基础教育工作者敲响了警钟，它提醒我们在中小学开展科技教育，让孩子们从小学习并掌握科学精神、科学态度和科学方法是多么重要。基础教育的工作做在前头、做得好、做得扎实，科学精神、科学态度、科学方法成了孩子们的“第二天性”，将来他们走上社会

后，就能自觉抵御各种邪教和歪理邪说的影响。中央领导多次强调，打击邪教，反对伪科学、反对各种歪理邪说是一项长期的、复杂的、艰巨的任务，因此，在中小学加强科技教育，是培养青少年树立正确的世界观和人生观的重要内容，是关系国家长治久安的大事。

总之，在世纪之交，随着全国技术创新工作会议和第三次全国教育工作会议的召开，随着中国即将加入世贸组织，随着揭批“法轮功”运动的深入，我们应该把开展科技教育、培养学生创新精神和实践能力的认识提高到一个新的水平，以新的认识促进中小学科技创新教育工作，抓住新机遇、迎接新挑战、迈上新台阶。

二、人大附中作为科技示范校，开展科技教育、培养学生创新精神和实践能力的基本思路和主要做法是：将科技创新教育融入学校的教学指导思想中，以此作前提，改善教学评价体系；以此作保障，在中间环节的具体教学中，做到高起点、抓重点、有特点

（一）将开展科技教育、培养学生创新精神和实践能力融入学校的教学指导思想中

开展科技教育、培养学生的创新精神和实践能力，不是战术问题，而是战略问题；不是局部问题，而是整体问题；不是微观问题，而是宏观问题。说到底，这是个教学思想的问题。

人大附中的办学思想是：尊重个性，挖掘潜力，一切为了学生的发展，一切为了祖国的腾飞。

人大附中的校训是:崇德、博学、创新、求实。

人大附中培养学生的目标是:全面发展+突出特长+创新精神+高尚品德。

由此可见,开展科技教育、培养学生的创新精神和实践能力,是人大附中教学指导思想中的重要组成部分。

将开展科技教育、培养学生创新精神和实践能力融入教学指导思想中,才能保证将科技创新教育作为素质教育的重点,才能保证一把手亲自抓,才能保证全校员工认识统一、步调一致,才能保证人员到位、资金到位、课时到位、设施到位,才能把好事办实、实事办好。这是做好科技创新教育工作的前提。

(二)在科技创新教育中,做到高起点、抓重点、有特点

1. 高起点

我们要培养的是知识经济时代的弄潮儿而不是落伍者,开展科技教育、培养学生的创新能力和实践能力,立意要超前,起点要高,要让孩子们在求知欲望和创造热情最旺盛的时候,就站在科技发展的最前沿,去追求新的发展。没有高起点,“面向现代化,面向世界,面向未来”无从谈起。

第一,科技创新教育的高起点必须有先进的计算机网络作依托,在网络上,科技创新教育才真正海阔天空;离开网络,科技创新教育再怎么搞,也是作坊式的小打小闹。因此,人大附中舍得投资,花大力气建设校园网。人大附

中的校园光纤网、电子备课室、光盘阅览室、数字化室、电子阅览室均已投入使用,从今年开始,我们准备用两三年的时间,改造现有校园网,建成千兆网络,实现电信、电视、电脑三网合一,开创以电脑网络为基础、以图书馆为信息源、以数字化为模式的现代化教学环境。在建设校园网络的同时,我们成立学生网络俱乐部,并定期邀请美国麻省理工学院的学生到我校组织学生办网页设计班,指导师生在网上作科技创新的教学活动。

第二,充分利用地处中关村的优势,与高校、科研机构联手,提高中学生科技创新教学活动的层次。人大附中地处有"中国硅谷"之称的中关村,与中国科学院、北京大学、清华大学及众多高科技公司相毗邻。我们在开展科技教育、培养学生创新精神和实践能力时,充分利用这一独特优势,经常邀请大学教授和科学院的专家来学校指导学生的科研活动,选派优秀学生直接参加科学家的课题研究,并征得一些大学和科研机构的同意,允许人大附中的优秀学生进入并使用他们的实验室。因此,人大附中学生的科技创新教学活动,层次一年比一年高,一些学生升入大学后,独立进行科研活动水到渠成。

第三,让中学生用最基础的知识去做比较前沿的、适应社会需要的科学研究。如何让中学生用最基础的知识去做比较前沿的、适应社会需要的科学研究,这应该是中学科技创新教育思考的兴奋点。几年来,人大附中在这方面做了一些探索。比如,我们在选修课中开展数学建模活动，通过数学建模让学生对“同种商品不同型号的价格规律”等社会经济问题进行研究，取得了很好的效果。实践证明，只要将实事求是与解放思想有机地结合起来，只要切入点选得好，中学生科技活动的高起点也是做得到的。

2. 抓重点

开展科技教育，培养学生的创新精神和实践能力，不管多么重要，但还只是学校整个教学体系的一部分，校长、教师、学生在科技创新教学中投入的时间和精力总是有限的，要让这有限的时间和精力发挥最大的效益，全面出击，平均用力，实际上做不到，必须抓重点。

人大附中在科技创新教育中重点培养学生的三个能力：一是综合能力；二是创造能力；三是动手能力。

（1）综合能力

人大附中从 1994 年开始设立“科学实践课”，该课程不以单一学科为对象，而是介绍一些边缘科学、交叉科学，需要学生综合地学习知识和运用知识。学生参加科学实践课，都有科研项目，从定题目、列提纲到跑图书馆查资料、泡实验室做实验，再到撰写论文、进行论文答辩，最后到进行论文评比、将优秀论文结集出版，整个过程都由学生自主完成，这更是对学生综合能力的培养和锻炼。

人大附中重视并积极组织头脑奥林匹克活动，因为在各种奥林匹克竞赛中，头脑奥林匹克竞赛最能体现学生的综合能力。从 1992 年参加海淀区首届头脑奥林匹克竞赛获得冠军到 1996 年获得北京市首届头脑奥林匹克冠军，再到1999年11月20日代表北京市参加中国首届头脑奥林匹克擂台赛获得团体第一名，人大附中已成为中国头脑奥林匹克活动的一方重镇。

(2)创造能力

早在1992年，人大附中就提出要像办华罗庚学校一样办一所创造发明学校，并率先在中学开设“发明创造课”，将创造发明正式引入课堂。几年来，学校为开好这门课倾注了大量的心血，不仅带出了一支高水平的教师队伍，自编了一套高质量的创造发明教材，还与一家专门为创造发明课生产特殊教具的工厂合作，及时生产出与新教材配套使用的学具和教具，学生的创造发明成果更是层出不穷。由于开展创造发明活动成绩突出，人大附中校长被选为全国青少年劳动技术教育发明创造专业委员会主任。

(3)动手能力

人大附中从1992年开始进行劳技创新教育的实验，取得比较明显的成绩。从1998年开始，我们集中精力对劳技课进行改进，增加劳技课的科技含量，将小发明、小创造与劳动技术教育结合起来。经过几年的实践和探索，人大附中已形成了自己鲜明的劳技教育特色：“以发明创造为龙头，以金工、木工、电子为基础，兼顾制图、手工、篆刻、摄影、模拟驾驶等，面向全体学生，学有所长。”1998年，人大附中的劳动技术教育工作受到教育部的表彰。

为了培养学生的动手能力，人大附中不仅向学生开放所有实验室，而且计划建立学生自主实验室。

3. 有特点

开展科技教育，培养学生的创新精神和实践能力，“百所科技示范校”可谓春兰秋菊、各擅胜场，大家在搞好全面工作的基础上都在努力形成自己的特色。人大附中科技创新教育的特点主要体现在两个方面。

一是善于“借势”，积极“造势”，高度重视各类与培养学生创新精神和实践能力有关的竞赛活动。因为国内外大型中学生科技创新竞赛活动的导向作用、辐射作用和激励作用是无法替代的。人大附中校园内的科技创新气氛一直很浓郁，在很大程度上是因为经常有学生在国内外科技创新竞赛中得大奖，经常有学生的科研成果获得国家专利。充分利用各类大型中学生发明创造竞赛，这是“借势”，让获大奖的学生做榜样，这是“造势”，人大附中在“借势”和“造势”中受益匪浅。例如，几年来，我国举行的中国青少年英才比赛（即雷达杯赛），人大附中学生分别获得一、二、三等奖，今年获全国金奖（第一名）和 1 万元人民币奖金。另外，人大附中学生还积极参加科学家俱乐部活动。

二是把开展科技教育、培养学生的创新精神和实践能力作为系统工程来搞。人大附中的科技创新教育有必修课，有选修课（包括自选课、限选课、必选课），有科技讲座，有课外兴趣小组，有科技月活动等，教学体系已现雏形。人大附中的创造发明教育有固定的课程、有专职的教师、有自编的教材、有配套的教具厂，已走上良性循环的轨道。人大附中从组织学生参加创造发明活动到为学生的创造发明成果申请专利,再到为学生的专利产品寻找生产厂家,已形成一套灵活有效的运作机制。

(三)改革教学评价体系,保障科技创新教育落到实处

随着培养学生创新精神和实践能力的教学观念的确立,人大附中对原有的教学评价系统进行了改进,充分运用改进后的教学评价系统的导向作用,激发学生的创造精神,鼓励学生的发明创造。一方面,在正常的课业学习和测试中,提倡学习方法有创意、解题思路有新意;另一方面,鼓励学生通过参加各种发明创造活动和社会实践活动,锻炼创造性思维和实际动手能力。在对学生进行评价时,增加肯定创新意识、褒奖创新实绩的指标,并使其在整个评价系统中占据重要位置。

(原载《中关村科普工作战略研讨会论文集》,2000 年 6 月 8 日)

知识经济时代呼唤创新教育

随着21世纪的日益临近,随着知识经济时代的初见端倪,人们的“跨世纪思考”也越来越具体、越来越现实了。百虑而一致,殊途而同归,集思广益的结果,是使得一个词汇在世纪之交变得非常抢眼,这个词汇就是“创新”。

从当今的国际经济形势看,知识已成为经济发展的主要动力,21世纪将是知识经济占国际经济主导地位的世纪。而以知识为基础发展经济,就必须依靠知识创新,因此,创新是知识经济的内核。“创新”将成为进入21世纪国际经济竞技场的“入场券”,谁能抢占创新的制高点,谁就是21世纪的主角。对中国来说,“创新”既是机遇又是挑战,要抓住机遇、迎接挑战。

据有关专家论证,国家创新体系可分为知识创新系统、技术创新系统、知识传播系统和知识应用系统。其中,知识创新系统的核心部分是国家科研机构和教学科研型大学;技术创新系统的核心是企业;知识传播系统主要指高等教育系统和职业培训系统;知识应用系统的主体是社会和企业(路甬祥:《建设面向知识经济时代的国家创新体系》,见 1998 年 2 月 6 日《光明日报》)。从字面上看,国家创新体系中没有基础教育系统,但谁都知道,小到一个人,大到一个民族,创新精神是要靠激发的,创新能力是要靠培养的,而激发创新精神、培养创新能力,从根本上讲,要从孩子抓起;一个国家有没有足够的科学储备,有没有持久的创新能力,关键在基础教育。正是在这个意义上,我们说,基础教育是创新人才成长的摇篮,任何领域的任何一种创新都是和基础教育分不开的。

目前,我国的基础教育正在由"应试教育"向"素质教育"转轨,开展创新教育正是实现这种转轨的关键所在。众所周知,"应试教育"的最大弊端之一就是将孩子们与生俱来的个性和创造潜质扼杀殆尽,它使我国的基础教育之路越走越窄。要想从"应试教育"的误区中突围出来,就必须寻找其薄弱处下手。而这个薄弱处正是长期被忽略和冷落的创新教育。只有从这里突出重围,才能进入"素质教育"的广阔天地。从这个意义上讲,创新教育既是冲出"应试教育"怪圈的突破口,也是转向"素质教育"的切入点。与"应试教育"相比,"素质教育"的优越性主要体现在三个方面:一是面向全体学生;二是强调德智体美全面发展;三是充分发挥学生的创造性。创新教育本来就是素质教育的题中应有之义,创新教育追求在德智体美全面发展的基础上,激发和培养全体学生的创新精神和创新能力,启发学生创造性地学知识,创造性地运用知识,而不是使学生成为被动地接受知识、消极地存储知识的“记忆仓库”。培根有一句名言:“知识就是力量。”其实,更准确地说应该是:知识只有创造性地运用才是力量,知识只有不断创新才永远是力量。

通过这一阶段的学习和思考,结合中国人民大学附属中学近年来的教育改革实践,我认为,在基础教育系统特别是中学开展创新教育,应该注意解决以下几个问题。

基础教育系统要顺应潮流、乘势而下,实施创新教育,首先必须解放思想,转变观念。在中小学特别是在中学开展创新教育,重点应放在学生的创新意识和创新精神的养成上。要在校园中形成浓郁的崇尚创新、尊重创新人才的氛围,要使创新教育体现在各个学科的教学活动中。比如,在历史课上,要让学生了解,人类的不断创新是人类文明不断进步的动力;在现代少年课上,要让学生知道,在未来社会,只有具备创新精神和创新能力,才能适应社会的需要。还要自编创造发明课教材,让学生掌握创造思维的特征、了解科学创新的范例、学习世界杰出科学家的创新精神。总之,通过方方面面的教育,最终要让学生们明白,从某种意义上说,最根本的就是因为人有创新精神和创新能力,人才能成为人。中国古代的哲学家喜欢把人与天、地并列号称为“三才”,就是因为人具有改天换地的精神和能力。

加快教学内容的调整步伐。在知识经济时代,知识的发展出现两大趋势,一是突破,二是融合。突破能产生新知识,融合也能产生新知识,而无论是突破还是融合,都离不开创新精神和创新能力。创新教育要根据这种发展趋势调整教学内容,在现有国家规定的必修课程中,删除陈旧过时的知识,增加前沿新知;减少记忆性知识的分量,增加有助于提高分析能力、创造能力的内容;删减一些难度过大的教学内容,减轻学生的课业负担,使学生有时间和条件接触自然、参加社会实践、发现发明创造的课题,并通过自己的创造性工作,关心和满足社会的各种需要,增加创造性学习的积极性;加强学科的交叉渗透,将一些关系密切的学科内容合并,加以融会贯通,以提高学生综合应用知识、创新性地解决实际问题的能力。

改进教学评价方法,充分运用教学评价的导向作用,引导教师创造性地教,引导学生创造性地学,激发创新意识,倡扬创新思维,鼓励创造发明。具体地讲,就是一方面在正常的课业学习和测试中,提倡解题思路有新意、学习方法有创意;另一方面,鼓励学生通过参加各种发明创造实践,锻炼磨合创造性思维和实际动手能力。在对学生进行评价时,应当增加肯定创新意识、褒奖创新实绩的指标,并使其在整个评价体系中占据重要位置。

在整个教学管理中,牢固树立学生本位的思想,学校的一切工作,都要有利于学生的个性发展,有利于培养学生的主体意识和创新精神,在这方面,可以采取许多积极有效的办法,如使所有学生都有机会参与班级的管理,并鼓励他们在自己所从事的组织管理工作中有创新精神，有创新成果；建立跨班级的各类学生组织，使学生有机会自己管理自己，并为他们提供施展创造才能的舞台；全面开放课外活动设施，将学校的图书馆、科技馆、实验室提供给全体学生使用，使学生的创造发明活动有资料、有设施、有场地；创办学生自己的报纸、电视台、广播站，使学生能够独立地运用所学知识，为自己的“小社会”服务，发挥主人翁精神，创造性地开展工作，等等。

正确处理好“共同发展”和“特殊发展”的关系，将“有教无类”的博爱精神和“因材施教”的科学方法有机地结合起来，避免有的学生“吃不饱”、有的学生“吃不了”的现象。人的创造性思维有强有弱，人的创新能力有大有小，这是客观事实。正视这个事实，就要在培养全体学生创新精神和创新能力的基础上，对一些超常学生进行特殊教育，这才是对每个学生负责的实事求是的态度。

人无远虑，必有近忧。未来的社会千变万化，新知识、新事物、新问题层出不穷，一个人无论从事什么工作，都必须具备创造性地解决问题的能力。不仅科学家、技术人员需要创新，就是从政、从艺、从农、从商的人，也要不断地有新思想、新路子。行行有发明，人人有创造，处处有发明，时时有创造，整个社会才有活力，才会进步。因此，创新教育不仅要培养获诺贝尔奖的大科学家大发明家，而且要培养千千万万个有创新精神和创新能力的高素质的社会劳动者。基础教育作为国民教育的基石，在这方面任重道远。著名教育家陶行知先生是我国创新教育的先驱者之一，他曾设立“育才创造奖金”，并发表了著名的“创造宣言”：“处处是创造之天地，天天是创造之时，人人是创造之人。”陶先生的“创造宣言”永远不会过时，它正是我们今天开展创新教育所要达到的理想境界。

（原载《1998 中等教育国际研讨会专辑》）

统一思想　找准位置
自加压力　有所作为

——培养中学生创新精神和实践能力的探索与思考

一、对在中学开展创新教育的认识

随着1999年8月上旬全国技术创新工作会议的胜利闭幕，中国上下对创新问题的认识，达到了前所未有的高度，以技术创新为突破口的各项创新工作已全面推开。技术创新、科学创新、知识创新、教育创新为科教兴国的基本国策注入了新的含义，也为广大教科工作者提出了新的课题。基础教育如何迎接知识经济时代的挑战？怎样在国家创新体系中发挥作用？我认为在认识上首先要解决以下几个问题。

(一)在培养创新精神和实践能力上,找准位置,统一思想,自加压力,有所作为

各国的技术创新政策中,一般都只谈高等教育,最多有几句涉及职业教育,但技术创新的背后是创新精神和创新能力。小到一个人,大到一个民族,创新精神是要靠激发的,创新能力是要靠培养的,而激发创新精神,培养创新能力,从根本上讲,要从孩子抓起。一个国家有没有足够的科学储备,有没有持久的创新能力,关键在基础教育。中小学的创新教育搞不好,而向大学要新技术就是缘木求鱼。因此,培养创新精神和创新人才,是对所有教育工作者的要求,基础教育工作者应该统一思想、找准位置、自加压力、有所作为。

(二)培养创新精神和实践能力是素质教育的内在要求

我们正在全面推进素质教育,这是教育改革的大方向,绝不能动摇。素质教育的优越性主要体现在三个方面:一是面向全体学生;二是德智体美全面发展;三是充分发挥学生的创造性。培养创新精神和实践能力,本来就是素质教育题中应有之义。在即将到来的知识经济时代,创新精神和实践能力是一个人最重要的素质。中国在搞素质教育,别的国家也在搞素质教育,世界各国的素质教育,最终就在学生的创新精神和实践能力上见高低。因此,提倡创新教育,绝不是在素质教育之外另搞一套,而是在由

应试教育向素质教育转轨取得阶段性成果的时候，深化教育改革，全面推进素质教育的关键性的举措。

（三）只有培养创新精神和实践能力，才能使教育事业永远面向现代化、面向世界、面向未来

面向现代化、面向世界、面向未来，是邓小平同志为我国教育事业指明的方向，也是发展我国教育事业的根本方针。教育所面向的现代化，关键是科学技术现代化，而科学技术的生命力就是它的不断创新。正是在这个意义上，一些专家学者把知识经济称作第二次现代化，而国家创新系统就是第二次现代化的发动机；教育所面向的世界，其潮流是和平与发展，发展是硬道理，而发展的动力是创新；教育所面向的未来，是知识经济时代，而知识经济的内核是知识创新。因此，创新是三个面向的核心；只有培养创新精神和实践能力，才能使教育事业永远面向现代化、面向世界、面向未来。

二、人大附中在培养学生创新精神和实践能力方面的基本思路和主要做法

由于坚持认为培养学生的创新精神和实践能力是素质教育的内在要求，人大附中在开展创新教育方面起步还是比较早的。经过近几年时间的探索，人大附中在培养学生的创新精神和实践能力上逐步形成了一套基本思路，即以解放思想、转变教学观念为先导，以调整课程设置和教

学内容、改革教学评价系统抓落实，以提高教师队伍素质、不断更新教学硬件作保障，以充分利用地处中关村的优势，与高校、科研机构联手作外延，真正把开展创新教育作为一项系统工程来建设。

（一）以解放思想，转变教学观念为先导

有什么样的教学思想就有什么样的教学方法，有什么样的教学方法就有什么样的学生，教学思想是学校工作的灵魂。注重培养学生的创新精神和实践能力，不是战术问题，而是战略问题；不是局部问题，而是整体问题；不是微观问题，而是宏观问题。说到底，这是个教学思想的问题。基于这种认识，人大附中在培养学生的创新精神和实践能力的工作中，首先在解放思想和转变教学观念上下功夫。为此，我们在学校多次开展“创新教育”的专题讨论，并在学校的《教科研园地》开辟“创新教育专栏”，先后刊登了《知识经济呼唤创新教育》《创新教育是基础教育改革的方向》《创新教育刍议》《创新教育与教育观念的更新》等文章，其中《知识经济呼唤创新教育》在光明日报上发表后，受到同行们的广泛关注和好评。目前，开展创新教育，培养创新精神和创造性人才，已成为人大附中教师的共识并逐渐融进人大附中的教学思想之中。

随着教学观念的转变，人大附中的老师现在喜欢说这样几句话：不仅要使学生学好、学会，还要引导学生好学、会学；不仅要让学生掌握人类已有的知识，而且要让他们

自己去探索、去发现;不仅教学生“读写算”,还要教学生“学思创”;要把教材变“学材”、把教室变“学室”,让学生成为学校的主人,让学校成为充满创造氛围的乐园。

(二)以调整课程设置和教学内容、改革教学评价系统抓落实

1.调整课程设置和教学内容

在开展创新教育中,我们首先打破一个思想误区,即培养学生的创新精神和实践能力,只是简单地增设几门新课程。学校明确提出:培养学生的创新精神和实践能力,要如水银泼地,无孔不入,贯穿在学校的各门功课中。比如,在历史课的学习中,要让学生知道,人类文明之所以能不断进步,动力就是人类在不断创新;通过现代少年课的学习,要让学生明白,在未来社会,不具备创新精神和创新能力,就很难适应社会的需要。

在调整课程设置和教学内容时,我们本着以创新精神,优化教学结构、优化教学过程的原则,分层面采取了以下措施。

首先,改变必修课内容和科目。在现有国家规定的必修课程中,删减一些陈旧过时的知识,增加前沿新知;减少记忆性知识的分量,增加有助于提高分析能力、创造能力的内容;删减一些难度过大的教学内容,减轻学生的课业负担,使学生有时间、有条件接触自然,参加社会实践和创造发明的活动;加强学科的交叉渗透,将一些关系密切的

学科内容合并,加以融会贯通,以提高学生综合应用知识创造性解决问题的能力;同时,删减一些必修课程,把一些必修课改为选修课;必修课实行分层次教学。

学校根据学科发展和社会需要,开设了各种选修课,如计算机、电子技术、创造发明、天文观测、哲学史、文学欣赏、生物标本、音像摄影、围棋等。选修课分为一、二、三级,采取自选、限选、必选三种形式。这样做,一方面使学生有自主选择和自主学习的机会,为发展他们的兴趣爱好,培养他们的创造能力提供时间和空间;另一方面,也是为开设一些适应时代发展需要的新课程留有余地。

其次,开设能够体现创新精神、培养实践能力的新课程。为了激发学生兴趣,为学生提供发现问题、提出问题、研究问题并有所发现、有所发明、有所创新的条件,我们开设了"科学实践""社会实践""创造发明""现代少年""环境科技活动""汽车模拟驾驶"等新课程。目前,人大附中让学生充分发挥创新精神、直接锻炼实践能力的课程布局已初具规模。

最后,重点开好劳动技术课(包含创造发明课)。人大附中从1992年开始进行劳技创新教育的实验,取得比较明显的成绩。从1998年开始,我们集中精力对劳技课进行改进,增加劳技课的科技含量,将创造发明引入课堂,使小发明、小创造与劳动技术教育结合起来。经过几年的实践和探索,人大附中已形成了自己鲜明的劳技教育特色:"以发明创造为龙头,以金工、木工、电子为基础,兼顾制图、手工、篆刻、摄影、模拟驾驶等，面向全体学生，学有所长。”劳技创新教育极大地激发了学生的创新意识，发明成果层出不穷。

2. 改进教学评价系统

随着培养学生创新精神和实践能力的教学观念的确立，人大附中对原有的教学评价系统进行了改进，充分运用改进后的教学评价系统的导向作用，引导老师创造性地教，引导学生创造性地学。在新的教学评价系统中，激发学生的创造精神，鼓励发明创造是中心内容。具体地讲，就是一方面在正常的课业学习和测试中，提倡学习方法有创意、解题思路有新意；另一方面，鼓励学生通过参加各种发明创造活动和社会实践活动，锻炼创造性思维和实际动手能力。在对学生进行评价时，增加肯定创新意识、褒奖创新实绩的指标，并使其在整个评价系统中占据重要位置。

人大附中新的教学评价系统还在逐步完善之中，专家指出：“每一个学校，都要爱护并培养学生的好奇心、求知欲，帮助学生自主学习、独立思考，保护学生的探索精神、创新思维，营造崇尚真知、追求真理的氛围，为学生的禀赋和潜能的充分开发创造一种宽松的环境。”这段重要讲话是我们完善新的教学评价系统的指导思想。

3. 以提高教师队伍素质、不断更新教学硬件作保障

（1）提高教师队伍素质

相比之下，过去搞应试教育，对教师的心理压力大，今天搞素质教育,对教师的素质要求高。素质教育的着眼点是学生,而关键在教师。要培养学生的创新精神和实践能力,教师自己必须先有创新精神和实践能力。最近几年,加强教师队伍建设,提高教师队伍素质,一直是人大附中最重要的工作之一。我们分批送在职教师到名牌大学读研究生;我们欢迎全国范围内的高素质人才到我校应聘;我们请各领域的著名专家学者来校授课、作报告;我们与世界一流中学建立友好学校,定期派人去考察交流;我们将用5年时间完成人大附中的"名师工程"。这些措施已经取得了显著的效果。

(2)不断更新教学硬件

在农业社会,"秀才不出门,便知天下事",教育活动只要有教师、有书本、有教室就能完成;在工业社会,教育活动只要再加上简单的实验室和图书室就行了;但到了信息社会,情况大不一样了,教育活动对教学设施和教育技术的"硬件"要求越来越高,一流的教学水平必须有一流的教育设施和教学技术来支撑,反过来讲,二流的教学设施和教学技术支撑不了一流的教学水平,这就像486电脑不能使用WINDOWS 98一样。培养学生的创新精神和实践能力,一流的现代化的教学场所和教学设施是重要保障。近两年中,人大附中采用现代教育技术,改善了创新教育条件,建立了校园光纤网络、电子备课室、光盘阅览室、数字化室、图书馆自动化管理系统等;我们还建立了学校各学科实验室定期对学生开放的制度;我们正在建设学生参与设计的自主实验室。

4. 以充分利用地处中关村的优势，与高校、科研机构联手作外延

人大附中地处有“中国硅谷”之称的中关村，与中国科学院、北京大学、清华大学及众多高科技公司相毗邻。我们在开展创新教育、培养学生创新精神和实践能力时，充分利用这一独特优势，经常邀请大学教授和科学院的专家来学校指导学生的科研活动，并征得一些大学和科研机构的同意，允许人大附中的优秀学生进入并使用他们的实验室。目前，人大附中的创新教育又走出了海淀区，正在与北京市科协合作，联办青少年科学俱乐部。利用地域优势，走扩大外延之路，有力地促进了人大附中的创新教育，使人大附中的创新教育海阔天空。

三、在培养学生创新精神和实践能力工作中的几点感受

第一，中国的青少年禀赋之好、潜能之大、创造欲望之强烈、创造能力之杰出，大大超出我们的意料，他们在小发明、小制作中表现出来的独立自主意识、团结协作精神、社会责任感和锲而不舍的毅力，更让我们感动和钦佩。孟子曾把“得天下英才而教育之”作为人生三大“至乐”之一，培养学生的创新精神和实践能力，既是我们的责任，更是我们的快乐。几年来，人大附中学生在小发明、小制作中，获市级以上发明奖 80 余项，其中国际金奖 3 项、全国金奖

8项。学生的6项发明被国家专利局批准授予专利权,其中4项发明已被企业开发。培养学生的创新精神和实践能力,使我们的学校生机盎然,使我国的素质教育迈上新台阶、进入新天地;培养学生的创新精神和实践能力,这才是真正对孩子负责,对国家负责,对未来负责。事实也充分证明,基础教育培养创新精神和创造人才,不仅应该有所作为,而且能够大有作为。这是我们在培养学生创新精神和实践能力工作中最大的一点感受。这种感受,使我们对推进素质教育、全面振兴中国教育事业充满信心。

第二,专家说:"教师与学生之间要相互学习、相互切磋、相互启发、相互激励。这也是我们中华民族古已有之的'教学相长'的一个优良传统。"这正是广大教育工作者孜孜以求的生动活泼的教学情景,这种情景在应试教育时期是很难出现的。但在推行素质教育以后,特别是在培养学生的创新精神和实践能力的过程中,"教学相长"的生动活泼的情景实现了。人大附中的学生在劳技课中硕果累累、屡获大奖,人大附中成为全国劳动技术教育先进校,人大附中校长被推选为全国青少年劳动技术教育发明创造专业委员会主任,所有这些都是"教学相长"的结果。教学过程是由教师和学生完成的,应试教育只是教师一味地灌输,学生被动地接受,使教学过程短了一条腿;素质教育实现了"教学相长",才使教学过程真正两条腿走路。

第三,人大附中在培养学生的创新精神和实践能力方面,做了一些工作,但还有更多工作要做。我们的工作做得越多,紧迫感反而越强。有专家说:“人的思维创造活动的最好年龄,一般是二十几岁到三十几岁。”“新的发现、新的创造出在青年时期居多。”又据专家论证,我国的国家创新体系将在 2010 年前后基本建成。现在的中学生,年龄在十二三岁到十八九岁之间,到 2010 年前后,正是专家所说的创新活动的最佳年龄。因此,目前在基础教育领域全面开展创新教育,培养学生的创新精神和实践能力已刻不容缓。往更深处讲,未来社会千变万化,新知识、新事物、新问题层出不穷,一个人无论从事什么工作,都必须具备创造性地解决问题的能力。行行有发明,人人有创造,处处有发明,事事有创造,整个社会才会有活力,才会有进步。创新教育不仅要培养获诺贝尔奖的大科学家大发明家,而且要培养千千万万有创新精神和创新能力的社会劳动者。基础教育作为国民教育的基石,在这方面更是任重道远。

（1999 年 9 月 24 日）

对拔尖创新人才要早发现早培养

促进社会主义文化大发展、大繁荣，必须造就宏大的人才队伍。而开展拔尖创新人才的早期培养，意义十分重大。至今，我国还没有诺贝尔奖获得者，还没有乔布斯这样的拔尖创新人才。我相信，在中国，别有一番滋味在心头的人，除了我之外，肯定还多得数不清。

就拔尖创新人才的早期培养，我谈三点体会。

从宏观数字和行业个案看拔尖创新人才早期培养的紧迫性

据科技部研究，2002—2006 年，在世界一流科学家中，我国有 112 人入选，仅占总数的 4. 2%，是美国的 1/10。在 158 个国际一级科学组织及其下属 1566 个主要二级组织担任领导职务的 9073 名科学家中，我国仅有 206 人，占 2. 3%，其中在一级科学组织中担任主席的仅 1 人，在二级组织中担任主席的仅 24 人。据估算，目前我国高层次创新人才仅一万人左右。

在1980年到2002年获得诺贝尔奖、鲁斯卡奖、伽德纳奖、沃尔夫奖、菲尔兹奖、图灵奖、日本国际奖、京都奖这8项国际科技大奖的497名科学家中，没有一名中国国籍的科学家。

宏观情况如此，我们再来看具体行业的个案。

我国各个传统工科专业都面临着院士级、大师级尖子人才奇缺和后继乏人的局面。我国自主知识产权的"太行"航空发动机领域的院士至今才5人，且年龄偏大，最年轻的也是年满70岁的老人。在一些庞大的产业，院士人数少到令人难以置信的程度。2009年我国汽车年产销跃居世界第一，但全国汽车领域的中国工程院院士仅2名。引起中央高度关注的煤矿安全问题，灾难频发，触目惊心，但全国从事煤矿安全研究的中国工程院院士仅1名。

我想，任何一个中国人看到这种情况数字，不会无动于衷。人才队伍建设，既要抓高素质劳动者的培养，也要抓拔尖创新人才的培养。两手抓，两手都要硬。缺乏拔尖创新人才，缺乏领军人物和核心人物，我们终究难以成为创新型国家，难以形成强大竞争能力和可持续发展能力。

从发达国家和金砖四国的做法看拔尖创新人才早期培养的重要性

人们常说微软的盖茨、苹果的乔布斯都是大学没读完，但不讲他们创业前读的都是好学校；人们也常讲许多大科学家都不是刻意培养出来的，但不讲他们都有良好的教育背景。良好的教育，不一定就能培养出拔尖创新人才，但拔尖创新人才一定得有良好的教育环境。对于拔尖创新人才，早发现比晚发现好，早培养比晚培养好。

在这一点上，许多发达国家走在了我们的前面。他们见识早、动手快、措施实。

美国国会于1958年通过国防教育法案，要求联邦政府提供资金培育数学、科学和外语等天才学生。1978年11月美国国会通过《天才儿童教育法》，之后多次出台法案进行强调。目前，美国各州都施行天才教育计划，并有各种方案模式。

德国于1985年在联邦政府设置天才教育署，慕尼黑大学等也开设天才教育课程，培养天才教育师资，各地天才学生课后研习和夏令营活动广泛展开。

韩国于1999年通过《英才教育振兴法》，之后多次颁布相关法令。在高中阶段，还为拔尖创新人才的培养设立了科技高中等专门培养机构。

印度设有专门的“天才儿童学校”，目前共有500多所，学生食宿在校，一切生活和学习费用都由中央政府负担。

英国的天才教育以培养创造型人才为主要目的。从2000年起，英国教育和技能部通过将“城市精英”“精英组”“精英挑战”等国家培养高层次人才项目引入1000多所中学、500多所小学和100多所大学预科学校。全国每所学校都要确定天才儿童名单，制订天才儿童培养的计划和政策。

另外，日本、新加坡、俄罗斯等国都有专门的法规和措施保证天才儿童得到早期培养。

建设创新型国家，基础在创新型教育；建设创新型教育，要从中小幼抓起。这方面，我们虽然落后了，但也看到希望了。2010年发布的《国家中长期教育改革和发展规划纲要（2010—2020年）》对拔尖创新人才培养明确提出要求。我们期待，在这个顶层设计出台后，能有刚性的政策和具体的措施尽快陆续出台。

旗帜鲜明地开展拔尖创新人才早期培养

开展拔尖创新人才的早期培养，既是个“知”的问题，更是个“行”的问题。当前，实现拔尖创新人才早期培养的知行合一，需要在几个关键问题上有所突破。

第一，要有战略思维。邓小平同志27年前说过一句名言。他说，计算机普及要从娃娃抓起。我国的信息化技术能用20多年的时间走过别的国家半个多世纪的路程，不能不归功于小平同志的远见卓识。

面对“钱学森之问”，许多人眼睛向上看，盯着大学，这当然没有错。但盯着大学的同时，不能忘了中学。这就像一个人吃饭，吃到第二个馒头饱了，但不能忘掉第一个馒头的作用。对于拔尖创新人才来说，中小幼的早期培养,就是他的第一个馒头,没有这第一个馒头,后面的一切都无从谈起。

第二,要有实事求是的精神。人的资质禀赋是有差别的,这个世界上的确有奇禀异赋的儿童。承认这种差别,是实事求是;对超常儿童实施超常教育,也是实事求是。有人对超常儿童教育心存顾虑,对拔尖创新人才的早期培养心存顾虑,主要是担心影响教育公平,这种顾虑是多余的。其实,教育公平可分为两个层面。第一个层面,是实现教育均衡,让每个孩子都能享受优质教育;第二个层面,是让每个孩子都能享受到最适合他的教育。第一个层面是基本的教育公平,第二个层面是高级的教育公平。我们解决教育公平问题,既要立足基本,也要立意高远。

第三,旗帜鲜明,理直气壮。早在两千多年前,孔子就说过"有教无类,因材施教"。开展拔尖创新人才的早期培养,给超常儿童以超常教育,不就是"因材施教"吗?毫无疑问,中国教育今后的发展主题,肯定是素质教育。什么是素质教育?我们来看权威定义。《关于深化教育改革全面推进素质教育的决定》指出:"实施素质教育,就是全面贯彻党的教育方针,以提高国民素质为根本宗旨,以培养学生的创新精神和实践能力为重点。"培养学生的创新精神和实践能力,就是实施素质教育的重点。因此,重视和加强拔尖创新人才的早期培养,是我们实施素质教育战略中善于抓重点的体现,是我们实施素质教育有突破、出成效的最佳抓手。我们支持开展拔尖创新人才的早期培养,应该旗帜鲜明、理直气壮。

第四,上下互动,左右联动,良性循环。拔尖创新人才的早期培养,必须上有政府支持、下有学校实践,必须小学、中学、大学全线贯通,这就是上下互动。拔尖创新人才的早期培养,必须是所有有条件的学校一起努力、达成共识、形成合力,这就是左右联动。上下互动,左右联动,才能良性循环。这种良性循环形成之日,就是中国的大批拔尖创新人才出头之日。让我们共同为形成这个无比美好的“环”而努力。

(原载《光明日报》,2011 年 11 月 7 日第 16 版)

关于培养拔尖创新人才的几点思考

在科技迅猛发展的今天,在全球化的进程中,人才的数量、质量、结构和作用的发挥,直接关系到国家的兴衰,因此培养拔尖创新人才日益成为各国的战略重点。在我国从人力资源大国向人力资源强国迈进的进程中,培养一大批拔尖创新人才,加快形成我国人才竞争的比较优势,是我国建设创新型国家、增强国际竞争力的客观要求。

《国家中长期教育改革和发展规划纲要(2010—2020年)》指出,在人才培养体制改革上要更新人才培养观念、创新人才培养模式、改革教育质量评价和人才评价制度。在创新人才培养模式上,要创新教育教学方法,探索多种培养方式,形成各类人才辈出、拔尖创新人才不断涌现的局面。中学作为人才培养的摇篮,在拔尖创新人才的培养中起着重要的奠基作用,正确认识和把握中学拔尖创新人才的培养,不仅关系到中学生自身的健康成长,而且关系到祖国的未来建设。

一、改革拔尖创新人才培养体制，尽快解决拔尖创新中学生的出路问题

做任何事情，都有个“知”与“行”的问题。知与行，有先后之分。有的事情是知在先，知中已含有行；有的事情是行在先，行中已含有知。知与行，也有难易之别。有的事情是知难行易；有的事情是知易行难。培养拔尖创新人才，是个知易行难的问题，起码在当前是如此。

对于培养拔尖创新人才，中学的教育工作者不是不知也，而是不为也；不是不能为也，而是不敢为也。我国现行的教育体制，从总体思路到具体设置，再到评价机制，并不完全适用于拔尖创新人才的，这也正常，因为任何一种体制，首先应该面向大多数人，对少数人，只能设立“特区”。问题是，在培养拔尖创新人才方面，我们现在还没有政策允许的“特区”。这样一来，中学要真枪真刀地培养拔尖创新人才，就得突破，就得冒险，就得不怕惹麻烦，就得有大勇气。在培养人才的链条中，中学只是中间的一个环节，因为中学培养拔尖创新人才，最终还要向大学输送，并能进入理想的大学。把这些问题说清楚，在培养拔尖创新人才上的知易行难现象也许就不难理解了。

由此可见，在中学，改变拔尖创新人才的培养现状，需要做的工作很多，但最重要的有两个方面：一方面是要有明确而刚性的政策支持，要鼓励和支持中学大胆地试、大胆地闯，要为培养拔尖新人才设立“特区”；另一方面是要

尽快解决拔尖创新中学生的出路问题，要有切实的措施保证拔尖创新中学生进入理想的大学。相比之下，后一条更重要，是重中之重；也更紧迫，是当务之急。

应该说，在提供拔尖创新中学生的出路问题上，我们也想过办法。比如，高校的自主招生，初衷就是为拔尖创新中学生开辟“绿色通道”。再比如，这次北京大学实行“中学校长实名推荐制”，初衷也是再开一条拔尖创新中学生的“绿色通道”。但实际情况如何呢？这些好办法在执行中都多多少少变味了，最终还是以常规学习成绩论英雄。传统习惯的力量实在是太大了，“应试教育”的痼疾实在是太难治了。人们对自主招生和“中学校长实名推荐制”从高度关注到逐渐失望，原因就在这里。拔尖创新人才一般都不是面面俱到的人才，而是在某一方面有特长的人才，培养这样的人才，与现行的高考制度的确有不相适应的地方。高考制度不改革，拔尖创新人才的出路问题不解决，从普遍意义上讲，中学的校长和老师就会瞻前顾后、就难以有大动作。

二、中学培养拔尖创新人才需要具备三种眼光、处理好两个关系

尽管知道难，尽管确实难，但我们还得干。世界上的事情就是这样，许多时候，我们只能问对错，不论难易。既然培养拔尖创新人才事关增强国家的核心竞争力、事关民族的前途命运，那么再难我们也应该坚持做下去。具体到

中学,笔者认为,培养拔尖创新人才,当前有如下几点特别重要。

第一是眼光问题。在培养拔尖创新人才上,教育工作者应该具备三种眼光。

一是长远的眼光。拔尖创新人才是创新精神、创新能力和创新成果的结合体,拔尖创新人才在中学期间受到的是创新精神、创新能力的培养,而出创新成果则是在大学期间或大学毕业以后。因此,中学培养拔尖创新人才,做的是打基础、作铺垫的工作,做的是只求耕耘、不问收获的工作。这就要求中学的教育工作者特别是校长要树立正确的政绩观,具有长远的眼光、崇高的境界和对祖国未来的高度责任感。

二是全面的眼光。许多人以为,创新,就是科技创新,拔尖创新人才,就是杰出的科技人才。这样的认识是不到位的。我们建设创新型国家,要增强综合国力,既需要科技拔尖创新人才,也需要社会科学、人文艺术等方方面面的拔尖创新人才,还需要在各种工作岗位上的技术革新能手。因此,培养拔尖创新人才,眼光要全面,视野要开阔。这样,才能面向更多的学生,才能有更多的学生参加进来,才能形成更大的互动、产生更大的效益。

三是发现的眼光。拔尖创新人才最大的幸运是什么?是被发现;拔尖创新人才最大的悲哀是什么?是被埋没。因此,发现拔尖创新人才是培养拔尖创新人才的基础;具备发现的眼光是教育工作者最重要的素质。没有发现,后续的工作都无从谈起。庸才是发现不了俊才的。只有都是英雄,才能“所见略同”,才能“惺惺相惜”。具备发现的眼光,是对教育工作者的高要求;只有具备高素质的人才能具备发现的眼光。从这种意义上讲,培养拔尖创新人才与提高教师队伍素质是相辅相成的两个工程。

第二是办学思想和体制机制问题。这一问题涉及的面太多,结合中国的国情,特别是结合当前的中学教育实际,笔者认为应正确处理好以下两个关系。

一是处理好无为和有为的关系。无为和有为是辩证统一的关系,无所为是为了更好地有所为。在很多时候,无为是有为的前提,这就像画画,留足空白,才能画出一幅灵动有气韵的画来;也像舞蹈,有大空间,才能腾挪变化,长袖善舞。我们仔细研究古今中外的拔尖创新人才成长史,可以发现这样一个规律:拔尖创新人才几乎都不是刻意培养出来的,而是在良好的教育和社会环境中自然成长起来的。因此,在培养拔尖创新人才上,无为而治往往更重要。所谓无为而治,不是真的无所作为,而是一种哲学意义上的自觉的无为。培养拔尖创新人才上的无为而治,从政府层面上讲,就是给学校放权,扩大学校的自主权,让校长们解放思想、开动脑筋、大胆地试、大胆地闯;从学校的层面讲,就是进一步减轻学生的课业负担,进一步创造宽松的教学环境,让学生的天性得到自由发展,让学生的特长得到充分展现。这两个层面的无为而治做到了,拔尖创新人才才可能崭露头角、才可能被发现,教育工作者才能真正有所作为，才能用特殊的载体和特殊的方法，因材施教，从而按教育规律办事、按人才成长规律办事。

二是处理好整体适应和局部突破的关系。对现行教育体制的问题，我们可以见仁见智，对它作各种各样的评价。但是，在行动上，作为基础教育工作者，我们必须遵循现行教育体制，同时在局部上寻求突破。如果在整体上不适应现行体制，我们就会左右为难、手足无措；而如果不能在局部上有所突破，我们就不可能有所创造、有所进步，从而推动中国的教育事业与时俱进。处理好整体适应与局部突破的关系，是我们唯一正确的选择，也是我们唯一有前途的出路。近十几年来，人大附中一直坚持“全面发展+突出特长+创新精神+高尚品德”的教学方针，就是正确处理整体适应和局部突破关系的结晶。其中，追求学生的全面发展，就是整体适应现行的教育体制；培养学生的特长，就是在培养拔尖创新人才上实现局部突破，从而使人大附中既保持高考升学率连续多年位居北京第一，又发现和培养了一批又一批在各方面有特长的拔尖创新人才，实现了整体适应和局部突破的双赢。

说到处理好整体适应和局部突破的关系，还有一个重要的问题值得重视，那就是充分发挥校长的作用。要改变拔尖创新人才的培养现状，要让拔尖创新人才培养工作尽快有起色有成效，必须让培养拔尖创新人才工作在教育管理部门、特别是在各个学校成为“一把手工程”，充分调动校长的积极性、主动性和创造性，充分发挥校长的作用，亲自抓拔尖创新人才的培养工作。

三、旗帜鲜明、坚定不移地实施素质教育是培养拔尖创新人才的时代选择

推进素质教育，是我国教育事业战略方针的一次重大调整，是我国教育事业进入新的历史阶段的标志。搞“应试教育”，教育的路只能越走越窄；靠“应试教育”，我们永远不可能由教育大国变成教育强国。我国的教育事业能不能进入新境界、实现新跨越，关键就在于素质教育是否得到真正的落实。这些年，社会各界对教育事业有各种各样的指责和不满，不是因为实施素质教育，恰恰相反，是因为对素质教育认识不到位、推行不得力。

实施素质教育，是新时期我国教育改革和发展的主题，我国的教育工作，不论在何时、不论在何地，都要坚持这个根本方针不动摇。评价一所学校的工作好不好，评价一名校长的工作好不好，评价一名教师的工作好不好，最重要的标准就是看其推进素质教育得力不得力。实施素质教育，符合马克思主义关于“人的自由全面发展”的终极理想，符合以人为本的科学发展观，符合“有教无类”“因材施教”的中国优秀传统教育思想。还有很重要的一点，实施素质教育，有利于培养拔尖创新人才；培养拔尖创新人才，是实施素质教育的题中应有之义，因为实施素质教育，重点就是培养学生的创新精神和实践能力。抓住了这个重点，素质教育的魅力才能体现出来；抓住了这个重

点,素质教育的威力也才能体现出来。素质教育推行了这么多年,为什么没有取得令人满意的成绩?就是因为在培养学生的创新精神和实践能力上没有大的突破;中国的教育与发达国家教育的距离在哪里?就在培养学生的创新精神和实践能力上;党和国家领导人近些年对教育工作的指示批示中,提得最多的就是培养学生的创新精神和实践能力;老一辈科学家对教育工作的忧虑中,最大的忧虑就是我们为什么培养不出杰出的拔尖创新人才。在培养学生的创新精神和实践能力上,我们的许多思想观念还不适应,我们的体制机制还不适应,我们的评价体系还不适应。如果说实施素质教育就像烧一壶开水的话,培养学生的创新精神和实践能力做不好,这壶水就永远是六七十度,永远开不了;如果说实施素质教育就像画一条龙的话,培养学生的创新精神和实践能力就是点睛之笔,没有点睛之笔,这条龙就活不起来、飞不起来。素质教育这篇大文章能不能写好、能不能出彩,关键就在能否培养学生的创新精神和实践能力上,关键就在能否培养更多拔尖创新人才上。

中国的学生基本功扎实,这一点早已得到世界教育同行的广泛称誉。中国的学生,明显缺乏的就是创新精神和实践能力。学生的问题,实质上是教育的问题。在中国打基础,到国外出成果,这种现象太让人痛心了,这种现象再也不能持续下去了。实施素质教育,一定要以培养学生的创新精神和实践能力为突破口;中国的教育,如果在培养学生的创新精神和实践能力上有大突破,那就真是如虎添翼了。我国要由人力资源大国变成人力资源强国,挑战就在培养学生的创新精神和实践能力上,机遇也在培养学生的创新精神和实践能力上。我们就要站在这样的高度,深化对素质教育的认识,进一步增强推进素质教育的紧迫感和使命感,通过培养出大批拔尖创新人才开创素质教育的新局面、开创我国教育事业的新局面。

(原载《教育研究》,2010 年第 7 期)

中国人民大学附属中学超常教育实验研究

前言

一、超常教育实验课题的理论意义

马克思、恩格斯指出:“任何人的职责、使命、任务就是全面地发展自己的一切能力……个人的全面发展,只有到了外部世界对个人才能的实际发展所起的推动作用为个人本身所驾取的时候,才不再是理想、职责等等,这也正是共产主义者所向往的。”而个人“一切能力”的发展首先就是个性潜能的发展,个性潜能的发展又需要通过“外部世界”的“推动作用”。我们对此的理解是,要最大限度地发展个人的潜能和一切能力,就需要社会创造条件去发现和培养他们,这是个性得到全面而又充分发展的必要条件。战国时期的著名思想家、儒家思想的奠基者之一孟子曾说:“君子有三乐,而王天下不与存焉。父母俱存,兄弟无故,一乐也;仰不愧于天,俯不怍于人,二乐也;得天下英才而教育之,三乐也。”在他看来,能够发现“天下英才”并予以教育,乃人生最快乐的事情之一。难能可贵的是,孟子在当时的社会历史条件下,就提出了对“英才”的教育,这不能不说他对现代超常教育也具有先导意义。

20世纪20年代初,美国的教育实验家沃什伯恩也曾尖锐地指出:“把能力非常不同的儿童铸成同一个模子里的强制教学,不仅没有效果,而且是有害的,甚至是残酷的。”他在教学实践中发现,同龄儿童们在计算能力方面有明显的差别。因此他认为,教学应该与这种差别相适应。现在在西方各国,根据学生能力编班而不是按照年龄编班的做法非常流行。

这种适应于个性发展的教学方法也被一些亚洲国家所采用。日本在1971年的教育改革报告中强调教育要适应人的本性,就必须实行教育的多样化。1985年,日本在提出的教育改革报告中再次强调:要打破日本教育中存在的“划一性”,就必须确立尊重个性的原则。此外,新加坡的教育也很注重立足于对学生个性能力的培养。

现代超常教育理论还认为:用常规教育中的简单划一的教育方法来对待有明显差异的学生并不是平等原则;超常儿童的智力开发、素质特征及其潜能的发展均有一定的关键期,适时地把握住关键期并进行超常教育,将有利于超常儿童智能的发展;对超常儿童鉴别与定位离不开遗传、环境和教育等因素,但对超常儿童的素质和能力的培养却离不开社会主体的特殊教育手段。

无论古今中外，人们都有着对超常教育问题的理性认识与思考，都很关注对学生个性能力的发掘和培养。

二、超常教育实验课题的实践意义

从当今社会的发展速度来看，科学技术是第一生产力，而高科技的发展更是国际社会竞争的制高点。为此，各国都非常重视对高科技人才的培养，并采取各种措施加强对天才儿童的超常教育。如被誉为科技强国的美国，1958 年就颁布了《国防教育法》，作出了加强天才教育的决定。20 世纪 70 年代，美国联邦政府又专门成立了天才儿童教育局，当时任总统的卡特亲自签署了有关天才儿童教育的法令。20 世纪 80 年代初，美国联邦政府进一步创建了国家英才教育委员会。美国的以上举措，足见其对天才教育是何等重视。

长期与美国角逐的前苏联，为了增强高科技实力，也把对天才儿童的特殊教育置于重要地位，专门设立了不少培养天才青少年的特殊学校。

日本为了维持高科技强国的地位，同样把实行天才教育看成是具有战略意义的大事。他们通过严格而近乎残酷的考试竞争制度，对天才儿童和青少年进行鉴别和培养。

除此之外，欧洲的英、法、德等国，亚洲的新加坡等，也都有类似于天才教育的特殊教育形式，专门帮助才智超常的青少年早日成才。当然，他们的天才教育中存在许多不当的做法，但也有成功的经验。面对世界各国在高科技领域的激烈竞争，我们有必要吸取国内外的经验与教训，按我国国情更新教学方法。对于杰出人才、稀有人才、高科技人才培养方面的角逐和较量，我国作为发展中的日益强盛的大国，决不能等闲视之。我们必须从捍卫国家主权、维护祖国统一、促进其经济文化全面发展的高度，来认真研究和探索高质、快速培育人才的有效途径。

在理论与实践相结合的情况下，中国人民大学附属中学（以下简称"人大附中"）自 1985 年起即开展了对超常教育的实验，探索了超常教育的内在规律并逐渐确立起了超常教育的一种模式。

三、超常儿童的客观存在促使超常教育的发展

不论称"资优"也好，"神童""英才"也好，古今中外，"超常儿童"总是有的。尽管这部分人很少，比例数为 1% 到 3%，但中国人多，其绝对数量是不少的，谁都不能否认它的客观存在。为此，1978 年，中国科技大学试办了令人瞩目的少年班；与此同时，中国科学院心理学研究所也开展了对超常儿童教育的理论研究。这样，我国的超常教育领域出现了第一批拓荒者。中国科技大学少年班在北京招收了 3 名学生，其中两名是人大附中的。人大附中经常有聪颖勤奋的"尖子生"出现，有的高一学生就参加高考，被清华大学、北京大学录取，甚至后来被国际名牌大学录取；也有高考文科"状元"和理科"状元"。这些情况，促使

我们萌发并坚定了在面对全体学生开展全面素质教育的同时要走自己的超常教育之路的信心和决心。

四、生源的多极化状况促使我们搞好对超常生的超常教育

人大附中的生源呈多极化状况。就学生的智商差异而言,大致可分下、中下、中常、良好、优秀、优异、超常、超超8种。当然这种区分还包括了学生的学习能力及学习效果的实际差距等各个方面。如果按照常规教育的手段和方法,把这些不同智商和不同层次、类型的学生全都进行整齐划一即一个模式和一种手段的教育,无疑会忽视学生个性差异的存在,违反因材施教的原则。为此,人大附中从1985年起即创办了首届数学试验班。1989年由中国科学院华罗庚实验室、中国科技大学和人大附中联合创办华罗庚数学学校,1994年升格为北京市华罗庚学校(需说明的是:①北京市华罗庚学校简称“华校”;②北京市华罗庚学校隶属人大附中,有小学部、初中部和高中部)。长期以来,该校以思想教育为基础,以数学为龙头学科,带动其他学科与课外、文体、艺术活动的超常教育试验,向天资聪颖的孩子提供充分发挥特长的机会与环境。

五、社会对高、精、尖人才的需求促使我们将超常教育制度化、规范化

随着现代化进程的加快,社会对高、精、尖人才的需求

量也大为提高。但高、精、尖人才从哪里去找呢？最有效的办法就是及时发现，及时培养。高、精、尖人才是不可能自发形成的，它要靠社会去营造；而营造的唯一方法就是“发现”和“培养”，对他们实行特殊的、超常的教育，满足他们的不同要求，为产生高、精、尖人才打下基础。有鉴于此，人大附中在强烈的民族责任感的驱使下，决定开展超常教育，并逐步使其制度化、规范化，以便为社会培养高、精、尖人才尽绵薄之力。

超常教育的实验设计与实施

一、超常教育实验的目的

人大附中自坚持实行超常教育以来，目的很明确，那就是要全面提高超常儿童的基本素质，使他们在德、智、体、美诸方面成为全面而又充分发展的优秀毕业生，为培养国家栋梁之材、有国际竞争力的高端人才打下坚实基础。基于这样的目的，我们决不是着眼于只培养出一两个考上名牌大学的尖子生，而是要通过华罗庚学校的超常教育来培养造就出一批又一批在不同领域充分发展的富有才华的学生。我们培养的超常生，绝不仅仅是能够参加各种学科奥林匹克竞赛、获全国或国际竞赛奖牌。他们在德育、体育、艺术，在琴、棋、书、画，在组织能力、演讲能力、抗挫折能力以及心理承受能力、交际能力的提高等方面有显著成绩，并把它看成是超常教育的成果，是检验超常教育的客观标准之一。

华校小学部实验目的是探索一套发现鉴别超常儿童的方法,特别注重教育后的鉴别。事实证明,儿童早期的才能是多方面的,有的发展得早,有的晚。因此,发现鉴别超常儿童必须采取多指标、多途径,并与常态儿童进行动态比较的方法。

华校中学部实验目的是对超常儿童进行全面素质教育,使其具有良好的思想道德素质、科学文化素质、劳动技能和身体心理素质,使学生学会做人、学会求知、学会生活、学会健体和学会审美,为他们成为有理想、有道德、有文化、有纪律的社会主义公民奠定基础,并培养他们的独立性、积极性、自主性和创造性等主体性品质,使其成为德、智、体全面发展的学生,成为全国各重点名牌大学的后备军。

总之,为祖国的明天,为民族和人类的未来,多培养出一些才智超群的杰出人物,这就是我们进行超常教育实验的目的。

二、超常教育实验的过程和方法

(一)超常教育实验的过程

人大附中于 1985 年首创数学超常教育实验班,学制尝试过 4 年、5 年,最终确定为 6 年。1989—1993 年,人大附中创办了华罗庚数学学校、外语学校、计算机学校、创造发明学校等。其中,华罗庚数学学校始于 1989 年 7 月 24

日，由人大附中、中国科技大学和华罗庚实验室联合创办。1994 年 2 月，人大附中华罗庚数学学校、外语学校、计算机学校和创造发明学校发展成为“北京市华罗庚学校”，从而确定并承认了人大附中在超常教育方面所创立的一种模式。

1989 年召开了第一届超常教育的学术年会并出版了论文集。在此基础上，还重新修订了实验方案，建立了超常教育队伍及其机构；对从事超常教育的人员进行培训和学习，并要求他们多方收集、整理和分析有关文献资料，经常不断地组织他们对中外超常教育的理论与实践进行比较研究，有些还与人合作或独立完成了有关超常教育的某些研究课题；组织各科教师编写出版了适合超常教育的有关教材。为了提高教师素质和教学质量，还要求部分教师撰写了与超常教育有关的科研论文，参加了国内外有关超常教育的学术会议等。

经多年的探索研究，发现了鉴别超常儿童的方法。1995 年召开了第二届超常教育学术年会，创办了《教科园地》刊物，重要论文被选入；组织教师编写出版了供华校小学 1 年级至高中 3 年级超常学生使用的全套数学教材及英语、计算机、物理教材等；完成了超常教育实验课的总结报告及有关论文，并选派部分教师参加了在香港召开的第十一届和在美国召开的第十二届国际天才儿童会议。

(二)超常教育实验的方法

在实施超常教育实验的过程中，人大附中主要采取了如下方法:以数学为龙头学科并带动包括德育、体育、艺术等其他学科的方法;以必要的控制实验的方法;以问卷、测试和观察等相结合的方法;以文献研究和现状调查相结合的方法等。

三、超常教育实验的教学改革

(一)学制及课程设置

华校注重招收那些德、智、体全面发展(包括具有多方面特长——如具有琴、棋、书、画、学科、文艺、体育、组织能力、演讲能力等特长)的学生,同时也注重招收那些在某一方面具有突出特长(如数学、英语、计算机等)的学生。华校除小学部具有业余培训的性质外,初中部和高中部均纳入人大附中编制,属正规学习的性质。其学制分别为:1985—1989 学年,学制为 4 年;1989—1995 学年,学制为 5 年;1996 年至现在,学制为 6 年。华校的课程设置:华校小学开设了思维训练课、语言训练课、创造发明课、现代儿童课、艺术课、综合活动课等。中学部除完成国家教委颁发的教学大纲设置的课程外,还拓宽并加深了学科教学内容,开设了科学实践课、现代少年课、创造发明课等。

(二)教材改革

超常教育的重要环节是教材建设和教学时间的安排。只有在合理解决好两者关系的基础上,才有可能提高其教学质量。在教材建设上,我们既要以国家教委颁布的全日制中、小学的教学大纲为蓝本,又要根据超常生接受能力快、理解能力强的特点，在教学内容的广度和深度上作出相应的扩充和拓展。为此，华校在坚持聘请各有关专家教学，充分调动各任课教师的积极性，实行群策群力、发挥集体优势的情况下，先后自编出版了适合于超常教育用的数学、英语、物理、计算机、现代少年、发明创造基础等教材50余本，并出版了与之相适应的教师用书、学生用书、试题解析等配套辅助用书，其他科目的配套教材也将陆续编出。可以说，正是由于这些教材的改革和建设，才使我们的超常教育有了依据、得以落到实处，从而极大地促进了对超常学生的培养教育。

（三）师资队伍

以人大附中教师为主，外请教师为辅。外请教师有大、中、小学及进修学校的教师，有科学院的研究人员，有获国际、全国大奖的毕业生，有获奖学生的家长等。教师队伍由专家、教授和教师构成。华校小学部和中学部皆安排有优秀班主任负责，任课教师也是经过严格挑选并适合超常生学习特点的。多年来，学校一方面积极调入适应超常班教育、教学的骨干教师，另一方面又采取多种途径和多种方法培养适合于超常教育和教学的教师。

超常教育实验研究取得的成果

一、对超常教育进行多方位、有力度、有深度的研究

一是德育方面，组织有关教研人员深入开展了对超常

儿童的德育工作研究,开展了对超常儿童的特征研究及非智力因素研究,承担了“正常与超常儿童逻辑推理与道德推理能力的比较研究”的项目,编写出版了适合于超常儿童教学使用的《现代少年》教材等。

二是智育方面,组织有关教研人员开展了超常儿童教育学科教学方法的研究,开展了对超常教育课程设置的研究和超常教育教材编写的研究等。

三是体育方面,组织有关教研人员开展了对超常儿童身体素质的研究和超常儿童体育与美育相结合的综合性训练研究,并组织学生赴黄山、泰山等处进行登山活动等。

四是其他方面,组织教研人员开展了对超常儿童创造发明能力的培养研究、对超常儿童创造性思维能力的培养研究以及对超常教育师资培训的研究等。

二、参加各种学术研讨会并承担各种科研项目,科研成果丰硕

多年来,人大附中的超常教育采取“科研与教学并重,相互促进,共同深化与提高”的方针,鼓励教研人员积极参加各种学术研讨会,承担有关科研项目,编写各种配套教材,取得了丰硕的科研成果(见表1)。

表1 人大附中超常教育成果概览

参加各种学术会议		承担各种科研项目	专题讲座	撰写论文	出版教材
国际	国内	7项	6次	103篇	43篇
23人次	200人次				

三、超常生毕业后升学成绩突出，为重点大学输送了优质生

升学考试成绩虽然不能作为教育的唯一目的，但它却是超常教育成功的一个重要指标。实验表明，它比应试教育的结果好得多。

人大附中超常教育实验班的学生已毕业的有七届，毕业生升学情况见表2。

表2　人大附中超常教育实验班第1至7届考生升学情况

毕业生总人数	直接保送	考入清华	考入北大	考入其他重点大学
309人	69人	107人	95人	107人

四、超常生竞赛成绩喜人，在国内外各项竞赛中纷纷得奖

人大附中超常教育实验班的学生先后在北京市历届数、理、化、外、计、体、创造发明等诸科竞赛中获奖。多数情况下，其获奖总数均占首位。1988—1996年，在第35届国际数学竞赛中，人大附中学生获金牌一枚；在全俄罗斯数学竞赛中，人大附中学生获金牌两枚、银牌一枚；在第30届国际数学竞赛中，人大附中学生获银牌一枚。另外，在全国先后举办的5届华罗庚少年金杯数学邀请赛中，人大附中学生有3届获得金牌、2届获得银牌，其中有2届获全国金牌第一名。中国数学会奥林匹克委员会曾赠人大附中锦旗一面，上题："培育数学英才：奋力为国增光。"

在发明创造方面,人大附中学生在有关教师的指导下,多思考,勤动手,善发明,在各种规格、各种层次的竞赛中,多人多次获奖(见表3)。

表3 人大附中1994—1996年发明创造比赛获奖情况概览

国际奖	全国奖	(北京)市级奖	(海淀)区级奖
5项	3项	9项	7项

1996年11月,人大附中的超常教育实验研究课题获北京市"八五"普教科研成果一等奖。近几年来,人大附中获北京市教育局颁发的"全面育人,培养学科特长生成绩显著校"和"全面育人,办有特色校"锦旗两面。

五、培养出一批高水平、高素质的师资队伍

从人大附中的历史上看,现在所取得的成绩是最突出、最辉煌的,而生源与其他重点校相同。1985—1995年,中学实验班学生只上4年或5年毕业,竞赛成绩却连年居北京市第一。究其原因,是人大附中进行了超常教育实验,培养出了一批高素质的尖子学生,与此同时也造就出了一批高素质的教师,从而大大提高了人大附中教师的整体水平和教学水平。从这里也可以看出,教学相长、教与学相互促进的道理也同样适用于超常教育体制。当然,在超常教育实验的整个过程中,为了提高教师的职业道德素质、业务能力和学识水平,我们也采取了许多措施。例如,学校创造条件,鼓励教师到高校读研、到进修学校参加培训,鼓励教师积极参与各种学术研讨会、撰写科研论文,

用科研带动教学，用教学促进科研，使二者达到了有机的结合。学校注重加强对教师教育科研理论的培训，先后组织教师多次参加国内外有关超常教育的学术研讨会，发表论文 100 余篇，既开阔了教师视野，又丰富了他们的阅历和经历。教师通过学术研讨和交流，互相取长补短，提高了业务素质和教学水平。总之，超常教育体制既培养了尖子人才，又训练出了高水平的教师队伍，这是互相激励机制所形成的结果。

超常教育实验的特色

创办超常教育 12 年来，我们不断摸索和探讨，取得了一定的成绩和社会效益。实践证明，在有条件的少部分中学生里进行超常教育的实验是可行的，并且是大有可为的。在教育改革中，这本身就具有深远的理论意义和实践意义。可以说，此项实验在为提高中华民族素质、多出人才、快出人才、出好人才方面，算是开辟了一条重要的途径。

人大附中在超常教育实验方面主要有如下特点。

一、从小学到中学一贯制

10 多年来，人大附中的超常教育培训从小学 3 年级开始就进行早期开发与早期选拔，在初、高中部的每个年级中也办 1~2 个华校班，又叫实验班。实验证明，实行这种从小学到中学一贯制的超常育人方式突破了以往不考虑个性差别而实行统一教学的传统教学模式,体现了因材施教的育人原则。这无疑是对人类社会宝贵智力资源的珍惜和爱护,相信只要我们教育工作者适时地予以开发利用,必然会取得明显的社会效果。

二、发现与培养相结合

超常儿童的智力资源固然可贵,但如果不通过科学的手段去发现与鉴别,不采取特殊措施予以培养和教育,就是对智力资源的极大浪费。为此,人大附中一直在进行科学鉴别超常儿童的方法探索,如采用各种量表测查等方法,结合对他们平常的各种行为表现观察。凡被录取进入实验班的学生均要接受全面的培养训练,训练的范围和内容不仅仅局限于智力和技能,还包括德育、体育、艺术等方面的培养。实验证明,人大附中实行的这种发现与培养相结合的激励机制,最大限度地调动了学生的潜在能力和积极性,使一批批才智非凡的学生脱颖而出,使超常教育实验班的学生达到高水平、高素质,同时也培养出一批高水平、高素质、忠诚于党和国家教育事业的教师,使教育改革实验充满了生机和活力。

三、以数学为带头学科

人大附中的超常教育实验一开始就把数学作为带头学科,侧重于把数学作为教学的重点和突破口,并以此去带动和促进其他学科的发展。为什么要这样做呢?主要基于两点考虑:第一,数学是现代自然科学的基础,与自然科学各学科的发展有着极为密切的关系;第二,数学对人的思维有重要的训练作用。实验证明,超常教育实验班的学生们在以数学为带头学科的训练下,不仅数学成绩异常优异突出,而且还在数理、化、英语、计算机、生物等学科竞赛中几乎年年获得北京市第一名的好成绩。更为重要的是,当超常班的学生把通过数学训练而培养起来的抽象、概括、推理等思维能力自觉迁移到其他学科的学习中时,往往总能收到事半功倍的成效。这就说明,以数学为带头学科的超常教育,只要教育目的端正,在坚持提高学生素质、让学生有机会充分发挥他们个性的原则下,采取正确的教学方法,不但不会造成学生偏科,而且会带动并促进其他学科的发展,加速各类人才的快速成长。

四、实施适合于潜力和水平发展的“高速度”和“高难度”教学

对超常儿童的教学,需要采用超常教学的办法和策略。人大附中从事超常教育的教师,在广泛吸取当代世界许多新的教育理论和教学设想的基础上,对超常教育实验班的学生采取了适合于他们的潜力和水平发展的“高速度”和“高难度”教学的策略。“高速度”的教学原则与传统教学中的巩固性原则是相对的。应试教育的多次单调地重复已学过的教材,题海战术,疲劳战术,不能增进学生的智力,只会使学生感到枯燥乏味、降低其学习兴趣。对

于一般普及教育“吃不饱”的孩子用快速度推进教学,往往可以激励学生在获得知识的过程中保持兴趣并促进其潜在智能的发展。人大附中超常教育中所贯穿的快速度教育,仅用普通班一半的时间就学完教学大纲所规定的教材及教学内容,学生不感到压力大,而是愈学愈有兴趣。“高难度”的教学原则与传统的量力性和可接受性原则相对应。可接受性原则主要考虑教学要适应学生的智力水平和年龄特点。“高难度”教学却旨在于为勤奋聪颖的学生提供一个开发智力环境与机遇的机会。适当的加快速度和“高难度”能满足超常生的求知欲,使他们能去掉“超凡脱俗”不合群的思想,从小让他们认识前人创造的辉煌灿烂的历史文化,认识自己将来肩负建设祖国、报效祖国、为人类文明作贡献的重任。学习积极性和主动性调动起来,他们能够以惊人的学习速度取得惊人的学习效果,带来成功和喜悦是必然的。这正是超常教育的成功秘密所在。

当然,“高速度”和“高难度”的教学对于一般学生是绝对不适用、也不适当的,高、难对于超常儿童也是有选择的。不正确的超常教育只能导致揠苗助长,后果严重。

小 结

我们创办超常教育已经历了 10 多个年头的风风雨雨,虽然也积累了一点点经验、取得了一些成绩、初步创立了一种模式,但也存在一些问题和不足,有经验和教训,需要继续研究，更需要从国内外一些同行们的有益经验中得到宝贵的启示，从而为逐步完善和深化超常教育体制作出不懈的努力。现谨将我们这些年来的一些体会和想法略谈如下，希望能引起同行们的关注，并予赐教。

第一，要为学生创造超常发展和超常表现的机会与条件。人大附中通过长期的实验，尤其是通过数学方面的实验，证明了超常教育的特殊意义，其中已反映了许多普遍规律。其实，这些规律也可以扩大到更多的领域或移植到更多的方面去。应该说，现实生活中社会的需要、学生的兴趣与选择是复杂多样的。对此，我们的教育体制应适应这种情况。

第二，尽管有的学生已步入了超常教育发展的轨道，但我们必须承认他们正处于人生打基础的阶段，仍处在知识和能力打基础的阶段。因此，我们必须为超常生打好超常发展的坚实基础，应该使他们在体能、世界观、人生观、思想品德等方面得到最大限度的发展与发挥。一句话，我们决不能把超常教育理解为超前学完教材。

第三，学科考试及其竞赛，只是超常学生锻炼和表现的一个方面。现代社会对超常人才有特别的要求。跨学科综合运用知识的能力，理解、应用与迁移的能力，动手操作与实验的能力，高尚的道德与坚强的意志等素质，都是衡量优秀人才与超常人才的标准。我们决不能把有超常天赋的学生训练成为“考试机器”和“竞赛专家”，更不能使他们高分低能、弱不禁风或成为个人主义者。我们教育的超常生,必须是能够为民族、为国家、为人类作出更大贡献的人。

第四,建立超常教育体制。我们认为,决不能把超常教育实验班搞成一个封闭式的群体,更不能把“实验班”办成一个职业化的封闭式训练机构,而应当将其放在比较自然宽松的教育环境中,除了应在同龄群体中学习、生活外,还要有与正常学制相应的师资投入,甚至要用更少的师资投入而不是相反。要建立有弹性开放式的、适应于发展需要的课程体系以及采用相应的教育方法,开设多种特长班,编写出配套教材,组建培训出一支适应超常教育的教师队伍。我们认为,有限制地试行建立十年一贯制的超常教育实验学校,是超常教育发展进程中值得认真考虑的一个问题。

第五,建立超常教育研究所和超常教育学会。研究所应是由学校领导、教师和理论工作者组成“三位一体”的队伍。校、所结合,相辅相成,使中学教学和科研并重。学校既是教学机构,又是科研机构;教师既担负着教学任务,也担负着科研任务。教师要从根本上转变“教书匠”的形象。要在社会上建立起超常教育学会,形成全社会参与而又统一的体制。在这方面,我们必须大胆吸取和借鉴人类社会的一切文明成果,勇于创新,敢于试验,努力改革教育体制、教育结构、教育内容和教育方法,不断发展和完善社会主义教育制度。在改革中,我们要把大力开发科研活动作为基础,要通过教育科学研究与试验来作出教育改革的决策。

综上所述,人大附中的超常教育实验只是处于初级阶段,我们的超常教育事业只是社会主义教育事业的一部分。面对飞速发展的社会,无疑,我们的路还很长,有很多工作要做。但我们充满了信心,决心为提高全民族素质、多出人才、出好人才而努力。

(原载《儿童超常发展之探秘——中国超常儿童心理发展和教育研究20周年论文集》,重庆出版社1998年版)

对北京市数学超常儿童的特征研究

人类正走向信息时代。在这个时代,随着各国经济信息化、社会信息化的推进,科学技术的作用更加突出。在新形势下,各国能否在日益激烈的国际竞争中处于有利地位,在很大程度上取决于是否拥有足够数量的适应信息时代要求的各类杰出人才。为了造就一批又一批这样的人才,现在各国都非常重视对数学人才的选拔和培养。由于数学是掌握现代化科学技术、驾驭信息时代的基本功,数学在检测学生素质方面正在起着愈来愈重要的作用。一项关于未来教育发展趋势的研究报告指出:“现在一个值得注意的普遍性事实是,人们愈来愈多地把数学能力的强弱看作是区分和分化学生的决定性因素,以至于发展到人们常常到数学尖子生中培养和选拔未来的医生。”

虽然选拔和培养数学人才已成为各国的共识,但如何把数学方面超常的儿童从人群中鉴别出来却并不是一件轻而易举的事。为了使教师、家长、社会对数学超常儿童有足够的敏感,以便及早发现他们并给他们提供恰当的教育,避免人才的浪费和埋没,有必要对数学超常儿童的特征进行专门的研究。

1985年以来,我一直在北京市华罗庚学校(以下简称“华校”)主持对数学超常儿童实施超常教育的实验研究。在这一过程中,我对自己亲自培养的一百多名学生进行了系统的观察和研究。我发现,华校的数学超常儿童在主要特征方面与国内外关于天才儿童特征的研究结论基本是一致的,同时由于他们处于华校这个特殊环境中,受到了专门的超常教育,又使他们表现出来的特征与那些在普通学校环境下受普通教育的数学超常儿童的特征有一些不同之处。我在研究中,进一步分析了使得华校数学超常儿童的特征得以形成的主要原因,明确遗传、环境和教育在数学超常儿童发展中所起的不同作用,这为我们今后继续探索数学超常儿童的发展规律,深化我们的教育改革,奠定了一个研究的基础。下面,我分四个方面进行阐述。

一、认知方面的特征

(一)超常的心算能力

根据心理学的研究,儿童运算能力的发展是经历了从外部实物的动作到用笔对抽象数字的运算,再到在心中直接运算这样几个阶段的。心算能力发展的最高阶段,能够迅速地对难度大的数学难题进行运算,表明儿童有很强的逻辑推理能力和记忆能力。根据对华校学生的观察我发现，心算快是数学超常儿童的一个显著的特征。上课时，老师在黑板上刚把题目写完，学生已经将答案喊出来了。在快速心算方面，最突出的例子是一个叫徐建的同学。上初中时，他解题一直用心算，不用草稿纸，一步写出答案，有时题目比较复杂，他也只写出很少几步就出答案。为了训练他按规范解题，我经常让他到黑板上把解题过程写出来，结果他还是只能写简单的几步，而且算法也很特别，他的这一特征是如此顽固以至于我虽然一直设法纠正他，但都没有奏效。后来，他在全国高中数学联赛中得了二等奖，在全俄罗斯数学竞赛中得了金牌（一等奖），但他最终没有获得最高奖，他常因为解题过程跳得太多而被扣分。另有一位学生在谈到自己心算能力时说："我的思维不知为什么总处于一种'超前'状态，而我头脑中想的东西总是超过我手写的速度。凡是在不需要手写而仅靠思维活动解难题时，我就觉得十分舒服。"

（二）惊人的记忆力

国内外许多研究表明，在数学方面有天赋的孩子一般记忆力也很强，根据我对华校学生的观察，发现他们许多人有惊人的记忆力。有一次，我请来中国科学院数学所的吴教授给华校的学生搞测验，测验中发现，14 岁的女同学颜华菲的成绩好得令人难以置信，于是吴教授又连续出了两份试卷。评判结果让这位教授感到十分吃惊，他不能相信这个小女孩会作出这么漂亮的解答，因为这些试题所涉及的数学知识已远远超过了她所学的课程。后来，颜华菲告诉这位教授，试卷中那些难题她以前都见过了。教授惊叹道："这个小女孩真有过目不忘的本领啊！"在华校，像颜华菲这样记忆力惊人的学生很多，许多学生都能背出 π 的小数点后面的几十位甚至上百位的数字。他们不仅擅长背数学方面的东西，在文学、地理、历史等其他学科中也表现出极强的记忆能力，连给他们上政治课的老师也赞叹道："许多孩子的记忆力达到惊人的程度！"

（三）突出的迁移能力

华校的数学超常学生都有将某门单科的原理、方法迁移到其他学科的能力。如王宽宏同学保送进入北京大学生化系后又以托福满分成绩被美国哈佛大学以全额奖学金录取为研究生，他在介绍学习经验时说道："在看似不同的两门学科之间，有一种模糊的非直接的，然而又是多处的联系，只要你善于联想、善于类比，一门学科的学习方法与特点就可以运用到另一门课程中去。"另一个叫阎延文的女生，是经过面试被特招入北京师范大学的。她说过："我曾尝试着将语文课上学到的'写段意''找中心''列题纲'等方式，用在理科书籍的阅读上，收到了很好的效果。"由于华校的学生一般都有突出的迁移能力，他们中的许多人不仅在数学方面取得了优异的成绩，在其他学科领域也表现出很高的水平。每年学校在派学生参加各种竞赛时,一般都喜欢在数学超常儿童中选拔参赛者。这些学生虽然主攻的科目是数学,但是他们在参加其他科目的竞赛时成绩也很好。比如,颜华菲同学没受过物理专门培训,但在全国物理竞赛中获二等奖。在英语学习方面,经常出现的情况是,数学实验班的英语平均成绩会高于英语实验班的英语平均成绩。

(四)不寻常的自学能力

华校的数学超常学生都有很强的自学能力,他们善于从书籍知识出发,通过学习获取新的知识,善于寻找恰当的适合自己知识水平的学习资料,扩大自己对某方面知识的理解。这一方面是由于他们对数学的理解力强,另一方面也由于老师有意识的培养。在数学课上,我有意识地激发学生们自己去学数学,培养他们的自学能力。要讲的新课,我从来都是要他们自己先看。这些数学天才学生,很容易就把书本上的知识看懂学会了,有的还能立刻进行讲解,在黑板上演算、证明。由于自学能力强,他们在课外都如饥似渴地超前学习。许多人在初中时就自学了高中数学,在高中时又自学了大学阶段的一些数学课程。有一位姓钱的学生在读小学期间就自学了初中的解方程,高中的解析几何、三角,大学的微积分,虽然所学的东西还谈不到完整和准确,但作为一个十一二岁的孩子,他所表现出来的自学能力,是令人震惊的。

(五)强烈的独立意识和卓越的创造性

布鲁姆等人在对数学领域中取得巨大成就的天才的特征做概括时指出,那些在数学方面有才能的人从小就有很强烈的独立意识。小时候,他们喜欢长时间地独立活动,起初是玩玩具,后来便是独立进行科学设计,到青春期则表现出依赖大量阅读、观察而独立思考的特征。布鲁姆等人的这一结论在华校超常儿童身上得到了验证。华校数学超常儿童的独立意识很强,不随波逐流,不人云亦云。在学习中,他们不满足于只找到一种解答问题的办法,即使已经有了好的答案,他们也开动脑筋,另辟蹊径,寻求更新、更好的解题方法。这一点可以从数学超常学生的作业本中看出来。他们做题时,经常是多种思路,一题多解,许多孩子常常能针对数学参考书上的答案不尽完善之处,想出比参考书上解答还要漂亮简洁的解法。当与老师的看法不一致时,他们也敢于和老师争论。在学习方法上,几乎每个人都有自己创造的独特的一套做法,在涉及个人的发展方向时,每个人都有自己的独立见解,从不效仿、追随他人的发展模式。

二、非认知方面的特征

(一)对数学的浓厚兴趣

华校数学超常学生最明显的特征是对数学天然的浓

厚兴趣。对于有些人来,说数学是枯燥乏味的,但对于这些数学超常生来说,数学是最令他们着迷的智力游戏。在他们看来,解数学题,特别是解难度大的数学题是一种极大的享受。有一位学生这样形容他心爱的数学:数学是神秘的殿堂,是绚丽的迷宫,在那里遨游其乐无穷。另有一位学生在谈到数学竞赛时,其喜爱之情也溢于言表。他说:"数学竞赛简直是一种艺术品,是人类创造思维的杰出表现,在未来的理想世界中,参加数学竞赛必将成为一种大众化的娱乐方式。"由于对数学有浓厚兴趣,华校的数学超常学生在学习中都表现出不寻常的积极性和主动性。上课时,他们争着回答问题,抢着到黑板上演算,兴致勃勃地在讲台上向同学们讲解自己的解题思路;下课后,他们互相传阅课外数学书,互相搞智力测验,自己给自己安排数学作业,进行超前自学。可以说,他们中的许多人对数学的兴趣已到了如痴如迷的地步。

(二)高远的志向和抱负

华校中数学超常学生的志向抱负普遍比较高。许多人从小就有当科学家、做学者的理想,抱有在某个专业领域取得卓越成就,在事业上获得成功的强烈愿望。即使他们已经取得了令人羡慕的成绩,但是他们总是和自己既定的目标比,因此总是感到还要继续努力。为了达到尽善尽美的状况、取得尽可能高的成绩,他们会表现出强烈的竞争心和全力以赴的决心。这种渴望成功的强烈愿望,一方面是因为家庭的影响,另一方面也与老师对他们的期望和鼓励有关。

(三)坚强的意志品质

许多专家的研究表明,凡是在某一方面作出突出成就的人一般都要具备坚强的意志品质,能够百折不挠、持之以恒地追求所定的目标。华校的学生们也有这样的特点。我曾做过一个调查,让学生谈为了解答一道难题或证明一个定理,最多能让自己憋多长时间而不去问别人。有的学生说坚持过一天,有的学生说坚持过一个月、两个月。有一个学生说,为了解一道题他曾搞了半年。由此可见,他们在学习上多么有毅力。

有的学生在体育锻炼中也表现出超人的毅力。比如一个叫查元桑的学生,他坚持练长跑,经常跑步往返人大附中至天安门,风雨无阻地坚持了好几年,充分表现了他做事持之以恒、能长久地吃苦耐劳的顽强意志。后来,他在北京市篮球比赛、长跑比赛中都分别获奖。

(四)极强的自信心

华校的学生们的自信心都很强,每个学生都有一种"各有所长,你能做到的,我经过努力也能做到"的信念。对他们来说,失败是暂时的,它激励着学生下次好好试一次。正像一个学生所说的:"不能说学习没有压力,但大部分同学都有一种信念——这次成绩不好,只能说明自己这个方面学得不够扎实，只要认真钻研，一定能有所提高。”正是这种自信心，华校的学生们在遇到困难和挫折时能够不屈不挠地继续努力、前进。

三、社会适应性问题

虽然许多研究表明，天才儿童在许多方面的发展指标都优于一般儿童，但也有一些研究指出，从超常儿童的个别倾向来看，确实有一些儿童存在着社会适应不良的问题。正是由于这方面的问题，他们经常被人误解。许多人常常把他们的好奇、敏感、自主和多方面的兴趣理解为不服从、不注意、不安静等，认为他们性格古怪、有书呆子气、不合群、体弱多病等。但是根据我们观察，华校数学超常学生中几乎没有什么人存在着明显的社会适应不良的问题。在这方面，他们一般表现出以下一些积极的特征。

（一）和谐的人际关系

华校的学生关系很好，整个集体中有一种互相帮助、互相学习、互相尊重的好风气。班上哪个学生有困难，总有人主动去帮助；哪个学生有进步了，大家真诚地表示祝贺。在学习中，大家毫无保留地交流学习经、交换学习材料；当发现书店有好的数学书时，总有人自告奋勇地前去为大家购买。

对待老师，他们发自内心地尊敬和佩服，同时也能平等地与老师讨论和争辩，各抒己见。他们懂得向老师嘘寒问暖,能以各种方式表达他们对老师的爱戴。

对待集体和社会,他们都能自觉地承担责任和义务。一个叫李秋生的同学,一次到很远的地点参加竞赛培训,轮到他值日那天,大家以为他不来了。没想到,他起个大早,不为人知地到校做完了值日又按时赶回集训地点。又是这个李秋生,在自己家庭经济困难的情况下,悄悄地向希望工程捐了100元钱,不留自己姓名。

(二)严谨认真的作风

有的研究指出,超常儿童由于接受能力强,学习速度快,在学校中常常会因为作业太简单、容易,缺乏挑战性而感到学校生活枯燥乏味,于是便采取了潦草马虎地对付作业的态度,对老师的问题常以"不知道"之类的回答敷衍应付。与此相反,由于华校提供的课程内容是专门为数学超常儿童设计的,具有一定的难度,孩子们需要经过努力才能完成具有挑战性的学习任务,加上为了参加各种竞赛要接受严格的训练,一般来说孩子们都具有严谨认真的作风。

(三)多才多艺

谈到超常儿童,一般容易被人误解为书呆子,只会读书,不会玩,不喜欢参加各种活动。这种看法现在已被许多事实证明是没有道理的。事实上,数学超常儿童并不是书呆子,他们在解决问题时一般都能活用书本知识、富有己见,而且爱好广泛。华校的学生用于发展各种业余爱好的时间比普通孩子多,他们不但打扑克、下棋、玩电脑、打球、唱歌等,而且玩的效率很高、很出色。其中不少人是学校音乐、体育等方面的骨干。他们喜欢参加团体活动,并且在活动中深受同伴们欢迎。

(四)风趣幽默

许多研究表明,天才人物一般都具有风趣幽默的特点。多年来,我在与华校学生相处中发现他们每个人或多或少都有这样的特点。这种风趣和幽默是他们聪明、机智、轻松、友善等特点的综合表现,也是他们个性、创造性和才气的自然流露。华校学生的这种特点使得他们的同学关系、师生关系十分融洽,也使人们在与他们的接触中感到愉快。

(五)身心健康、情绪稳定

在一些人看来,凡是智力超常、才能出众的人,一般总是体弱多病、性格古怪、神经质的。在华校,许多事实已经驳斥了这样一种偏见。国内外的一些研究表明,超常儿童不仅在身高、体重,而且在其他各项生理特征,如握力、肺活量、腰围、臀围等指标上较一般儿童为优。通过对华校超常学生和普通学生的对比研究发现,前者的身体素质普遍高于普通班孩子,他们不仅身体健康而且性格开朗、情绪稳定。

四、特征形成的原因分析

以上对华校超常学生的特征分析告诉我们，华校数学超常学生所具有的特征一般都是积极的、良好的，是我们期望孩子们应该具有的。那么，是什么原因使他们形成了这样一些特征呢？根据我的研究，使华校数学超常学生的特征得以形成的因素有三个，即先天具有的遗传基因、他们所处的特定环境以及所受的特定的超常教育。

（一）遗传因素

数学超常儿童的某些特征肯定与遗传有关，“有数学天赋的学生可能具有一种遗传特征”，特别是诸如记忆能力、心算能力、创造能力等认知特征，在很大程度上是由遗传决定的。那么，遗传在孩子们的发展中起了多大作用呢？对此，人们的看法不一致，有的估计得多一些，有的估计得少一点，但有一点认识是共同的，这就是：遗传只是决定个人学习成绩的界限——上限和下限。我对华校数学超常学生的研究也证实了这一点。华校的孩子们入学时就表现出了不同的认识特征，有的擅长记忆，有的擅长推理，有的擅长创造，有的擅长模仿，他们在华校的几年中，虽然受到同样的环境影响、接受同样的教育，但他们之间在认知方面的特征差异仍然存在着。有的孩子的创造力、记忆力是可以开发出来的，有的则不能；有的孩子在记忆方面的发展快一些，有的则在心算方面快一些。比如，有一个超常学生有非常突出的记忆力,但他在创造能力方面的发展和进步却不明显,这种特征使得他在需要创造性地解难题的国际性数学竞赛中很难获胜,但他在内容范围有所限定的各种考试中却可以轻松取胜。而另一个叫颜华菲的女同学在刚入学时并没有明显地表现出突出的记忆力和创造力,但是经过在华校的特殊培养和训练,她在这两个方面都表现出了超人的能力,从而一路过关,接二连三地在国际国内的教学竞赛中夺魁。这些事例既说明了遗传对于人的特征形成所起的作用,也说明了这种作用的有限性。

(二)环境影响

在数学超常儿童特征的形成过程中,环境起到了重要作用。他们的父母很重视对孩子的早期智力开发。比如,姚建刚的父母在他很小的时候,发现他有数学的天赋,就节衣缩食为他买数学书、请名师指导,这为他后来在数学方面的发展打下了良好的基础。此外,这些孩子父母的职业背景、交往范围、生活方式、学习环境等也都对孩子的志向、兴趣、习惯有一定的影响。

除家庭外,学校所创造的特殊环境对孩子的特征形成起了更重要的作用。在华校,孩子们的年龄相同,智力水平接近,志趣、爱好也有许多相似之处。在这样的群体中,他们可以避免产生那些与普通孩子相处时因志趣、爱好、智力水平不同而产生的孤独感、不和谐感,同时也可以避免产生骄傲自满,体会到天外有天、人外有人、学无止境的意义。此外,由于学校提供的教育是适合他们需要的超常教育,他们在富有挑战性的学习任务面前,可以激发起学习的兴趣,不会形成因学习材料太简单而产生厌学情绪和马虎潦草的坏作风。最后,特别值得一提的是,学生们之所以能够避免产生一般天才儿童经常碰到的社会适应不良问题,形成许多好的积极特征,是因为学校的领导、老师和员工们为人师表的敬业精神和班主任建立在才能、智慧基础上的个人魅力以及全校上下团结、奋进、开拓、创新的文化氛围,对孩子们形成健全的人格、高尚的道德、独特的个性产生了积极的影响。

(三)教育的决定性作用

在决定数学超常儿童特征形成的各种因素中,应该说,教育的作用最大并具有决定意义。

华校的特点是根据孩子的特长,因人施教,使每个孩子得到最适合自己发展的教育指导。它明确提出了要改变传统教育中学生消极被动地背诵记忆、老师灌输现成知识的模式,将把培养学生主动地、积极地学习的能力和用新方法探索世界的创造性能力作为教学目标。这种为教育超常学生所设计的超常教育在各个方面为孩子的特征形成起了决定作用。

首先是课程教学内容的安排。学生的学习内容比较宽、深,学生在达到了基础要求后,可以向纵深、向宽广扩展自己的知识面，不像在普通学校中，要机械地反复练习已掌握的内容，因此学生可以始终保持追求知识的热情和兴趣，不会出现厌学的情况，这是他们学习兴趣浓厚的一个重要因素。

其次是学校所使用的教材是老师针对孩子们的心理发展规律专门编写的。它体现了老师要培养学生独立探索知识的自学能力、培养学生创造思维的教学意图。许多教材是要学生自己学习的，许多内容还要学生创造性地探索答案。学生在使用教材、学习知识的过程中，不知不觉地就受到了自学能力和创造性能力等方面的训练，这是形成他们具有极强的自学能力和创造力特征的一个重要原因。

再次是学校的教学方法很有特色。数学老师在整个教学过程中的每一个环节，从提前预习到听课、上黑板演算、讨论，再到写作业都精心设计，以使学生始终保持对数学学习的兴趣，激发他们学习的主动性。

此外，超常教育使用的整套课程，从政治课到文化课、体育课，都不忘对学生思想品德和行为的教育，学生在学校不仅学知识，还学习做人，这是他们身心全面发展的一个主因。

当然，老师都是精心挑选的，他们不仅教学水平高，而且精神境界高、事业心强，他们的一言一行、所作所为，都为学生树立了楷模，因此他们对学生的指导和教育特别容易为学生所接受。

总之,由于学校所提供的教育是专门为超常孩子设计安排的,学生原先具备的一些特征在这里得到强化,原来不具有的能力在这里得到培养。学校对数学超常学生的成才起了决定性作用。我们将认真总结这方面的经验,为探讨超常教育的规律而继续努力。

(原载《海淀区校长论文集》,1998 年)

简论非智力因素与超常儿童的发展

当今正处世纪之交,各国都在研究迎接21世纪的战略对策,其核心是进行教育改革,培养适应21世纪需要的高质量人才。在此形势下,通过理论研究和教学实验,探讨非智力因素与超常儿童发展的关系,提示非智力因素与智力因素之间的内在联系以及全面开发非智力因素和智力因素的有效途径,对于科学育人、造就实现四个现代化急需的全面发展的人才,是大有裨益的。

一、在超常儿童的发展中,非智力因素起决定作用

智力因素,是指认知过程中观察力、注意力、记忆力以及思维的敏捷性、深刻性和创造性。智力因素在学习过程中起重要作用,但它不起决定作用。

“天才出于勤奋”的观点被社会普遍承认和接受。这表明,社会常识认为“勤奋”之类的非智力因素才是认识

过程的决定因素。1958 年,M. L. Terman 发表的对智力超常儿童的 50 年追踪研究报告认为:非知识因素和非智力心理因素对天才儿童成才有决定作用。R. B. Cattell 等人的研究同样认为:智力和某些人格因素对学业成就的预测性,比单纯的智力测验效果好,纯智力测验只能估计到成就因素的 25%,而成就的 75%是人格因素。

著名心理学家斯皮尔曼提出一种“W 定律”,即意志定律,认为认识作用的大小是直接受意志控制的。我国教育心理学前辈潘菽也从学习的心理活动这一角度肯定了非智力因素的重要性。他写道:“任何知识的学习过程,都包括一系列复杂的心理活动,其中有一类是关于学习积极性的,如注意、情感、情绪与意志等;另一类是有关认识过程本身的,如感觉、知觉、记忆、想象与思维等。”

近年来,我国超常教育工作者在实践中也深感培养有益于学习的非智力因素的重要性。例如,某校学生曹某,IQ 值为 135,但他自以为聪明而不努力学习,最后在高考中竟然落榜;人大附中的葛之宇同学在初二时还各种竞赛榜上无名,但经过培养,训练及心理因素的调节、意志的培养、目标的确定等,到初三时葛之宇同学就荣获全国初中数学竞赛一等奖、物理竞赛二等奖、化学竞赛三等奖,高二时获全国数学竞赛一等奖,进入全国中学生数学冬令营,提前一年被保送到北京大学数学系。

综上所述,国内外的理论研究和数学教学实践都表明,在智力水平大体相当的情况下,学业成就与非智力因素的优劣有极大关系。在超常儿童的发展中,非智力因素起决定性作用。

那么,什么是非智力因素呢?综合国内外专家学者关于非智力因素的研究,关于什么是非智力因素的问题,大致有两种意见。一种是广义的,认为非智力因素是指智力因素以外的一切心理因素;另一种是狭义的,认为非智力因素是指智力因素之外的但对智力发展起直接制约作用,并影响智力操作效果和潜在能力能否充分发展的若干心理因素。

对教育工作者来说,我们所研究的非智力因素系指“智力因素之外的但对智力发展起到直接制约作用、并影响智力操作效果和潜在能力能否充分发展的若干心理因素”。教育工作者比较趋于统一的认识是,教育学的非智力因素包括兴趣、独立性、自信心、意志力、理想抱负、正确的自我意识、好胜心、自尊心等若干方面。

应该注意,上述非智力因素的每一条都对智力操作及效果有直接作用,但是综合作用则是长期的、最重要的——各非智力因素之间也有相关性。

二、超常学生非智力因素特征及与学习的关系

(一)兴趣

超常儿童从小就表现出兴趣广泛。从人大附中超常班学生来看,有95%的学生从小就喜欢看各类书籍,其兴

趣范围远超出正常儿童。

兴趣是人们积极探索客观事物的一种认识倾向。由于兴趣能极大地提高大脑皮层的兴奋状态,人们对符合兴趣的学习和工作能长期坚持而不感到疲劳,从而取得最优的学习效果。

兴趣对学习的重要性不是一成不变的,一般说来,年龄越小,兴趣对学习就越重要。少年儿童大多数凭兴趣学习,超常少儿也不例外。于是,培养学生对于学科的兴趣,就成为教师特别是低年级教师的重要任务。一般说来,新鲜事物容易引起人们特别是儿童的兴趣。抓住好奇心、诱发好奇心,是学科教学的核心问题之一。我们必须打破注入式教学而代之以谈话法,在谈话中设置问题情境。激发学生兴趣的关键是提出恰当的引人入胜的学科问题,并不断将学科知识和实践相结合以阐明本学科和人类实践活动的密切关系。

少年儿童的兴趣既广泛也有很大的变易性。兴趣的保持与否往往和学科学业成绩的好坏有密切关系。成就感能维系兴趣,失败感能削减兴趣。如果说兴趣是智力操作的源头,那么成就便是维持智力操作的能量。只有在持久的、有成效的努力中,兴趣才可以渐变为爱好并最终成为个人的专长。

随着年龄的增长,兴趣的方向和程度会有变化,原因很复杂,除成就的大小外还和人的智力类型(科学思维型、艺术活动型、社会交际型)有关,对学生个体逐渐展现的兴趣倾向只能引导不能遏制，更不能把某种兴趣强加给某个学生。

综上所述，广泛启发学生的各类兴趣，在学习进程中观察并引导适合学生个体的特殊兴趣，使学生在“有兴趣出成绩”的良性循环中巩固并加深兴趣，使之成为个人的嗜好和专长，是天才教育的重要课题。

（二）理想抱负

从整个青少年时期的学习进程来看，如果说兴趣是学习的第一原动力的话，那么理想抱负便是层次更高的学习的主动力。

根据对人大附中创办华罗庚学校小学部学生的观察，在低年级时他们的动力是个人的兴趣和家长的督促，到了五六年级抱负就起作用了。其抱负是：升入同级水平最高的 A 班；在竞赛中取得好名次。

当他们升入人大附中实验班，学习动机就更为复杂了，但各层次的理想抱负仍是学习的主动力。初二下学期以后的初中实验班学生大都有在竞赛中取得名次的理想和考上市重点中学的理想。高中实验班的学生全都有上名牌大学以学习符合自己愿望的专业的理想，而只有部分学生还保持着竞赛中取得好名次的理想。

广义的理想是指终身要达到的成就目标，狭义的理想则可以说是指阶段性的目标。一般说来，相对于正常学生，超常学生的理想抱负远大。

对超常学生进行正确的理想教育是超常教育中关键的一个环节。但这种教育不能是空泛的说教,而应该是切合每个学生实际的不同的心理辅导。针对不同的年龄、不同的个体,辅导的内容也不相同。共同点则是,培养学生具有应对挑战性问题的品格,增强其自信心,激发其确立通过努力可以达到的阶段性目标,从而逐步地树立起远大的理想抱负。

教师要特别注意帮助学生树立起适合个人情况的阶段性目标。当学生通过努力达到既定目标后,他们会产生成就感、满足感,从而更加自信,也会自发地确立下一个阶段性目标。

阶段性目标要订得合度,过高过低均有害无益。1994级超常班的一位学生,在华校小学部期间始终都是外语班的学生,他老感觉数学根底不如同班同学,因此就是不敢说出数学竞赛中至少拿几等奖的努力目标。老师看准了这个学生有数学才能,多次鼓励他在竞赛中一显身手,这位学生暗暗使劲,终于在初二数学竞赛中取得北京市一等奖的好成绩。

事实说明,初中超常学生的自我意识不完善,要帮助他们正确认识自己、敢于攀登,而实践中的成功会大大激发他们学习的积极性。

(三)自理自治的能力

中科院心理所的同志对人大附中1995年入学的超常

班做过一项智能心理测试。测试结果表明,与正常学生相比,超常班的学生在智能方面明显领先但在心理成熟程度方面却未见超常。

一些学生(尤其是独生子女)自理自治能力差的原因是多方面的。一般说来,超常儿童的学习和生活的独立性都比较强,这是有利于学习的非智力品格。但是过分的溺爱使他们生活上没有处理能力;过分的赞扬又使他们盲目自信。在今天中国特别是大城市的超常教育中,上述扭曲超常儿童心理的倾向已经显露端倪,我们应该特别警惕。在低年级的超常教育中,应该注意与家长相配合,共同培养超常生的自我管理意识和能力。自己的事要自己做,而且要做好,这一点与独立性培养有密切关系。

(四)独立性

一般说来,超常儿童在学习上的独立性比较强。但在儿童时期和少年初期,学习上的独立性和生活上的独立性又密切相关,它们是独立人格的两个方面。独立性之于学习的重要性是显而易见的。进而言之,独立人格对于成人成材的重要性也是众所周知的。

我国古代诗人白居易写了一首诗《凌霄》,告诫世人:寄言立身者,勿学柔弱苗。这强调了人格独立性的重要。我们常说,要成才必须先成人。我们要把超常儿童培养成社会英才,就必须充分注意对他们独立人格的培养。

超常学生学习上的独立性表现在不盲从、不迷信教师和课本，敢于独立思考。他们常常在课堂上对教师的讲课提出质疑或对解题方法提出新思路。教师一定要爱护学生的独立思考精神，正确地引导他们，而不能误认为他们是有意捣乱。超常生脑力强、思维活跃，因而提问多、见解多，是学习中的必然现象；由于年幼，提问见解中的幼稚成分也是必然现象。教师一不能强词夺理，二不能抓住不成熟的问题而对学生讥讽。独立思考品格的主体有利于学习，但表现得过于极端就很可能夹杂一些过于自信的骄傲。对此，教师可以而且应当言教，但身教重于言教。

（五）意志力

意志力是一种非智力因素的品格，它直接控制认识作用的大小。一般人认为，超常学生的意志力比较强，我们认为它是早期开发智力的教育的结果。意志力的强弱是后天环境的产物，超常班的学生大都受过早期智力开发的教育。在攻克难关的学习过程中，他们养成了学习方面相对顽强的意志。但是超常学生的意志品格，在整个青少年的学习进程中不是一成不变的。童年、少年、青年时期的超常学生的学习意志的强弱有明显不同，它既决定于个体意志锻炼的结果，也决定于学习的动力。

意志力是控制自我的能力。学习意志则是强迫自我学习的力量。由兴趣引发的学习行为有较多的主动性、较少的强制性。学习意志力特别体现在兴趣不大但又必须学的学科学习中。

意志力的强弱与人的自信程度、对所从事活动的必要性的认识深度、以往做事成功的频度以及对所从事活动的责任感的大小相关联。学习意志力要经过长期的培养过程才能养成。确立学习上的理想或抱负进而树立起人生的远大抱负,往往能随之产生坚强的意志力。

我们反对唯心主义的唯意志论,不应该也不可能把个人意志放到至高无上的地位。正确的意志应该是自我促使自身成才之路上奋勇前进的坚强的自控力,它与明确的自我意识有密切关联。

(六)自我意识

自我意识就是自己对自己的看法与评价。明确的自我意识有两重含义:第一,明确认识到正确评价自我对发展自我的重要性,从而经常主动地自我反省、自我认识;第二,自己对自己的评价比较客观真实。

根据我们的经验,初一年级的超常学生大多数缺乏明确的自我意识,到初二年级开始分化。有些人懂得了认识自我的重要性但还不能比较客观地了解自我。在学习上,他们往往把反应迅速这个智力因素看得过重而忽视了其他因素。

教育者要向学生讲清自我意识的重要性,也要通过具体事例的分析来帮助学生正确认识自己。但最重要的是,引导学生养成阶段性的全方位自我反省的习惯。

明确意识自我,无论对超常生还是对正常生都是重要的，无论是人格培养还是学习的进步都是如此。但是，智力超常的学生悟性较高，只有极少数学生才有比较明确的自我意识，而这些学生往往是超常班的。

仅就智力因素而言，随着学习内容的深化，思维的深刻性、严谨性将逐渐取代反应速度而成为影响学习好坏的主要因素。从初二开始，实验班的学生应该明确认识上述观点，并据此分析个人在智力方面的长处和短处，然后才能有意识地扬长补短、提高素质。

明确的自我意识还包括对个人非智力因素的认识。学生也要知道，培养个人有益的非智力品格对取得优异成绩具有决定性作用。同时，学生还要明了个人非智力因素的优劣，从而有意识地改造自我。教师要注意对他们进行引导，他们比较容易产生明确的自我意识。

（七）自信和好胜

自信是成功的起点。有了学习的自信心，只要相信自己的能力就不会因偶然受挫而灰心丧气，就会朝着既定目标勇往直前，成功就指日可待。

自信产生于成功并靠成功来维系。超常学生的自信心比一般学生强。因为他们学习起步早、智商高，在同龄同学中成绩突出。但在强手如林的超常实验班内，有的学生成绩相对落后，不免会丧失一些自信。教师要对这样的学生进行心理帮助，引导他们克服哪怕是微小的、局部的自卑感。

自卑感的产生源于对自己和他人的能力认识不完善。使学生克服自卑、确定自信的方法是帮助他们制订符合实际的期望目标,督促他们努力达到期望目标,使他们尝到成功的喜悦、树立自信。

好胜也是超常学生的非智力特征之一。好胜心以自信心为基础,盲目自信会导致盲目的好胜心。学生应该树立基于正确估价自己能力的好胜心。对于通过努力能够达到的目标一定要达到;对于通过努力可能达到也可能达不到的目标也敢于冲击并作冲击后的反思,这就是我们提倡的好胜心。

三、智力因素与非智力因素的关系

智力因素与非智力因素既有区别又有联系,它们共存于同一个认识过程之中,并且在一定条件下可以相互转化。

智力因素即脑力的强弱,主要是先天的产物。但是后天的教育环境、个体自身的努力,又对脑力强弱有很大的反作用。恰当的教育与个人的努力可以极大地提高个人的智力;反之,如果教育不当、自己又不努力,就可能导致智力衰退。

非智力因素的形成主要是后天环境的产物,它与家庭、学校和社会的导向有密切的关系。在超常教育中,正确认识智力因素和非智力因素的关系,对于正确看待天才儿童以及有效开拓天才儿童的潜在能力,具有十分重要的意义。

在认知活动中,智力因素和非智力因素都有各自的作用,但非智力因素起主导作用。一个智商极高但对世事冷漠的人,其高智商如无皮之毛无所附着而无从显现,从而更谈不上发展创新。没有参与认知活动的主观积极性就不可能有深层次的认知。“意志坚定、情绪稳定”,是深化认知过程的必要条件。

一个学生能否取得学业成就、成就是大是小,在很大程度上依赖于“自尊自信心的强弱、独立精神的强弱、自我意识的客观性”等一系列非智力心理品格。

但也要充分注意到,智力因素对非智力因素的反作用。一般说来,高智商儿童比较容易形成良好的非智力心理品格。这是因为脑力强就思维活跃、好奇心就强。在各类考试竞争中,超常儿童容易取胜,从而有利于形成自信、好胜的品格。

但是高智商儿童在 10—12 岁阶段,也容易形成若干不利于学习的非智力心理品格,如过分自信而缺乏明确的自我意识等。根据教育实践经验,12 岁的超常儿童在 8 项主要非智力因素方面的表现趋向是:有较强的自信心;有广泛的兴趣;有较强的自尊心;多数人情绪相对稳定;但多数人独立性不足;多数人缺乏明确的自我意识;多数人只有较小的理想抱负;在意志力方面个体的差异较大。

12—15 岁是非智力心理品格形成的重要阶段,同时也是智力潜能初步得到开发的重要阶段。这个阶段的超常教育要特别注意智力因素和非智力因素的关系。智力因素和非智力因素可能形成相互促进的良性循环关系,也可能形成相互制约的恶性对立关系。

四、对超常儿童非智力因素的开发及培训

超常儿童与同龄常态儿童在非智力因素方面有许多共同之处,只不过在某些方面的表现更为突出、更为典型。超常儿童智力的高低不是一成不变的,它与非智力因素有着密切的关系,非智力因素水平低往往制约了智力的发展,甚至影响成才。因此,教师、家长应在肯定、扶植、发展超常儿童非智力因素中的优点的同时,去帮助他们克服非智力因素中的弱点、缺点,使消极因素变为积极因素,从而促进超常儿童智力因素与非智力因素的同步发展。

超常儿童在智力与非智力因素方面,或非智力因素的诸多方面,常常表现出互相制约的现象。比如有的儿童聪明好学,对某门学科(如数学)产生了浓厚的兴趣,于是钻研下去,结果使自己的爱好变得狭窄,产生轻视其他学科(如语言)的现象。不过,超常儿童都是热爱学习的,只要教师或家长引导好,他就能改变偏科的不良现象;对超常儿童的优点与缺点要做一分为二的辩证分析,这样才会对他们多一层理解、多一分爱心与耐心,才会对他们的非智力因素进行科学的开发及培养。下面简介一些做法。

(一)家长、教师作出行为榜样,促进学生良好品质的形成

超常儿童自尊心、好胜心强,对他们最好的教育是身教。1991届某学生因不慎将小组伙食费丢失200多元,班主任对她进行了安慰并表示替她补上。她的母亲得知此事,晚上到家感谢老师并执意赔偿200多元。她说:"这件事教育孩子为集体做事要认真负责。"这位普通工人的话,在班上产生了很大影响。

1991届一学生家长是中央民族乐团的指挥,他利用休息时间多次到班上来帮助排练节目。当学生在合唱节获得一等奖时,他热泪盈眶,连夜给全体学生写了一封热情洋溢的信,他的谆谆教导像清澈流动的溪流一样淌进了学生的心田,促进了集体的团结。

家长的模范行为对学生是最好的教育,学生不仅从某一个家长身上学到优秀品质,更重要的是使他们认识了社会,感受到社会对他们的鼓励。

人大附中共办了十一届超常班,取得了令人瞩目的成绩,这与校领导和教师的敬业精神是分不开的。主管超常儿童教育的校长数十年来潜心数学教学的改革,先后培养出几届优秀毕业生。她对这些超常儿童给予无限的希望与关怀。每逢节假日,她都与外地学生共同度过,关心他们的衣食住行,鼓励他们不想家、立大志。一次,她将生病的学生接到自己家中悉心照料,直到学生重返课堂。学生每谈起此事都热泪盈眶。超常班的班主任都能平等待人,

对学生的教育晓之以理、动之以情。人大附中的超常儿童在这种民主、和谐、进取的氛围内学习、成长，感到终身受益。

（二）培养竞争意识和团结协作精神

联合国教科文组织召开的“21 世纪教育研讨会”提出一个时代性口号“学会关心”，并提出培养 21 世纪的新人要以强调合作精神来代替“竞争精神”，这对于我们培养超常儿童是有指导意义的。实验班的学生都是从小学选拔来的，他们从小就有较强的竞争意识，在“强手如林”的集体里若不具备健康的心理素质就会发展成自私、嫉妒的个人主义或者由于竞争不过而产生悲观低沉的心理。所以，不少实验班的教师都十分重视这一问题。班上组织许多竞争活动，培养学生竞争意识，激励学生向上的精神。但与此同时，教师不失时机地对学生进行教育，强调为了发展我们的事业、加快“四化”建设进程，也提倡竞争，但这种竞争是友好竞争，是为了共同目的。同学之间要进行竞争，但一定要团结友爱、互相合作。在这样气氛中，许多学生谦虚谨慎、积极向上。

（三）克服自控自理能力差的弱点，增强心理的承受力

学校对实验班的课程设计、教学方法进行了多次改革和探讨，在实验班进行了“高起点、高密度、高难度”的训练，将智力优异的学生智力水平给予最大限度的调动。前

苏联教育家苏霍姆林斯基说过:“你要尽量使你的学生感受到,触摸到他们不懂的东西,使他们面前出现问题,如果你能做到这一点,事情就办成了一半。”实验班教师针对学生学习兴趣浓、有极大的好奇心、喜欢动脑子的特点,在教学上不断进行改革,每节课都有一定的梯度,提倡启发式教学。这样就调动了学生非智力因素的积极一面,克服了消极一面。

实验班的教师针对学生求知欲旺盛、思维敏捷的特点,在语文课上进行思维训练的教学实验,转变了学生不喜欢学习语文的现象,调动了学生学习语文的极大兴趣。几届学生的语文成绩均有显著提高。如果在教学内容和教学方法上不进行改革,只是一味地整顿纪律,那只能挫伤学生的学习积极性,适得其反。当然,与此同时也要对学生进行遵守纪律的教育。在学生中经常开展批评和自我批评的活动,提高学生自我教育的自觉性和心理承受力。严格的要求加上科学的管理就会取得预期效果。

(四)开阔视野,活跃思想,突破封闭式教育

学校采取了“请进来,走出去”的开放式教育方法,为学生接近专家、学者、社会名人,了解社会各行各业工作情况和人们的心态创造了条件。学生通过军训、参观、劳动、采访、调查等社会实践;通过交谈、讨论、讲演等多种形式,提高了觉悟,增强了使命感,促进了团结,增强了独立工作的能力,并体会到互相交流、集思广益的重要性,懂得了不

能只从书本获取知识及信息的道理。社会实践在某种程度上转变了学生旧有的观念,为他们的成长注入了新鲜血液,在提高学生非智力因素的同时促进了智力因素的发展。因此,在中学阶段,对超常儿童进行非智力开发及培养,将使他们如虎添翼。

(1995 年 9 月 19 日)

探索超常教育体制
加速超常学生的成长

——北京市八五重点课题“超常教育实验研究”总结报告

社会的发展对人才提出更高的要求,如何培养出适应社会发展需要的高质量的人才,这是摆在教育者面前的一个严峻的任务。然而,传统的教育体制能承担起这个艰巨的任务吗?这确实值得人们深思。在长期的教育教学实践中,有感于传统教育体制中存在的“一刀切”的弊端,我们一直关注超常儿童的培养问题,从1985年起展开了对超常学生进行超常教育的研究与实践。经过10多年的努力,我们在对超常儿童的培养方面取得了很大的成功,逐步探索出一条适应超常学生培养需求的超常教育体制。本文便是我们对10多年超常教育的一个小结,是我们对超常教育体制的一点理论的探索。

一、超常学生与超常教育

（一）什么是超常学生

什么是超常儿童（学生）？这是一个重大的理论问题，它直接关系到我们对超常儿童的鉴别与教育。然而，对于这个问题，不同的历史时期，不同的研究者的认识也不尽相同。在超常教育的实践中，我赞同我国部分心理学家的观点，即“超常儿童的心理不只是智力和才能的高度发展，而且是优异智力、创造力及良好的非智力个性特征相互作用构成的统一体（见查子秀：《超常儿童心理学》，人民教育出版社，1993 年版第 10 页）。”我们之所以赞同这个观点是基于四个方面的考虑。首先，超常儿童是相对于一般儿童而言，他们之间并没有不可逾越的鸿沟；其次，儿童所表现出来的超常智慧，是遗传与环境相互作用的产物，并不仅仅由先天素质所决定；再次，超常智能是可以发展变化的，这其中的关键因素是合理的教育与引导；最后，超常儿童不仅仅在智力和能力方面表现突出，他们的非智力因素的发展也很好。

在十多年的超常教育实践中，我们深入研究了那些超常儿童的心理特征（见《对北京市华罗庚学校数学超常儿童的特征研究》），我们发现，这些超常学生在认知方面表现出以下特征：超常的心算能力；惊人的记忆力；突出的迁移能力；不寻常的自学能力；卓越的创造性。在非智力因素方面,超常学生表现出如下特征:对科学的浓厚兴趣;高远的志向和抱负;坚强的意志品质;强烈的自信心和独立意识。在社会适应性特征方面,他们表现出:和谐的人际关系;严谨认真的作风;多方面的兴趣与特长等。

(二)超常教育的含义

由于超常学生的独特优势,传统的教育体制显然不能满足这些学生发展的需求,长此以往,大量具有优异智力和创造潜力的儿童将会被埋没,他们在常规教育中感到“吃不饱”,发展受到阻碍。因此,如何为超常学生提供恰当的教育,也是教育界乃至全社会都关注的一个问题。纵观国内外超常儿童和青少年的学校教育形式,概括起来可分为三种类型。第一种是个别化的“加速教育”形式,即以个别录取、个别对待的方式,接纳超常儿童和少年提前进入各级学校,允许他们超前学习和跳级,直至提前毕业。第二种是短期集中培训,加速学习。这种教育方式是为了满足具有特殊才能的儿童和少年在智能发展上的特殊需要,在他们不脱离正常班级学习的同时,采用集体短期培训,或者组织课外活动小组,来深化他们感兴趣的、有潜力进一步加以拓展学科的学习。第三种是学校集体教育,即通过各种形式的测验进行选拔,将超常学生集中起来,为他们建立特殊培养的学校,或在常规学校中为他们组建特殊的班级进行教育。

综合考虑这三种超常教育方式的优劣,我们采用了第三种超常教育方式,并把我们的培养目标定位为:培养德、智、体、美全面发展的优秀毕业生,为培养国家栋梁之材、有国际竞争力的高端人才打下坚实基础。十多年的教育实践证明,我们的这种超常教育方式是成功的。

二、超常教育的指导原则

在十多年的超常教育实践中,我们一直以四个原则作为我们进行超常教育实验的指导原则,这四个原则分别是加深与拓宽知识面的原则,智力因素与非智力因素同步发展的原则,集体教育与个别指导相结合的原则,学校、家庭、社会教育相统一的原则。

(一)加深与拓宽知识面的原则

在超常教育中,对于超常学生的培养有两种思路:一种思路认为应使超常生在尽可能短的时间内掌握社会所要求的基本知识技能,以显示其超常的优势;另一种思路则认为不应过分限制学习的时间,而应在对知识、技能掌握的深度上作文章,使超常生在知识掌握的深度和广度上明显地优于一般学生。在我们开始超常教育的实验研究之初,究竟选择哪一种思路是我们长期思考和探索的问题。在实验的初始阶段,我们按第一种思路进行实验,将中学 6 年的内容让超常学生 4 年学完。经过一轮实验,我们发现,这种思路存在着一些不足之处,主要表现为两个方面:其一,中学所要求学生掌握的知识内容很多,超常生除了在4年之内掌握这些知识内容外,还要拓宽、加深知识面会加大他们的压力,相应会减少他们课余休息时间;其二,4年制的教学对教师的要求很高,如何把6年完成的任务在4年之内教给学生,这对广大教师是一个严峻的考验。经过深入的分析,我们在第二轮实验时,改原来的4年制为5年制,延长了教学时间,同时考虑到超常生的特点,在所教的知识内容上,给以进一步的加深和拓宽。经过5年的实验,我们感觉这种思路是一种切合实际的思路。因此,我们将其确立为我们超常教育的首要原则。

(二)智力与非智力因素同步发展的原则

传统观念中,人们认为超常儿童的标志就是其突出的智力水平和创造力。近年来,我们越来越重视非智力因素的价值,这主要是因为非智力因素对个体智力的水平与发展有重要的影响,而且对于超常儿童而言,如果其非智力因素发展不佳,不能很好地适应生活,那么其出色的智力也很难充分地发挥作用。按照林崇德教授的观点(1992),非智力因素的作用主要表现为动力(即为个体的智力和能力发展提供内驱力)、定型(即把某种认识或行为的合理组织习惯化)和补偿(即非智力因素能够弥补智力与能力的某些缺陷或不足)作用。由此可见,非智力因素在儿童、少年的发展中起着巨大的作用。我们在超常教育中,非常重视强调对学生非智力因素的培养。在这方面,我们始终坚持四点,即培养学习兴趣、养成良好的学习习惯、发展良好的性格特征、顾及学生的气质类型。实践表明，我们的做法是成功的。

(三)集体教育与个别指导相结合的原则

如前所说，超常儿童的教育存在三种方式，我们的超常教育采用集体教育的方式，之所以如此，我们是想尽自己最大的努力，使更多的超常学生尽快成才，而不至于被传统的“一刀切”的教育所淹没。但在这种集体教育的框架下，我们又特别强调个别化指导的作用，这是因为，超常学生相对于普通学生而言，他们彼此之间的个性差别更大，他们在思维类型、学科爱好等方面表现出非常明显的特殊性，因此针对不同学生的不同特点，采用个别化指导就显得非常必要。另外，超常学生一般都有过自学的经历，有较强的自学能力，有自己突出的学习方面的优势和较强的个性特点，他们往往希望能根据自己的兴趣、爱好，多学点知识，而不愿意受统一教学计划的束缚。在超常教育中，我们将集中教育与个别指导相结合，建立了多层次教育体系：首先，对超常儿童进行集中教育，这是我们教育体系的基础；其次，我们根据超常学生的学科兴趣，将学生分别编入数学、外语、计算机和体育等科目中分类进行有针对性的教育；最后，针对每个学生的个性差异，我们组织班主任和任课教师对每个学生逐一研究，逐一进行有针对性的指导。正是这样的三个层次，保证了学校每个学生的发展，有效地实现了集体教育与个别指导相结合的原则。

（四）学校、家庭、社会教育相协调的原则

学校教育要取得成功，有赖于家庭教育和社会教育的大力配合。一般地说，超常学生都具有良好的家庭教育条件，并深受家庭教育的影响，而且这些学生的家长也非常关心子女的健康成长。这为学校争取家庭教育的积极支持和融洽配合提供了有利条件。但是，也应看到，这些家长也可能会因为“望子成龙”心切，对子女管教过严，也可能会重智育而轻德育和体育等，这些问题都会影响到学生的健康发展，影响到超常教育的效果。在十多年的实践中，我们非常重视这个问题，通过“家长学校”“家庭教育讲座”“家长后援会”“家访”等多种形式和渠道，向家长宣传全面发展的超常教育思想，正确对待子女的学习和成长，以取得学校教育和家庭教育相互配合的良好效果。

现代社会复杂多变，现实环境中许多不利的因素对学生的影响也越来越大。如何正确地认识社会，使学生在其中学时期能顺利而健康地发展，这是我们密切关注的一个问题。在超常教育中，我们注意把社会教育纳入学校教育之中，在对学生进行的思想品德教育中力求加入这方面的内容。实践证明，我们的努力取得了很好的效果。

三、超常教育体制的探索

在十多年的超常教育实践中，我们从整体改革的角度，对超常教育的体制进行了深入的探索。我们的探索主

要集中于四个方面，即学制规划与课程设置、教材的建设与改革、师资配置和教学方法的确定。

（一）学制规划与课程设置

学制规划问题是超常学生学校教育首先面临的一个问题，要回答这个问题，我们必须首先明确我们超常教育的培养目标和教学内容。在超常教育中，我们将培养目标定位为培养德、智、体、美全面发展的优秀毕业生，为培养国家栋梁之材、有国际竞争力的高端人才打下坚实基础，而教学内容则是以国家教委颁布的全日制中、小学的教学大纲为蓝本的，在某些方面进行了适当的扩展。正因如此，经过反复实验，我们将超常中学生的学制定为 5 年，即初中 2 年高中 3 年。并且允许这些学生中的部分突出者打破 5 年的限制用 4 年或更短的时间学完。在此前提下，我们对每门课程的课时数进行了精心设计。当然，需要说明的是，我们所设定的学制，除了考虑超常学生的状况、培养目标和教学内容之外，还必须考虑我们国家的一些教育规则和惯例。

在课程设置上，我们采用主辅课程双轨制，主修课程包括语文、数学、物理、化学、外语、体育、政治等课程，辅修课程是对主修课程的进一步提高或补充，它包括思维训练课、创造发明课、现代少年课、艺术课、综合活动课等。

（二）教材建设与改革

超常教育教学时间的压缩和学科质量标准的提高，这两者之间当然存在着一定的矛盾，解决这个矛盾不能靠简单机械地压缩课程内容、生吞活剥的灌输去实现，它应靠深入理解和改革学科教材的结构与内容而实现。各科教材结构的改革应遵循使学科知识结构更完善、有利于学生学习和掌握、有利于减少授课时数和超前学习的原则进行。在这方面，我们特别重视针对超常学生的特点，编写出高水平的教材。这一点可以说是我们十多年超常教育实践最突出的特色之一。到目前为止，华罗庚学校已经出版了自编的数学、计算机、物理、英语、现代少年教材、发明创造基础等教材 40 多种，并出版了与之相应的教师用书、学生用书、试题解析等配套辅助用书。其他科目的配套教材也将陆续编出。这些教材的建设，使超常的学校集体教育落到了实处，极大地促进了对超常学生的培养和教育。

（三）师资配制

如果说教材与教学内容是培养超常儿童的基础，那么一支合格的教师队伍则是培养超常学生的一个关键因素。在对超常学生进行培养的过程中，教师的作用表现得更为重要，对教师水平的要求更高。在我们的超常学校——华罗庚学校中，教师的来源包括两部分：一部分教师来自人大附中和北京市海淀区教师中选拔出来的热心于超常教育事业的优秀教师；另一部分则由华校的协作单位——中国科技大学和华罗庚实验室及其他院校定期或不定期委派高水平的教授、专家进行讲座。为了保证任课教师的水平，由中科大和华罗庚实验室负责对任课教师进行定期培养。

(四)教学方法的改变

针对超常学生的独特性,我们一直在探索与之相适应的教学方法。我们认为,超常教育的教学方法应特别注意发挥超常学生学习的主动性、积极性和创造性,将传统的以教师为主的教学改变为以学生活动为主的教学;将知识传授中的“单向传递”改变为“多向传递”;将重视对学生传授书本知识的倾向变为开发学生的智力和非智力因素。在十多年的探索过程中,我们逐步总结出了一些教学方法,其特色表现为以下几方面。

其一,注重培养超常学生的自学能力。一般地说,超常学生基本上有自己独特的自学习惯,但这些自学能力与习惯多是自发形成的,而且水平较低,作为教师要帮助学生形成更为科学和合理的自学能力,这是超常教育能否达到理想水平的一个关键因素。

其二,提倡启发式的设疑性教学。根据超常学生突出的智力水平,我们要求教师在教学时要精讲,要把大量的精力放在引导学生自己学习上,强调对学生进行“扶与放”的教学。在这种教学中,教师首先向学生提出问题,并以问题贯穿教学全过程,以问题带知识,由浅入深,组织学生研究讨论,并最终获得规律。在此基础上,进一步提出问题,将学生的思维引向深入。

其三,强调开放式教学。把学生从传统的课本、教室、学校的束缚中解放出来,用新的科学成果来丰富课本知识,用生动的课外活动来弥补课堂的不足,用丰富多彩的社会生活来充实学校生活,从而使课内和课外、校内与校外有机地联系起来,相互促进,使超常学生得到生动活泼的发展,改变人们观念中一提到超常学生就浮现出的"大智若愚、呆若木鸡"的形象。

其四,建立安全、自由的学习气氛。美国心理学家托伦斯指出,安全、自由的集体气氛是儿童学习成功的必要条件。在超常教育中,我们非常重视为超常学生提供一个安全、自由的学习氛围。为此,我们要求教师做到以下四点:给超常生以充分的信任;减少不必要的规定,允许学生自由地表达自己的想法;杜绝对学生进行消极的评判;对学生给予真诚的支持与鼓励。

(五)改革与完善对学生的评价方法与手段

对学生进行评价是教师检验教学效果的手段,同时评价的方法体系所选择的标准又是对某种教育思想和教育方法的肯定,对教师的教学起着很强的诱导和强化作用。传统的教学评价侧重于评价学生的知识,而忽略对学生的能力水平的评价;侧重于对学生智育的评价,而忽略对学生德育和体育的评价。在华罗庚学校创办伊始,我们就强调重视对学生学习习惯的评价,重视对学生心理能力的评价,重视对学生思想品德的评价,重视对学生身体素质的评价,重视对学生社会适应性的评价。之所以如此,是与我们强调智力与非智力因素同步发展的办学原则密不可分的。我们把这些评价结果反馈给学生和教师,使教师有针对性地指导学生,使学生根据自己的弱点,有意识地加以补救。在长期的教学实践中,我们已经初步形成了一套较为完备的评价方法与手段。

四、十多年超常教育的一些效果

十多年超常教育取得了很大的成绩,主要表现在以下六个方面。

(一)经过超常教育,学生得到了全面发展

这可以反映在四个方面。第一,学生的心理能力得到了很大提高。我们曾采用标准化心理测验调查了解超常学生的逻辑推理能力和社会认知能力,结果发现,经过培养,超常学生在逻辑推理、对友谊关系的认知、对家庭人际关系的认知、自学能力等方面,均显著地高于同年龄的普通儿童。

第二,在社会适应性方面,经过培养,华罗庚学校的超常学生一般表现出许多积极的特征,如和谐的人际关系、强烈的自信心、严谨认真的作风、多才多艺、风趣幽默等。从某种意义上说,一个人的社会适应性水平是其健康生活、安身立命的根本性因素。如果一个人的社会适应性水平很低,那么他纵有满身的本领,也很难发挥出来。因此,在培养超常学生时,我们非常重视培养他们的社会适应性能力。上述积极的特征表明了我们超常教育的一种成功。

第三,在学习成绩方面,虽然学习成绩并不能完全真实地反映一个学生的发展水平,但它毕竟是一个重要的指标。从我们已毕业的267名学生来看,虽然他们仅用4~5年就完成了6年的中学课程,但仍全部考入了全国重点大学,其中89人考入清华大学,67人考入北京大学,13人考入中国科技大学,62人未参加高考而被直接保送上大学。六届毕业生的高考成绩平均分分别为583、580、590、591、611和609分。

第四,华校学生在学科竞赛中大面积获奖,共有1300余人次获得国际级、全国级和市级学科竞赛奖励,获奖总数连续多年在北京市各学校中名列第一。以1992年为例,在北京市数学竞赛颁奖会上,数学普委会负责人杨廉教授宣布说:"人大附中各年级在北京市及全国数学竞赛中,均有学生获得一等奖,各年级获奖总数均为北京市第一,特给予表扬。"

(二)经过十多年的努力,我们编制出了适应超常教育需要的教材

所编教材主要包括40多种,由中国大百科全书出版社出版的数学教材和计算机教材、物理教材、英语教材,由浙江大学出版社出版的《创造发明基础》等。这些教材已被许多学校采用,产生了广泛的影响。

(三)教师素质得到了很大的提高

进行超常教育,对广大教师的教学水平要求很高,对

每一个教师来说都是一个严峻挑战。十多年教学的结果表明,我们的教师突破了这个挑战,很好地完成了任务。一方面,广大教师的教学水平得到很大的提高;另一方面,我们的超常教育是一种教改的实验与探索,因此教师的任务不仅是教好书,还负有教科研的责任。经过十多年的努力,我校教师的科研能力得到很大的发展,共发表论文近百篇,有些论文还在国家级,甚至是世界级的学术会议上进行交流,产生了很大影响。可以说,经过十多年的努力,我校出现了一批专家型的教师,一些教师已经是北京市有名的教师。

(四)走出了一条科研兴技的路子

以班级的形式进行超常教育,为培养更多超常人才打下基础,这在我国的 20 世纪 80 年代还是很少的,因此,我们在办超常教育之初,就确立了以科研的态度和方法来办学的思路。十多年来,我们先后参加国家级、市级课题研究多项,对超常儿童的选拔、超常儿童的心理特征、适应超常儿重的教育体制、教材体制、师资体制等进行了卓有成效的研究,并将这些研究成果应用于我们的超常教育之中,使我们的超常教育得到了健康、快速的发展。我们的成绩引起了全社会广泛的关注,《光明日报》《北京日报》《北京青年报》《星岛日报》(加拿大)、《中国教育报》《中国初中生报》《北京教育》《中国数学会通讯》等多家报刊杂志均予以专题报道,产生了一定的反响。

五、小结

12 年来，人大附中的超常教育实验取得了可喜的成绩，它昭示人们，在中学实验超常教育是完全可行的，是大有作为的。此项研究对提高中华民族的素质、多出人才、出好人才进行了有益的探索。

该项实验的前十年中，采取一科（数学）先行、多科共进的方式，逐步推开。一科先行，为超常教育摸索路子，发现问题，获得经验，在实验中起到带头羊的作用；多科共进，则开创了互相促进、争创佳绩的可喜局面。

人大附中进行超常教育实验不仅仅重视智力开发，还十分重视学生的非智力因素和思想品德教育，注重学生全面素质的提高。

教材是提高教学质量的基本保证，也是教学的基础建设。高质量的教材，是建立在高水平的学术研究成果和丰富的教学经验的基础上的，因此，华罗庚学校开创了荟萃专家编书的格局，已编出全套数学教材、一本计算机教材、一套外语教材及一套物理教材。

（1997 年科研课题“超常教育实验研究”荣获北京市“八五期间普教科研优秀成果”二等奖，原载 1997 年人大附中内部刊物《教科研园地》）

超常教育的实践与构想

《中国教育改革和发展纲要》(以下简称《纲要》)号召,要在小平同志“三个面向”教育战略思想指引下,建立起适应改革开放新形势的教育体制。因此,我们必须对教育改革与发展具有紧迫感,抓住机遇进行教育改革,提高民族素质,多出人才,出好人才。重点中学必须从划一的、机械的、封闭的教育体制下解放出来,使教育资源得到充分利用,教育功能得到全面施展,为学生的发展创造优化的教育环境。

我校从1985年开始进行“超常教育”实验,从办数学实验班起步,发展到今天比较大的规模。

实验班一成立就显示了巨大的生命力,从校领导到班主任、任课教师及全体学生都有很高的积极性,学生互相帮助,你追我赶,思维活跃,求知欲强,学生的学习方法和教师的教法都在不断地改进。一种评教评学、教学相长的新气象出现在实验班中,这些学生自学能力、记忆能力、创造性思维能力都迅速增强。

第一届中学四年制实验班40名学生已于1989年7月高中毕业,全部进入全国重点大学,其中15人进入清华大学、15人进入北京大学。除9人未经高考直接保送进入大学外,其余31人高考平均分579分,数学平均分100.74分。该实验班学生获国际奖牌两枚(数学、计算机),获全国数学、物理、计算机竞赛奖牌5枚。该班荣获"北京市优秀班集体"称号。第二届毕业生中保送生12人,高考平均分为580分;第三届毕业生中保送生14人,高考平均分为590.8分,数学高考平均分为114.76分。

一、"超常教育"的提出

一般来讲,教育分为常规教育和特殊教育两种,特殊教育又分为弱智教育和超常教育。超常儿童的发现与发展是世界各国教育界共同关注的一项前沿性科研课题。国际上开展这方面的研究已有百余年的历史,1978年,我国心理学界成立了中国超常儿童研究协作组,开始对超常儿童进行研究。

首先,学生的生理和心理发展有着密切的关系,并且存在共同的规律和发展常模。事实表明:任何地方都有一小部分学生偏离正常水平,即偏离生理、心理和行为的常模。生理、心理残疾者需要特殊教育。《纲要》中第(12)条已明确指出要"重视和支持残疾人教育事业"。另一方面,在现实社会中也确实存在着一小部分(一般约占同类人口总数的 1%到 3%)的学生是高于常模的,他们常常有较高智商或较高天赋。对这类学生也应进行特殊教育,《纲要》中第(31)条也指出:“进一步转变教育思想,改革教学内容和教育方法……注意发现和培养有特长的学生。”

其次,超常学生在学校中,如同杰出人物在社会上的作用一样,有模范和导向作用。应承认,给予超常学生适宜的教育,也同样是实现教育机会均等。它不但符合因材施教的原则,而且符合教育民主化的原则。

最后,超常儿童的发现和发展存在一定的规律性。积极地开展超常教育的研究与实验,将促进更多的出类拔萃的学生脱颖而出,使他们的潜能得到发展,使他们为社会作出更大的贡献。然而,优秀人才的出现不是自发产生的,他们往往需要一个特殊教育的过程,即使天赋很高的人亦是如此。天才不仅要靠个人的勤奋,而且要靠适宜的教育。

二、我们对“超常”的理解

对于有超常表现的学生,我们从不过分强调遗传天赋的因素,而是向他们反复阐述“天才出于勤奋”的道理。从学生进入实验班的第一天起,我们就注意培养他们良好的意志品质和刻苦的学习精神,努力培养他们德、智、体、美全面发展,学有所长。

其实,在学生中超常儿童是很少的,而超常发展在一部分优秀学生中则是相当普遍的。有超常表现的学生并不一定都有很高的天赋，他们往往是在早期教育、后天环境和个人努力综合作用下产生的。即使是超常儿童也往往是在某一方面或几方面比较出众，而其他方面或许只处于常规水平甚至更低一些。例如，超常的表现可以在记忆力、理解力、创造性思维方面；也有的表现在语言能力、体育、音乐、美术、棋类、创造发明以及组织能力等方面。而自学能力较强是这部分学生的一个共同的明显特征。学校的目的是培养超常学生具有独立思考和独立工作的能力。教师不单是向学生传授知识，更重要的是使学生学会如何获取知识。所以在实验班中，从初一开始，培养学生的自学能力就是一项重要课程。

创造性思维和创造性实践是超常学生的另一重要特征。创造性思维的表现特点是有较大的灵活性。这种灵活性常常表现为思维的连动性和多向性以及大幅度的跨越性。思维的连动性就是由此及彼、广泛迁移的思维方式。创造性思维的最显著特点是思维的主动积极性、求异性、发散性和独立性。因此，我们把教学的重点放在通过专门设计的教材和训练来提高学生的创造性思维上。实验班的教学方法、教材编写，都是科研课题，要求不断地研究和探索，以适应学生的需要和特点。

对超常和特长学生进行教育，决不可以脱离他们的年龄、生理和心理发展水平的特征。他们在智力某一方面可能是超常的，而他们生理一般是正常发育的。他们个性心理特征也与其他学生差异不大。如果只重视智力开发，而忽视了他们的年龄特征，不但会损害他们的身体健康，而且会伤害他们的心理健康。这些超常学生需要与其同龄人正常交往，因为他们有共同的语言、兴趣、爱好。长期离群索居，或只让他们去接近教师或成年人，那么他们的童心和天真会过早泯灭，甚至会造成个性发育的畸形和缺陷。

超常学生培养是一个长期的系统工程，教育在其中的作用是至关重要的。因此不应把重点放在筛选和淘汰上，而应放在长期培养和教育上，放在如何发现和挖掘超常儿童的潜能上。超常教育是以良好的普及教育为基础的。我们尽力为所有儿童提供机会、创造条件，在教育中既不拔苗助长，也不埋没人才。

三、超常教育的构想

第一，我们应当为超常学生打好超常发展的坚实基础，从而使他们有可能将其超常方面的特长最大限度地发挥发展，而不是把超前教育仅仅理解为超前学完教材。

第二，学科考试及竞赛只是超常学生锻炼和表现的一个方面，而不应把参赛与获奖作为目的。

第三，建立超常教育体制。首先，要将超常生放在比较自然的教育环境中，让他们在同龄群体中学习、生活。建立有弹性的、适应发展的课程体系以及采用相应的教育方法，开设各种特长班和实验班。其次，应组织起由学校领导、教师和理论工作者组成的“三位一体”的超常教育队伍。学校既是教学机构又是研究机构,教师也要承担教学和科研双重任务,根本转变“教书匠”的形象。

第四,要为更多的学生创造超常发展、超常表现的机会和条件。

1975年在伦敦召开了第一届世界天才儿童大会,会上成立了天才儿童协会,由许多国家的代表组成。这个协会的宗旨是:加强对天才儿童及他们对人类利益的宝贵潜在贡献的国际关注;探索其才能的性质和童年、青少年时期的综合问题;创造一种承认天才儿童的风气,不把他们当作是一种特权贵族,而看作是一种全人类的宝贵资源;为了理论和经验上的交流,聚集来自世界各地对天才和有才者感兴趣的人;说服世界各国政府,把天才儿童作为正规教育体制中需特别关注的一类教育对象加以认识;建立一种方法,持续广泛地在天才儿童的理论、经验、教学和师资培训技术方面进行交流。这个世界性天才儿童学术交流会议每两年召开一次。我国也应成立超常教育学会,以形成全社会统一的体制,更好地研究超常教育问题,为我国培养更多更好的人才。

(原载《北京教育》增刊,1993年)

为教育均等化不懈努力

结对帮扶，难在总结出可复制推广、可持续发展的教育扶贫模式。授人以鱼不如授人以渔，授人以渔不如派去带领打鱼的人

党的十九大提出，“努力让每个孩子都能享有公平而有质量的教育”。面对中学教育地区发展的高度不平衡以及社会对教育公平的强烈期待，当国家层面持续发力教育资源分配均等化之时，社会也应跑起来。这其中，中学名校开展教育扶贫，共享优质资源，义不容辞。

扶贫先扶智。这些年来，宁夏六盘山高中、贵州毕节民族中学，每年都会选派8名学生到人大附中“访学”，为了解学生情况，我们每年都要派老师回访当地学校。这样的互动，只是人大附中教育扶贫的一个侧影。16年来，从远帮到近扶，从派出教师支教到接受学生访学，从单个学校合作到成立“资源共建共享联盟”，从承办“国培计划”到成立联合总校帮扶薄弱地区、薄弱校，一套有梯度、分层

次的教育扶贫体系已初步形成。为教育均等化不懈努力,已郑重写在了人大附中的发展史上。

结对帮扶,难的不是合作时真诚握手,难在如何掷地有声,真正实现“帮一所成一所”,更进一步,是难在如何超越小打小闹,总结出可复制推广、可持续发展的教育扶贫模式。如何将有限的力量用在刀刃上?如何超越单向输出、实现双向受益?反复试错后,我们的经验是:授人以鱼不如授人以渔,授人以渔不如派去带领打鱼的人。派出管理型的“打鱼人”,既避免了大规模输出教师的负担,也能手把手带领,孵化出一批“卓越教师”与“卓越校长”,提升当地学校的发展气质。更重要的是,这样的模式也能反哺本校。外派教师、干部在干事创业中提升了教学经验和管理能力,骨干调离、年轻教师补缺的方式,也让人才梯队更高效地成长起来。名校不仅不会被“掏空”,反而能越做越大,这就是“赠人玫瑰,手有余香”。

网络的发展,让教育扶贫有了更省力的杠杆,有了更强力的支点。十九大前夕,“砥砺奋进的五年”大型成就展开展,人大附中的网络远程扶贫项目“双师教学”有幸入选,它展示的多地“同上一节课”模式,是运用新媒体弥合教育地域差距的有益成果。如果说 2003 年突如其来的非典,让我们被迫选择网络教学;那么时代很快就确信:要实现优质教育资源的无差别辐射,必须用好用活网络。我们联合上海师大二附中等 39 所知名学校开发出 60 余门特色课程、250 多个动画实验,而这正是“国家基础教育资源共建共享联盟”的成果之一，这些优质内容已辐射全国各个省市自治区，直接惠及80多万师生，让中西部地区及广大农村学校真正能和名校学生“同上一节课”。新技术，让教育沟壑有了被填平的可能。

“独行快，众行远”，名校就应该有名校的样子。名校切实履行社会责任，真诚共享优质资源，努力促进教育均衡，真正从“独善其身”迈向“兼济天下”，实现更公平的教育就有了更强劲的动力源。更可喜的是，如果说十几年前，不少帮扶项目是一些学校自觉自发、自负经费的探索，那么在脱贫攻坚以及教育均等化加速的时代背景下，更多制度已在有力回应这样的民间努力，更多人财物的支持正向教育扶贫倾斜。当个体努力与制度保障形成合力，教育扶贫一定能走得更远。

（原载《人民日报》，2018年1月17日第5版）

《“双师教学”项目三年文集》卷首语

在信息技术革命、知识经济全球化的大背景下，国家实施了“科教兴国”“优先发展教育”“促进基础教育均衡发展”的战略，这一历史契机为优质学校履行社会责任、辐射优质资源提供了广阔的空间和无限的可能。1+1 慕课教育扶贫项目（亦称“双师教学”）就是基于信息技术的一次教育教学的革新、教育帮扶的创新。

2013 年初，我和国务院参事汤敏先生创意发起，人大附中、国家基础教育资源共建共享联盟与友成企业家扶贫基金会共同启动了一项教育帮扶新探索，即借助基础教育共建共享联盟的远程教育手段，人大附中以慕课形式向边远地区教育资源薄弱校开设初一数学课。这种新型课程不同于传统的网络点播式学习，而是在网络直播课程的基础上，由人大附中和实验学校两地教师共同主导，两端教师可以根据学生情况，突破时间、空间、容量等限制，对教学内容的深度和广度进行延伸或调整。这样“同步直播”

的课堂,既可以使优质资源走出名校的围墙,在更大程度上实现教育资源的优化共享,又可以有效解决远程教学无法顾及学生差异的弊端,让边远贫困地区的孩子真正享受到优质教育。

项目一经商定,同年9月即正式启动,广西、内蒙古、重庆、河北、北京等地13所乡镇学校成为第一批试点学校;实施一年,项目成效显著,实现了边远地区学生、教师共同提高的“双赢”。2014年,项目被民政部列入“中央财政支持社会组织示范项目(2014)”——《中小学1+1慕课教育救助项目》,国务院参事室就此设立了“关于利用信息化手段扩大基础教育优质资源覆盖面的调研”的重点课题;李克强总理、刘延东副总理都曾对该项目有重要批示。北京师范大学脑与认知科学研究院心理与学习评价中心、中央财经大学中国人力资本与劳动经济研究中心,一直在对该项目的实施效果进行跟踪、评估和分析,为项目的改进与发展提供指导。至2017年,项目已在全国20多个省份的200多所乡村学校进行了推广,惠及了几十万名师生。

本文集收入的主要是项目实施近四年来使用慕课视频的第二课堂师生的感受和体会。浏览这些朴实无华、情真意切的文字,至少可以给我们以下启示。

一是在优质教育资源总体稀缺的现实背景下,“双师教学”借助基础教育共建共享联盟网络平台的理念和技术,使优质教育资源扩大了辐射范围,增加了利用效益。

“一桥飞架南北，天堑变通途”，基于网络技术的慕课在“发达”与“薄弱”的教育天堑上架起通途，让优质教育走进边远地区，惠及更多孩子、更多家庭。全国的优质学校在这方面大有可为。

二是“双师教学”不止让学生受益，也实现了学生、教师共同提高的“双赢”。教育帮扶要抓住重点，固本培元，这个重点和“本”“元”就是教师队伍。从《文集》中可以看出，1+1 慕课第二课堂的教师普遍感到“双师教学全程、全覆盖的教学指导，是最有效、最实用的教师培训”，“因为每堂课都是在线直播，跟着第一课堂的老师一起学习，向他们请教，研究他们的课堂，是促进教师成长的最快捷有效的方式”。帮扶的目的是为了“不帮”，这样的“内源扶贫”可以为当地培养一批永远不走的优秀教师。

三是教育帮扶需要优质教育资源与各类社会资源自觉担当、协同合作、无私奉献。发起这个项目的三家单位，人大附中是一所优质学校，十几年来一直积极致力于发挥优质资源的辐射作用；国家基础教育资源共建共享联盟是人大附中创建的一个公益性网络平台，承担着为教育欠发达地区输送优质数字教育资源的使命；友成企业家扶贫基金会秉持“人的全面发展是最大的公益”理念，是一个致力以社会创新推动人类公平、和谐、可持续发展的公益组织。三家发起单位强强联手，精诚合作，占尽天时、地利、人和之便，才有了项目的顺利开展和初步成功，并产生了“星星之火，可以燎原”的可喜现象——一些农村地区的名校也承担起慕课的角色，主动帮扶本地的薄弱校。

2013 年元旦前夕，习近平总书记到河北省阜平县考察指出，治贫先治愚，把下一代的教育工作抓好，把贫困地区孩子培养出来，是扶贫根本之策。同一年，在联合国“教育第一”全球倡议行动一周年纪念活动发表视频贺词时，习近平总书记又强调：中国将坚持实施科教兴国战略，始终把教育摆在优先发展的战略位置，努力让每个孩子享有受教育的机会，努力让 13 亿人民享有更好、更公平的教育。

教育公平，人心和顺；教育兴盛，民族复兴。希望“双师教学”的探索在中国基础教育公平优质发展的伟大进程中成为星星之火，助燃起中华民族教育振兴的燎原之势；希望更多教育同仁和有识之士勇于创新、自觉担当，探索出更新、更好的教育帮扶模式，造福我们的孩子，造福中华民族的未来！

（2017 年 8 月 15 日）

做好教育帮扶这篇大文章

大力促进教育公平，是努力办好人民满意的教育的重要任务。促进教育公平，政府主导、政策支持是关键。同时，动员全社会广泛参与，特别是让发达地区具备优质教育资源的学校帮扶欠发达地区的薄弱学校，对促进教育公平也有非常重要的意义。“知者行之始，行者知之成。”教育帮扶是一篇知行合一的大文章，需要长远谋划、坚持不懈。

不管做什么事，只有带着真心真情去做才能做好。教育帮扶也不例外，需要帮扶方有责任心和积极性。在发达地区优质学校工作的教育工作者，作为教育帮扶的重要主体，应具有高度的社会责任感，涵养仁爱之心、济世之志，带着真心真情去进行教育帮扶。我国是教育大国，有着悠久的崇文重教传统，许多教育家都怀有促进教育公平的理想抱负。远如孔子，是他实现了由“学在官府”到“学在民间”的转变，其有教无类、因材施教的教育理念，为后人诠释了推动教育公平的真谛。近如陶行知、晏阳初、梁漱溟等,他们都曾深入穷乡僻壤,奉献于乡村教育、大众教育,致力于促进教育公平,成为教育工作者的楷模。今天的教育工作者,特别是发达地区优质学校的教育工作者,应心中有大义、肩上担责任,尽最大的努力投入教育帮扶,在教育帮扶的实践中实现自己的人生价值。

凡事要立其大、取其上。搞教育帮扶首先要让被帮扶的学校明确培养什么样的人、怎样培养人。丰子恺在纪念他的老师李叔同时说,人活在世上有三种生活:物质生活、精神生活、灵魂生活。灵魂生活是指心灵的净化和美化,教育事业就是净化和美化灵魂的事业。今天,发展教育事业不仅要教给学生谋生的技能,更重要的是让学生涵养美丽的心灵和高尚的灵魂。因此,教育帮扶首先要切实提升被帮扶学校的教育理念,将这个作为重要目标。有了好的教育理念,才能培育出更多国家和社会需要的人才。

还应看到,做任何事情,既要有顶层设计,又要注重具体操作。教育帮扶,关键在帮扶。帮扶不是替代,更不是包办。对帮扶者来说,替代、包办既无这个能力,更无这个必要。在长期的教育帮扶工作中,我们也积累了不少经验。比如,教育帮扶要抓住重点、固本培元。应将教育帮扶的着眼点和着力点放在校长和教师培训上。帮扶一所薄弱学校,最直接、最长效的途径是培训校长和教师,让他们的教育理念、业务素质得到实实在在的提升。这是“授人以渔”,是最有实效的教育帮扶。再如,教育帮扶可以殊途同归、百虑一致。传统的教育帮扶多是优质学校派教师去支教，这个办法已被实践证明是行之有效的，应继续坚持。但在教育改革不断深化、互联网技术日新月异的今天，教育帮扶也应因时而进、因势而新，不断创新内容和形式、途径和方法。只要有助于教育帮扶，各种技术和方法都可以用，实现殊途同归、百虑一致。例如，中国人民大学附属中学的“1+1 慕课教学”项目，利用网络把优质课程、讲义、学案同步直播或录播到 200 多所贫困地区的学校，有效提升了这些学校的教学质量。

教育是成风化人的事业，需要久久为功。教育帮扶也是如此，不能只作短期计划，而要有长远谋划。只要还存在教育资源配置不均衡的现象，优质学校就有开展教育帮扶的社会责任。教育帮扶不能靠一时的激情，而需要长期的努力。教育帮扶难在坚持不懈、贵在坚持不懈，要有一张蓝图干到底、咬定青山不放松、不达目的不罢休的干劲和韧劲。只有这样，才能把教育帮扶这件惠及当代、利在千秋的大事办好。

（原载《人民日报》，2017 年 6 月 5 日第 7 版）

优质校应输送领头人

对于“实行校长教师交流轮岗”这项促进教育公平的好举措如何落地、能否有效，这既需要科学合理的顶层制度设计，也需要基层特别是优质学校的校长真心实意地倾力执行。

作为一所优质中学，人大附中已经做、正在做、将来还要做的事情是什么？我概括为两个方面：办好人大附中，是一种引领；帮扶薄弱学校，是一种担当。引领和担当是人大附中工作的“一体两翼”，正是在引领和担当的过程中，人大附中才能实现一所优质中学的价值最大化。基于这样的理念，我们从2002年起一直探索发挥优质学校的辐射作用、实现优质教育资源共享的路径，创造了与中西部地区合作办学、帮扶周边薄弱校、多种形式培训师资等十余种“帮扶”模式。其发展轨迹正如习近平总书记所说的：“改革是由问题倒逼而产生，又在不断解决问题中而深化。”

优质学校发挥示范辐射作用的最佳方式是什么？人大附中十几年“帮扶”实践的结论是——培养和输送大批优秀校长和优秀教师。授之以鱼不如授之以渔，更不如给人派一个组织打鱼的领头人。从2003年开始，人大附中陆续向北京周边学校输送了几十名优秀干部，多名特级教师、副校长、骨干教师都被我们主动“交流”出去了，很多干部教师想不通，我多次在全校大会上讲：一所学校的生命有大小之分，小生命，蕴含在自己的校园内，大生命，则体现在整个教育事业中。

环境对人是有很强的同化作用的，外派的干部和教师如何发挥引领作用，我们的做法是不能让他们“一个人战斗”，他们背后是一套体制和制度的有效支撑，是人大附中整个团队的有力保证。从2003年起，我们先后合并了海淀区西颐实验学校，深度共建北航附中，与蓝靛厂中学、延庆永宁中学城乡一体化建设，与农大附中、翠微中学“手拉手”，承办人大附中西山学校、朝阳学校。在此基础上，人大附中联合学校总校于2012年正式成立。作为北京市教育体制改革实验校，人大附中联合学校总校将整合优质教育资源，实现各成员校之间干部教师交流、教师联合备课、共同教研，少数学生到附中“留学”，使优质教育资源共享有了长效机制和制度保证。

怎样利用信息技术整合优质资源，实现更大范围的共建与共享，也是我们长期探索的大课题。经过多年探索，逐步实现了区域内托管帮扶与区域外远程辐射并举的总体格局。2005 年,人大附中发起成立“国家基础教育资源共建共享联盟”,目前,“联盟”已辐射全国 31 个省市地区,有 4257 所加盟学校,注册的教师和学生近 70 万,建成了 6 万多课时的教学资源,成为覆盖全国的公益信息网络平台,发挥了巨大的社会效益。

网络远程教学的弊端是无法顾及学生的差异性,缺少充分的师生互动。为消除这一弊端,我们又进行了新的尝试——“双师教学”。具体形式是:人大附中名师的课堂教学,通过网络同步传输到教育欠发达地区的“第二课堂”,“第二课堂”的学生在收看视频的同时,接受本班教师的现场指导。这种教学模式既可以实现优质课程的远距离同步共享,又给予课程两端的教师充分的自主权,通过共同备课、同时授课提升教师水平、实现优势互补。2013 年 9 月,“双师教学”正式启动。首次实验为初一年级数学,北京、云南、广西、内蒙古等地 13 所基础薄弱校作为第二课堂。目前存在的主要问题是学生常常跟不上教学的进度和难度,两地教师正在积极想办法解决。

多年当校长的经历使我感到,一个好校长,就会带出一批好老师、办成一所好学校。以优质学校为依托建立优秀校长和教师培训基地,也是我们花气力做的一篇大文章。

承办国培计划是我们培训优秀教师的另一个重要举措。从 2010 年起,人大附中连续 3 年承担国培计划中小学骨干教师高中数学、语文、通用技术培训项目,共培训了全国20多个省市300名高中骨干教师,在历年的项目评审中,人大附中都名列前茅。2013年,人大附中又承办了国培计划高中数学种子教师高端研修项目,该项目为期一年,将从首批96名学员中遴选48名种子教师,经过我们培训后,利用人大附中搭建的网络平台,再培训全国4800名基层教师。

十年探索尽管历尽艰辛,但我们矢志不渝。中国基础教育水平的整体提升需要一批引领者、示范者、开拓者,优质学校应该成为培养和输送优秀教师的沃土。如果全国的优质学校都能有所作为,星星之火就会形成燎原之势。

(原载《光明日报》,2013年12月2日第16版)

让更多孩子享受优质教育

——在人大附中联合学校总校成立仪式上的讲话

各位领导、各位嘉宾、各位新闻界的朋友、老师们、同学们:

大家好!

今天,在各级领导部门的亲切关怀和社会各界的大力支持下,人大附中联合学校总校正式成立了,这是人大附中发展史上的一件大事,也是基础教育领域体制改革的一件大事。我代表人大附中联合学校总校的全体师生,对各位领导、各位嘉宾、各位朋友在百忙中出席成立大会,表示热烈的欢迎和衷心的感谢!有你们一起见证这一重要时刻,人大附中联合学校总校的全体师生深受鼓舞、倍感振奋,对在新的历史起点上办好联合总校,推动我国教育均衡发展,充满激情、信心和力量!

中国人民大学附属中学的前身,是直属教育部的工农干部速成中学,从诞生之日起,她就是一所与众不同的中学，就是一所有着强烈历史使命感的中学。半个多世纪以来，人大附中人念念在心的是自己校名中的两个关键词——中国和人民，时时处处牢记要服务中国、造福人民。“服务中国、造福人民”，是人大附中的光荣传统，是人大附中的文化精神。正是在这种文化精神的激励和感召下，人大附中人埋头苦干、开拓进取，把学校办成了“国内领先、国际一流”的知名中学，为国家和民族培养优秀人才，为中国的基础教育争光；也正是在这种文化精神的激励和感召下，人大附中人以满腔的热情，以承办、合办、合并、托管等各种有效的方式和途径，帮扶北京地区的薄弱学校，帮扶宁夏六盘山、贵州毕节、河南新密等地区的中学。同时，作为“资源共建共享联盟”的发起单位，人大附中人运用最先进的信息网络平台，让全国各地的学校能够共享优质教育资源，并为国家和部分地区培养优秀教师、优秀校长尽微薄之力，成为促进教育均衡的探索者和实践者。人大附中人在履行社会责任中超越小我实现大我，在推动教育均衡发展中以大情怀成就大格局。今天，人大附中联合学校总校正式成立，这是人大附中履行社会责任的一次生动体现，也是对人大附中履行社会责任的一次集中检验。

进入新世纪的这十二年，既是人大附中自身又好又快发展的十二年，也是人大附中履行社会责任有大作为和大收获的十二年。在对教育薄弱地区和薄弱学校的帮扶过程中，人大附中自加压力，大胆探索，积累了一些经验。这些经验，体现在工作层面上，最重要的一点，就是坚持吸纳和辐射并举。吸纳是内向的,就是尽最大努力,将一些薄弱校纳入人大附中的办学体系;辐射是外向的,就是利用网络平台和远程教学,利用名校长基地、名教师基地增强影响力,扩大覆盖面,实现人大附中的教育理念和优质资源的效益最大化。这些经验,体现在精神层面上,最重要的一点,就是始终坚持真真实实,绝不做表面文章,绝不搞形象工程,帮扶薄弱学校,做到真心实意,往薄弱校派人,努力派有真才实学的优秀人才,整个帮扶过程,一定是真抓实干。让我们欣慰的是,我们实实在在的耕耘有了实实在在的回报,人大附中帮扶的河南新密地区的中学已经成为当地优质中学,人大附中帮扶的北航附中已经成为高中示范校。今后,随着人大附中联合学校总校的成立,随着人大附中联合学校总校的做大做强,我们将在更高的起点、更大的平台上,以更努力更出色的工作,积极履行社会责任,为推动中国教育的均衡发展作出更多的贡献。

在今天这个值得纪念的时刻,我有两句心里话要对大家说。

一句话是,人大附中能有今天这样良好的发展局面,离不开各级领导部门的科学指导,离不开社会各界的大力支持,对此,我们永远心存感激,我们更热切地期盼各位领导、各位嘉宾、各位新闻界的朋友能一如既往地关心、爱护、支持人大附中联合学校总校的各项工作和事业发展,你们的关心、爱护和支持,是我们不断前进的不竭动力、坚强支撑和有力保障。

一句话是，人大附中联合学校总校是个大家庭，无论是老成员还是新成员，都是一家人，我们要在思想上同心同德、目标上同心同向、工作上同心同行，大家精诚团结，与时俱进，共同延续人大附中的光荣与梦想。

各位领导、各位嘉宾、各位新闻界的朋友、老师们、同学们！

我们正处在一个伟大的时代，中国教育正处在一个黄金发展期。中国教育要迈上新台阶、进入新境界，一要靠素质教育，二要靠均衡发展。素质教育搞好了，教育发展均衡了，这是我们由教育大国变成教育强国的两大标志。人大附中联合学校总校一定会在提高素质教育上先行先试、全力以赴，一定会在推动教育均衡上先行先试、全力以赴。中国教育是一艘大船，我们既是搭乘者，又是划桨人。让我们在素质教育和均衡发展上一起努力，共同创造中国教育的美好明天！

（2012 年 9 月 22 日，“人大附中联合学校总校成立揭牌仪式暨人大附中 2002—2012 促进教育均衡实践探索汇报会”在中国人民大学如论讲堂隆重举行。此文为刘彭芝在大会上的讲话。搜狐教育，2012 年 9 月 22 日）